财富的尽头

黑金之王保罗·盖蒂眼中的世界

[美] 保罗·盖蒂 著

殷亚敏 王永生 刘淳 译

知识产权出版社
全国百佳图书出版单位

译者序

20世纪初，二十出头的保罗·盖蒂成立了以自己名字命名的石油公司，这就是日后造就了世界首富的石油帝国。1957年10月他荣登《财富》杂志全美富豪榜首，作为"亿万富翁"富冠美国20年。

幼年起，保罗·盖蒂每天将自己的见闻写在日记里，这个习惯保持终生。晚年，他翻开日记，敞开心扉，写下了在这80年来他的用心观察，对人生、家庭、财富、社会乃至对世界和未来的深切感悟。这珍贵的日记犹如跨越时空的摄像机，带我们回顾他传奇的一生，往事历历，情真意切，十分感人。

保罗·盖蒂1892年生于富裕的美国家庭，父亲是位出色的企业家，也是他一生敬佩和深爱的人。在父亲的严格管教下，保罗从小懂得"钱是要付出劳动，方可获得的"，16岁时，他在暑假期间到父亲的石油工地上从事最为繁重的体力劳动，和普通工人同吃同住，同工同酬，凭借强壮的身体和肯吃苦的劲头赢得工友们的认同。然而保罗的志向并不在此，他从小梦想成为作家或者外交官，并在牛津大学攻读政治学和经济学。毕业后，在父亲的建议下，保罗决定在进入外交领域之前"下海"一年，没想到却就此决定了一生的道路。

耄耋之年回顾一生：从石油工人到百万富翁仅在一瞬，建立和壮大一个庞大的商业帝国却需要终生不懈的勤奋和智慧。保罗·盖蒂笔下的企业家生活常态是："老板没有固定的作息时间，每当需要研究、权衡重要事情，在得出必要结论，作出决定之前，老板总是无法休息的，工作到凌晨，乃至通宵达旦。"保罗·盖蒂形容自己是居无定所的游牧一族，穿梭于纽约、伦敦、巴黎之间，家在美国，却羁留欧洲24年。除了远见和魄力，保罗的经营秘诀在于打造优秀的团队，使企业保持创新的活力。他认为，人类社会的正常运作需要动机的驱动，而催生动机的却是利益。他聘请最优秀的高管，不计工薪，而是分享利润的百分比，《福布斯》资深的金融作家这样告诉读者："盖蒂公司管理者，是一群长期雇员组成的坚定、实干的团队，他们艰苦地工作着，默默无闻而又精力充沛，他们有很强的忠诚度和团队观念，盖蒂正向石油巨头发起冲锋。"

奢华生活、高端社交，是对富豪生活的必然想象，保罗也从不掩饰他对奢华氛围和名流社会的喜爱，但与此相伴的另一面也无法回避。他私人时间少之又少，五次婚姻均以失败告终。人们对他财富的关注几乎达到病态的程度，媒体上关于他的消息言之凿凿，却早已超越事实，若非练就"选择性失聪""选择性失读"的功夫，那么连自己也会陷入"认知"危机。萨顿宫每天都收到成千上万的求助信和求爱信，有的苦苦哀求，有的赤裸裸索要，保罗不得不指派专人，每天以五种文字的打印信函回复超过75个国家和地区的来信。

"若要财富发挥实际意义，必须视财富为手段。衡量一个富人成功与否，真正要看的是他如何运用这些财富，他对这些财富的支配能达到一个什么样的高度。"保罗•盖蒂打造了一个无与伦比的艺术博物馆，展品总价值，超过两个亿，从1974年起，对喜欢者一律免费开放。

1976年，83岁的保罗，度过了一个人的感恩节，向他的亲人、挚友、创业的同行、朋友，以及为他服务一生的侍者一一送去感恩。耄耋之年，在独处的日子里，他回望一生，自我倾诉、自我聆听、自我笔录，剧终曲散时，为自己画上圆满句号，了无遗憾地离开人世。

在书的开篇与结语中，保罗•盖蒂两度引用了亚布拉罕•林肯总统的箴言："欲谋繁荣，不可废弃俭德；扶助小民，不可打倒伟人；激励弱者，不可削弱壮士；优惠工人，不可奚落雇主；救济贫民，不可消灭富人；祛除烦恼，不可借着挥霍；增进同胞之爱，不可煽动阶级仇恨；欲谋安居乐业，不可专靠借债度日；进德励志，不可消除独立创造之心。"这是本书的点睛之笔，它是开国元勋们共同缔造和延续至今的美国精神，具有强大的感召力。它养育了一代又一代社会精英，是美国强大、富足、文明的根基所在。保罗•盖蒂是终生不渝的践行者，也是精英群体中颇为耀眼的一位，这本传记是保罗•盖蒂的精神遗产，他留给了子孙，也惠及我们。

刘 淳

2012年11月

自　序

　　我出生于1892年,1914年起积极投身商海,至今已度过光阴80载。我所生活和工作过的这80年,是人类历史上最欢欣鼓舞、振奋人心的80年,同时也是最跌宕起伏、令人生畏的80年。

　　我经历了许多自己无法左右的事情。正是这些事情,使我练就了从不同角度观察迅速变化、激烈动荡的时代的能力。这本回忆录记载了我在石油钻台上与工人打成一片的经历,我曾经是他们中的一员;在实木镶饰的会议室里,我和对手唇枪舌战;在各国君主的接待室里,我和君王权贵们谈笑风生。之所以列举这些风马牛不相及的事情,并非为了炫耀,只是为了表明:我的观点源于我丰富的生活阅历。需要补充的是,书中所有的观点都是我的一己之见。

　　在本书中,我首先要说的是,我亲眼看到的身边已经发生和正在发生的变化。有些变化极大地改善了人类的生活,创造了美好的未来。比如说,这些年,科学技术发生的日新月异的变化。

　　1900年,我八岁时,美国人的平均寿命仅仅47岁,如今已达70岁,并且还在稳步增长。人类寿命的显著增长首先要归功于医疗科技的进步,人类战胜了很多曾经致命的疾病。举个例子,1900年每十万人中就有209.9个人因患肺结核病而死亡。到了1973年,肺结核的死亡率骤降到每十万人中1.8个人,还不到世纪之初的1%。

　　技术领域的进步,更是令人叹为观止。1903年我11岁的时候,美国的怀特兄弟发明的带动力装置的"飞行机器"第一次试飞成功,驾驶着这个笨拙的家伙,怀特兄弟用59秒的时间飞行了260米。今天,大型喷气式客机可载乘客350人以上,以每小时1000公里的速度穿越五洲四海。英法协和超音速飞机的速度更是前者的两倍还多。

　　在我50岁之前,人类对太空的征服还停留在幻想阶段。而今,太空之旅已是精彩纷呈,人类登上了月球,苏联和美国的宇宙飞船成功实现对接,两国的宇航员在太空上一起用餐，插科打诨。他们在230公里的高空，以28000公里的时速环绕着地球飞行。

然而，也正是在这80年中，人类社会陷入无数次悲惨恐怖事件的深渊。战争、革命、两败俱伤的你争我斗、种族灭绝的大屠杀，夺去了成千上万人的生命。旧的政权被摧毁，新的政权取而代之，可谁也无法保证新的政权会施行仁政，政权交替只是换汤不换药而已。有些国家不复存在，疆土和人民被重新命名、重新分配，在吞并蚕食下四分五裂。长期建立的政治体系被新的执政者以种种原因或借口取缔。人人呼喊着推翻压迫人民、不讲道义的旧政权，可新建立的政权往往比前任还要残暴野蛮。1945年8月6日，日本广岛遭遇了原子弹的袭击。自此以后，人类在核武器威胁的笼罩下胆战心惊，谁能保证悲剧不会重演？

不幸的是，正如智者所言："人性表现出一种奇特的变态倾向——社会进步越快，人性倒退越快。"

即便如此，在我的生命过程，以及仍在延续的辛劳的商业生涯中，可以确定的是，各个行业、各个阶层的人和事物都经历了翻天覆地的变化。工作及生活方式的特性使得我总是能够紧跟各种变革的大潮，我的本性使我成为一个好奇而缜密的观察者。

从严格意义上讲，本书称不上是一本自传，但它的素材基本上建立在自传材料之上，都源于我的亲身经历和用心观察。只有通过这些资源，我才能总结出作为一个人、一个商人，我一生中看待问题的观点，我所获得的教训以及我所得到的结论。我的目标，是向大家清晰呈现一系列完整的描述——我如何看待自己，如何看待我的生活和工作，以及如何看待这个世界：它的过去、现在和未来。简言之，这本书讲述了在过去的83年中，我是如何观察这个世界的。当然，现在我还继续用心观察着这个世界。

保罗·盖蒂
1976年于萨顿宫

谨以此书献给

我的父亲乔治·盖蒂和母亲萨拉·盖蒂
我的幼子蒂莫西·盖蒂和长子乔治·盖蒂二世
我健在的三个儿子罗纳德、小保罗和戈登
献给我的孙辈们
他们永远是我最亲、最爱的人

原书 2003 版出版说明

保罗·盖蒂(J. Paul Getty)于 1976 年逝世，当时他的自传即将在美国付梓。早在盖蒂生前，以他的名字命名的吉恩·保罗·盖蒂博物馆就已建成。盖蒂把大量的资产捐赠给该博物馆，使其不断发展壮大至目前的规模。同样得益于盖蒂先生的慷慨捐赠，吉恩·保罗·盖蒂基金会及其诸多研究、艺术保护和捐赠项目得以建立和实施。盖蒂出版公司很高兴借本书再版之机，向世人展示盖蒂先生在人生的最后岁月对其传奇一生的追忆。

目 录

译者序

自序

谨以此书献给

原书2003版出版说明

1. 富人的话，或可信？ 9
2. 我有多少钱？ 11
3. 平等并不存在。 17
4. 第一桶金。 26
5. "英年早退"。 35
6. 石油帝国的端倪。 42
7. 日记里的学生时代。 50
8. 我所知道的牛津大学。 60
9. 旅行，大战前的欧洲。 65
10. 他们才是"二战"的元凶。 73
11. 我从不嫉妒，除了对美满的婚姻。 81
12. 屡次被同一块石头绊倒。 87
13. 男女有别？ 96
14. 痛定思痛，关于婚姻的个人见解。 101
15. 我的孩子。 107
16. 丧子之痛。 113
17. 一家人。 119
18. 民主政府的影响力。 125
19. "自由主义"的假象。 134
20. 面对还是逃避？ 139

21. 税收的本义。 146
22. "客观"的美国人：对几任总统的看法。 153
23. 我不是卓别林的情敌。 159
24. 旅居的生活。 167
25. 在中立区拓展业务。 176
26. 对石油价格的个人看法。 181
27. 我的挚友。 188
28. 乔迁之喜。 195
29. 萨顿宫不是我个人的家。 201
30. 旅居中认识的朋友们。 207
31. 定居萨顿宫的生活。 218
32. 人们对我的财富的"追求"。 224
33. 复苏的艺术收藏欲望。 230
34. 戒不掉的收藏瘾。 238
35. 新盖蒂博物馆：从概念到现实。 246
36. 关于我的一些流言。 253
37. 第六次婚姻和其他绯闻。 261
38. 我，是一名隐士？ 269
39. 节俭？吝啬？ 275
40. 一个人的感恩节。 284
41. 我眼中的洛克菲勒帝国和意大利经济。 291
42. 悲观不是天生的。 298

后记 303
译后记 304

1 富人的话，或可信？

欲谋繁荣，不可废弃俭德；扶助小民，不可打倒伟人；激励弱者，不可削弱壮士；优惠工人，不可奚落雇主；救济贫民，不可消灭富人；祛除烦恼，不可借着挥霍；增进同胞之爱，不可煽动阶级仇恨；欲谋安居乐业，不可专靠借债度日；进德励志，不可消除独立创造之心。

我全心全意、毫无保留地认同上述箴言，这些话在塑造我的人生哲学上起到了重要作用。当然，我不能把上述言论窃为己有，这些话来自美国最伟大的总统之一，甚至可以说是最伟大的总统——亚伯拉罕·林肯。

这些话真切地反映了我的人生信条，亚伯拉罕·林肯的另外一番话也恰好反映了我对我们的社会和文明的最深切的恐惧。

1863年，林肯总统做了流传千古的葛底斯堡演说，当时正是美国内战最激烈的时刻。林肯总统庄严地宣告了美国人民的使命——"确保民有、民治、民享的政府永世长存"。

然而，"民有、民治、民享"的政府始终面临着从地球上消亡的危险，即使是在那些所谓"自由世界"的国家，这种威胁的阴影仍未消散。①

这种危机不会像林肯的箴言那样被永久地刻在墙上，但我们应该意识到周围已经

---

① 亚伯拉罕·林肯总统在葛底斯堡国家公墓发表了美国历史上著名的演说，以哀悼在葛底斯堡战役中阵亡的将士。1800年，葛底斯堡是以詹姆士·盖蒂命名，他是盖蒂的高曾祖父的堂兄。编辑注。

危机四伏。如今的潮流是：对"富人"们的一切言论都要给予无情的诅咒、嘲讽。而我正是一个富人，读者们会不会因此不相信我说的话呢？

　　这是个好问题。

2　我有多少钱？

我不太喜欢谈论自己的财富。但我很悲哀地意识到媒体对我的财富的热切关注，几乎达到病态的程度。因此，我猜想，也有相当一部分公众对这个问题深感兴趣。如果我对此避而不谈，势必有人认为我不够坦诚。所以最好在本书的开头就对这个问题开诚布公。

事实上，1957年10月之前，我和我的财富还不为世人所知。1957年10月《财富》(*Fortune*)杂志公布的全美富豪排名中我名列榜首，文章称我为"亿万富翁"，并宣布我是"最富有的美国人"。据此，报纸和其他媒体便开始称我为"超级亿万富翁"和"全世界最富有的人"。

这些标签的确很吸引眼球。人们往往对"最"之类的词感到心醉神迷。巴奴姆(P. T. Barnum)是美国巡回演出团老板和马戏团老板，他以畸形人表演而闻名天下，被称为世界上最伟大的马戏团老板，当然也不乏虚夸。他喜欢大做宣传，经常夸大其词，以吸引那些好奇和容易上当的观众，他曾说过："每一分钟都有一个傻瓜诞生。"巴奴姆深谙"最"字秘诀，并将其发挥到极致。比如说，侏儒只不过是个侏儒，可是冠以"世界上最矮的侏儒"这个名头时，就是另外一码事了。"世界上最矮的侏儒"一现身，世界上最大的蠢人观光团肯定会把马戏团的帐篷挤得水泄不通。

过去的18年里，我被问得最多的问题就是：

"你真的是世界上最富有的人吗？"

我的回答一直都没有变。"我不知道。我无从知道，我更没有这样说过。"

我或许很富有，可这世界上还有很多富人。虽然其中有些人是我的朋友或生意伙伴，可是我向您保证，我们从来没有荒唐到通过个人财务报表，来确定谁是"富人中最富有的人"。不管怎样，世界上总有皇室家族的人，继承了人们无法知晓也无从计算的遗产。因此，在这个世界上，总有这么一大批人，拥有大量的钞票、金子、钻石……别人却无从知晓。

我不是狡辩，只是对"我是不是世界上最富有的人"这一问题进行简单的论证。进一步说，如果我不是世界上最富有的人，那么谁又是呢？如果要正面回答这个问题，我可能会说："作为一个勤奋的商人，我拥有的估定资产，可能使我在西方世界最富有的个人中跻身于前数十名。"

请注意我强调的字眼"个人"，这是个很重要的关键词和限制词。"估定资产"是指账面财富。它是人们根据相关法律和账目清算标准合理推算得出的，这只是个理论数值，仅仅是人们的粗略估计。商人的"估定资产"是指根据其所持有资产的市场价值所计算出来的总价值减去总负债所得到的资产净值。然而，根据所持有的资产的市场价值所计算出来的总价值，即使计算得再合理，通常也都具有一定误导性，或上或下地浮动偏离。

保守估计，我的财产市值大约是100万美元。然而，不管是什么原因，当我想卖掉它们时，买主肯出的价格有时甚至还不到这一半。当然，在生意场上，也经常遇到相反的情况。我曾以每股两三美元的价格购买股票，而这些股票的潜在价值往往是这一购买价格的很多倍。

鉴于此，我想列举一个我个人经历的具体例子，这也是个经典案例。这个例子和股票无关，是关于石油和天然气勘探开采租约的。1926年，加利福尼亚州的租赁经纪人豪泽(C.R.Houser)购买了"克莱佛地块"上的油气租约，这块地位于阿拉米托斯高地。豪泽是个经验丰富且非常理性的生意人，当他准备拍卖这块地时，不可能低估其潜在价值。他认为8000美元应该是市场能够接受的价格上限。我从他手里买到了这块租地，在上面钻井采油。结果呢，我赚了很多钱，从这块地上开采石油的净利润竟然高达80万美元！那么，豪泽有没有恼羞成怒、为他低价出售这块租地悔恨不已呢？当然不会，作为一个生意场上的老兵，他当然明白这种事情是时有发生的。

这就是商人资产的纸上价值和在市场上实际转换价值之间的区别。而我强调的关键词"个人"是要排除那些拥有大量的皇室财产或财产没有完全公开的人。关于这类人，我马上想到了三个代表人物：科威特君王、荷兰皇室，以及海德拉巴的末代君主。

"你到底有多少钱啊？"通常人们会追问下去。

我不知道，也没法知道，我无法给出准确的数字。作为一个商人，我再次重申，我的大部分"估定资产"已投资到生产商品和提供服务的企业里。那么，将我持有和控制的股票兑现，是不是就可以知道我到底有多少钱呢？这倒是个办法，但是很显然，最终计算的结果又是含混不清、瞬息万变的账面价值，很快会被新的数值所代替。

股票的价格也会来回波动，每个月甚至每天都有很大的变化。比如说，盖蒂家族拥有盖蒂石油公司的股份，我个人拥有 400 万股石油公司的股票，萨拉·盖蒂信托基金会(Sarah C. Getty Trust)拥有 800 多万股股票，而我则是唯一的受托人。我一生中大约 80% 的收入来自信托基金会，可是事实上，我对信托基金所持有的股票并不能随意支配。

那么，这些股票值多少钱呢？

这是个好问题。下面的表格会向您说明，在一年内，股票市场价值的变化之大。下表是 1974 年盖蒂石油公司每个季度股票市场价值的浮动情况。

季度	股票高点	股票低点
一季度	175 美元	$125\frac{1}{2}$ 美元
二季度	141 美元	$97\frac{1}{2}$ 美元
三季度	$122\frac{3}{4}$ 美元	96 美元
四季度	$159\frac{1}{2}$ 美元	$105\frac{1}{2}$ 美元

控制一家公司并不意味着能够控制公司股票的价格。在美国，美国证券交易委员会等监察机构对股票内部交易的监督非常严密，这使操纵股票的价格变得更加不可能。盖蒂石油公司股票的价格，和我持有的股票价格，是由持有盖蒂石油公司股票的外部投资者(包括个人和组织)控制的。他们的股票买卖交易，决定了市场情况。

现在，看来只有把这些股票卖掉，才能知道它们到底值多少钱。而能卖多少钱，最主要的是要看出售的时机。第一季度高点时每股股票可以卖到 175 美元，第三季度每股仅能卖 96 美元，这其中的巨大差异还需要我强调吗？

显然，利用一个人手头持有的股票来衡量他的财富是极其站不住脚的。不过，还有别的标准。首先，我是个石油商人。如果我通过计算公司控制的地下原油储量，来计算我公司的资产价值会不会是个好办法呢？

为了论证的需要，先假设我完全控股一家公司，公司拥有探明的地下原油储量10亿桶。进一步假设每桶油可以卖10美元。这样算来，我作为公司唯一的所有者拥有地下原油价值100亿美元。

当然，这绝非净资产。我们必须扣除租金、勘探开发和生产成本、税收及各种费用支出才能大致得出哪怕是纸面上的净资产值。即便这样，这个计算方法也毫无意义。

说得委婉些，地下的石油变化无常。有时即使是由最有经验、最有能力的地质学家证实了"探明的"地下原油储量，事实却证明实际的原油储量要比这小得多。我有一口油井，曾经日产原油高达15000桶，可突然有一天它就无缘无故地变成了一口枯井！

每一个石油商人都非常清楚石油工业的第一公理：今天的石油价格和明天的石油价格完全是两码事。如今，石油的价格似乎挺高。事实上，高昂的成本更多的是表面上的而不是实际上的，我会在后文提到这一点。尽管如此，无论是以美元、英镑、马克、日元或任何其他货币计算，原油的价格和三年前相比，确实高出许多。

价格会保持稳定吗？

这是另外一个好问题，同时也是让所有石油商人备感焦虑的一个问题。历史上，原油价格经常会骤然下降。在地球上没有哪个石油商人可以保证历史不会重演。下面，我会举几个例子，让事实说话。

1903年5月，美国俄克拉荷马州的原油井口价格是每桶1.03美元。仅仅两年后，每桶原油的价格降到52美分。到1915年，每桶的价格已降到40美分，甚至更少。第一次世界大战和灾后重建使情况发生了变化。1920年，每桶原油的基价上升到3.50美元，等级好一点的原油还可以得到更好的价格。我的一些油井里出产的原油的井口价格甚至可以卖到每桶5.25美元。

上升的石油价格又一次回落。1920年①1月，原油价格狂跌到每桶1.75美元，后来又跌到每桶1.25美元。20世纪30年代早期，东德克萨斯大油田得到开发，"新"石油的大量涌入，对石油价格体系形成了灾难性的打击。大量的石油以每桶10美分的超低价格售出。

---

① 此处疑为1930年。类似的情况在本书中有多处，当作者叙述的时间和实际不符时，译本中均以原书为准，不再一一说明。编辑注。

利用地下原油储量来衡量一个人的财富，充满了不确定性。另外，政府的政策和态度也是无法预测的因素。有些国家大大增加了对原油的税收或者急剧减少能源耗竭配额。对此，一些国家打算效仿，而另一些国家，或者已经减少了石油的产量，或者声明有减产的意向。有些国家只是简单地把私人石油公司的股份国有化，而且这种事态还有进一步扩大化的趋势。但是，我认为没有必要延续这一趋势。

任何生意人，尤其是石油商人，都希望从会计那里拿到的账面数目和他的投资相符。另外，面对政府机构、强势的税务部门、证券分析师以及喜欢刨根问底的记者，作为一个勤奋守法的商人，如今若想对自己的账面财富保密几乎是不可能的。

比如，我担任主席的盖蒂石油公司，每年都要发布详细的年度报告和财务报告。根据其发布的涵盖 1974 财年的第 46 份年度报告，公司及其分公司拥有近 20 亿美元的股东权益。在大家看到这个数字之前，都应该记得前面我努力想向大家阐明的事实。任何公司的可变现资产都有可能多于或少于经过标准会计程序核算得出的数值，数值差异有时甚至非常巨大。大家应该明白，除现金之外的其他任何资产，只有在卖掉的情况下才能谈得上支出或消费，而其出售的价格，要取决于市场和其他诸多因素。

这一切导致了在"我到底多富有"这一问题上的直接对峙，我不得不重申："我真的不确定，因为我也无从知道。"

我可以说，在写这本书的时候，所有的财富都包括在内，我的私人估定净资产肯定要超过 10 亿美元。另外盖蒂家族持有的估定资产，包含萨拉·盖蒂信托基金会持有的净资产，是我的资产的两倍，而我正是此信托基金的唯一受托人。

如果把盖蒂家族所有的资产都兑换成手头的真金白银，以计算其真正的资产价值，只有一个办法，那就是把盖蒂家族的所有公司都解散清算，并出售公司资产。

在做进一步的分析之前，我必须指出，通过市场公开转让出售我持有的 400 万股和我母亲萨拉·盖蒂基金会持有的近 800 万股股票是非常愚蠢的行为。按目前的股票价格出售恐怕没那么容易，而且要出售需要好多年的时间，可能在我离世之前都未必能完成。再者，公司股票的潜在价值无疑要远高于目前的市场价值。出售后，我还要寻找新的投资机会，当前的事件表明购买免税债券还是存在一定风险的，其他债券也不保险。所以完成恰当的重新投资，可能要花费数年，最终结果可能是在支付了巨额开销及税务开支后，成立一个规模要小得多的基金会。然而，过去几年的记录表明，萨拉·盖蒂基金目前的资产运作相当不错。

资产出售的成功与否取决于经济和市场条件，及一系列的不可预测因素。最后的结果可能是仅仅一部分的估定资产能够变现。反过来说，假设经济条件、商业环境都超级完好，把所有的盖蒂家族资产全部打包出售，说不准还能卖到100亿美元甚至200亿美元呢？用不了多久，大群的征税人员便会蜂拥而至。

　　但是，我们的税务人员没有理由为这一个突然降临的巨大任务而做准备了。盖蒂利益集团不会出售自己的股份，也不会解散自己的公司。这些公司已经逐步成长为庞大的家族企业，并依旧保持着蓬勃生机。我仍然会在从商的道路上孜孜以求，做好盖蒂家族的领航员和合格的企业发言人。盖蒂家族将致力于企业的发展壮大和高效运行，使企业稳步向前！

3　平等并不存在。

　　我希望，在前面一章，我已经向读者澄清了世人眼中我所拥有的个人巨额财富和我一生中能够控制的更大的财富，以及两者之间存在的巨大差异。很多人对于我死后的个人股权处置很感兴趣，我会把大部分股权捐献给慈善组织。萨拉·盖蒂基金会的控制股权，会按照我母亲的意愿传递给继任的一方或多方受托人，当初正是在我母亲的坚持下，这个基金会才得以设立。

　　也许，从比较金融影响力这一点上阐述这个问题会更加明晰。的确，我个人拥有大量财富的控制权。另外须得牢记，资产数倍于盖蒂石油公司的企业可谓不计其数。这些企业的老总们领着高额薪金，即使他们只控制很少的股份，甚至没有股份，他们控制的财富和拥有的影响力都要比我大得多。

　　问题的症结就在于有些人不了解公司的组织结构。盖蒂公司是个家族产业，而盖蒂家族拥有该公司股份的2/3还多。而很多大公司的股权通常是分散的。比如说，在有些资产高达几十亿美元的大公司，没有任何一个投资人的资产能够超过公司已发行股份的2%~3%。

　　当今社会有相当大的一部分人，习惯性地认为富人会对自己拥有的财富深感内疚。也许少部分人会有这样的情结。可是我敢打赌，大部分人的想法和我一样。我并不会为我拥有的大量财富而怀有负罪感或良心不安。我也不会因为我比大部分人富有，而对别人心怀戒备。也许，上帝是不公平的。可是这正是上帝，或者说是自然界运行的法则。

所有的现实主义者，都会认识到社会中不平衡的现象比比皆是。假设有十人，乃至一百人，为争取奖牌而奋斗。他们身高和体质相似，训练也差不多，可是最终只有一个人能够摘取桂冠。有的人只能屈居其次，根据成功程度依次递减，到最后总有一个张三或李四只能无奈垫底。

我们会看到，众多的艺术家、雕刻家、画家、芭蕾舞演员，最初在各自的领域所展示的才华是相似的，勤奋程度也相似。然而，最终只有那么两三个人，会在各自的领域获得成功，赢得荣誉和金钱，大部分人则碌碌一生。

作家、政治家也不例外。自然界杂乱随意、无法解释的不平衡原则在他们身上也发挥着作用。他们获得的报酬也不尽相同，有些作家，能够创作出伟大的作品，却无法养家糊口。而有些作家的创作水平要逊色得多，他们却收益颇丰，有的甚至还通过转让电影和电视著作权而获得百万美元的丰厚报酬。

我们都知道，很多有政治抱负的人，他们天赋异禀，性格无可挑剔，工作兢兢业业，深受人们欢迎。然而，即使占尽天时地利等各种有利因素，大部分人也只能获得诸如市政府议员的小职位。相反，有些不够聪明、不够勤奋的人却在政坛上混得风生水起，迅速成为参议员、国会议员、内阁大臣、州长甚至首相或总统。有人会说，成功者具有超凡的独特魅力，能够获得公众的喜爱和支持。这种说法在某种程度上无疑是成立的，但并不尽然。无论是哪个民族，都能看到一些不善言辞、蠢得像块木头的人却以压倒多数的选票获得了重要的职位。这恰恰也是自然界的不平衡法则在起作用的一种体现。

该原则也适用于商人、商界。不过，嘲讽商人的财富似乎成为当下流行的消遣时光的好办法，他们认为商人的财富是肮脏的，之所以说它肮脏不堪，仅仅是因为财富自身的存在。这种做法尤其受到那些信奉某种社会哲学的人的推崇，他们的哲学信条便是"打倒先进者"。

让人们在我的异端邪说面前害怕得颤抖吧！有人认为其他人的成功能够启发那些毫无能力、懒惰不堪、为了逃避工作而诈病的人，对这一荒唐、没有根据、抑或完全出于嫉妒的观点，我无法苟同。另外，对于我创造、积累的财富及对财富的使用方式，我感到无比自豪。当然，你也可以对此嗤之以鼻。

我从来都没有把我个人的财富，哪怕是其中的 1%，换成随时可用的现金、活期存款，另外 99% 的财富也没有藏在树洞里或者床垫下。我把它们都用于商业投资，并发挥着积极作用。只有这样，我才能为上百万的消费者提供产品和服务，为奋斗在美国、英国、欧洲、中东、日本和世界各地的 12000 名雇员提供不菲的薪水。这些人都是盖蒂公司、子公司、附属机构的直接雇员。这还不包括扩大工厂生产能力、订购储罐、采购钻机乃至购买纸巾、回形针等所创造的成千上万个工作机会。

另外，盖蒂公司把大量的资金用于风险投资，寻找和开发新的油田和能源。比如说，盖蒂正在美国及世界各地的内陆及海上地区进行勘探钻井工作。这种探寻没有止境。最近，盖蒂石油公司又参与并发现了位于地中海的西班牙海岸的一个新油田，并在南中国海发现了两个。这些油田需要经过多年艰苦卓绝的劳作，并投入大量的资金后，才有可能带来收益。盖蒂石油公司和西方石油公司、美国石油联合化工集团、汤姆森苏格兰联营公司组成联合体，在英国北海地区共同开发了一个重大项目。1975~1976 年，盖蒂石油公司仅在北海石油项目上就投入了 2.5 亿美元。在这场规模巨大的赌局中，盖蒂公司投入了数以亿计的资金，没有人知道何时才能收到哪怕一分一毫的回报。

此外，我的公司每年都会实现并上缴相当数量的税款。这些钱都流向了国家和地方政府，我想(我假想)这些钱应该被政府明智、恰当地用在需要的地方了，并使之真正地惠于民。1974 年，盖蒂石油公司及其子公司向各级政府上缴 3.16 亿美元的收入所得税，以及诸如消费税、财产税等各色杂税共计 2.09 亿美元。这意味着，作为美国第 17 大石油公司，盖蒂石油公司仅一年内就向政府贡献了 5 亿多美元。除此之外，包括我在内，公司的所有员工，无论是管理层还是普通雇员，还要向政府缴纳个人所得税、财产税以及其他各项应纳税项。公司股东还需再一次缴纳他们的股票税收。

公司产生的利润首先要上缴赋税，这是蚕食利润的第一步。利润减少了，股息红利也会相应减少。收到股息的人除了要向联邦政府缴纳个人所得税，大部分情况下要向州政府缴税，某些情形下甚至还要向市政府缴税。

看看这意味着什么！美国政府的公司税率是 48%。年利润为 100 万美元的公司，需要向联邦政府缴税 48 万美元，税后利润仅剩下 52 万美元。如果将所有的税后利润作为股息分给投资人，联邦个人所得税的最高等级是 70%，因此这类人需要向联邦政府缴纳 70% 的个人所得税。那么，扣除联邦税之后，100 万美元的利润到了投资人手里极有可能仅剩下 15.6 万美元。这还没完，州政府和市政府还要过来分一杯羹。

的确，企业所担当的首要角色是政府的提款机，以及政府项目的出资人，而政府的开支计划却往往会忽略或者忽视这一点。越是那些平时大喊大叫、对商业进行大肆抨击的政客，越是对此视而不见。在这些政客眼里，商业是政府财政收入取之不尽用之不竭的源泉，而他们对推动商业税收立法从来都是不遗余力。

虽然一直以来，我都明白商业支撑着政府的大部分支出，但直到1975年7月，副总统纳尔逊·洛克菲勒(Nelson Rockefeller)来萨顿宫做客的时候，和我谈起了这件事，我才对此问题有了更大程度的了解。午饭后，我们坐在客厅里聊天，谈论了很多话题，最后落脚在美国的经济及其问题上。纳尔逊·洛克菲勒副总统是一位非常睿智的人，说他才华横溢一点也不为过，他博学多才，对国内和国际的经济形势都非常了解。他对现在商业逐渐成为竞选的替罪羊深感遗憾，并强调了政府对商业的依赖程度。

他说："美国政府85%的开支都来自企业。"

85%！

我根本不知道比例如此之高。这个数字着实使我大吃一惊。在1974年财政年度，美国政府的财政支出是3000亿美元，这意味着其中2550亿美元来自美国的商业企业。这让我不得不说些题外话。私人企业绝非时刻完美无瑕，在经营的过程中会犯很多错误，有些还是重大失误，有些企业偶尔亏损或者经常处于亏损状态，有的甚至直接破产。但大部分公司都能够做到按时支付工资、缴纳税款，在年终时还有所盈余。如果经营得当，他们还能拿出相当一部分的利润，再次投入到商业中，扩大规模、加强研发、更新设备等，想尽一切办法促进企业发展。正如著名的经济学家奥托·埃克斯坦(Otto Eckstein)所言，自由企业"是迄今为止，鼓励人类高度创新，并不断开发新产品、新方法的唯一引擎。"

如今在一些国家，越来越多的政客们希望减少资本主义的成分，实行社会主义。他们认为，将大部分或全部的商业国有化是治疗资本主义世界经济病症的灵丹妙药。众所周知，国有化企业因没有盈利能力而声名狼藉。甚至有些社会主义的拥趸也承认这一点。英国学者威尔弗雷德·贝克曼(Wilfred Beckerman)便是其中之一，他宣称："社会主义者一直都认为……一些产业不应该在满足社会需求条件下运营的同时，又进行标价收费以获取利润……一些产业应该进行国有化，目的就是使它们能够在非盈利状态下运营"。贝克曼教授的原话就是这样。

他的话如同越战期间一些头脑混乱的军官们的怪异言论一样荒诞不堪，他们曾说："必须彻底摧毁村庄，这样他们才能得到拯救！"

美国邮政管理局是联邦政府的一个垄断公司和实际上的国有产业，很多人都感觉它一直在远低于"满足社会需求"的水平下运营。自从1971年建立以来(替代原来的邮政部，以提高效率，减少赤字)，邮资一路飞涨，而效率却一直在下降。至于赤字，反而比原来更大了。在1975年财政年度，尽管联邦政府提供了16亿美元的巨额补贴，美国邮政仍然亏损8.69亿美元。而同时期，私人邮递公司业务却发展迅速。他们能最大化地"满足社会需求"，在为客户节省时间和金钱的同时，也能赚取可观的利润。他们还额外掏钱，购买精美的塑料包装袋，用于递送邮件，这都未影响其盈利。

去年夏天，英国报纸披露，英国的国有企业，除英国煤炭局收入大于支出外，其余的所有企业均遭受了巨额亏损。社论家和政治专家哈里·菲尔德豪斯(Harry Fieldhouse)的评论一针见血："如果国有垄断企业不能实现盈利化运营，社会主义国家就不可能实现，它要么注定破产，要么拥有能盈利的私营产业，这些私营产业能产生足够多的利润来弥补公共亏损。"

假设社会主义的政客们能够按其所愿将所有企业都国有化，那将会怎样？这是一个有趣的设想。能下金蛋(税金)的资本主义大鹅将变身为瘦骨嶙峋的小鸟，无利可图。那谁为参议员、众议员、国会议员及众多官僚们发放工资，谁为他们的秘书、配有司机的专车、环球旅游以及其他特权买单？林肯说过："优惠工人，不可奚落雇主。救济贫民，不可消灭富人。"好好考虑一下这个问题，这或许对那些专业的商业毒舌们以及对林肯以上言论持反对态度的人有所启发。

尽管不尽完美，自由企业体系仍然是最可行、最有效的经济制度。长久以来，它一如既往地为我们提供大量的、品种齐全的商品，目前为止还没有一种替代制度能接近它的生产能力，更别说超越了。资本主义的确导致不平等，这一点毋庸置疑。但是，就像我先前说的，大自然本身就是不均衡的，那么支配万物运行的系统或制度又怎能置身规律之外呢？经济学家奥托·埃克斯坦宣称："如果(资本主义)制度发生作用，一些不公将不可避免。"我认为，任何经济或政治制度的运行，都将不可避免地产生不公平和不平等。

在英国的国有企业煤炭局，比起那些在煤场辛勤劳作的工人，其主席能拿更高的薪水、更多的补贴，住更舒适更精致的房屋。在苏联的纺织企业托拉斯，其领导委员被配有专门司机的豪华轿车从莫斯科宽敞的公寓里接到办公室，又用吉斯豪华轿车送至舒适的乡村别墅。而其办公室的工作人员，住在狭窄的一居或两居室里，每天骑车或挤在拥挤的电车或公交车上(或者步行)去上班，更不用提工厂里那些纺纱机的操作工人了。数百万计的中国工人骑着自行车上下班，但国有企业的领导也都以自行车作为交通工具吗？

无论是在西方民主国家，还是在所谓的铁幕国家，每个城市都会有最好的宾馆，在最好的宾馆里会有最好的房间，而且通常都有人住。同样，在每个城市，无论是资本主义的还是社会主义的，都会有最差的宾馆，最差的房间，通常也会有人住。

我已经说过，我从来没有对自己是一个富人有负罪感。不过反过来说，如果把我99%的财富都给穷人或政府，就能够消除贫穷和人类疾病，那我会毫不犹豫地去做。但是如果我那么做了，这个世界上的每个男人、女人和孩子都能收到一美元，那将会带来什么长久益处呢？答案是：毫无益处。而且我将身无分文，我将无法给那些富有创造力的企业投资，来满足人类的某些需求和需要，无法创造就业机会，给工人发放薪水和上缴赋税。

我再次重申：大自然并非不偏不倚、公平无私。就算它是公平的，人类的本性和缺点也将很快改变形势，不均衡和不平等会重新出现。

我是一个愤世嫉俗者？或许吧。但我更愿意称自己为一个现实主义者。随你贴什么标签，我都能接受。因为，假设世界上所有的金钱和财产在某一时刻，比如下午3点钟平均分配给每一人，我敢断言，到下午3点半，接收者的财务状况将出现显著的改变。在30分钟之内，有些人可能失去了他们的股份，有些人可能已经因为豪赌输得精光，有些人则可能受到诈骗而身无分文，这也间接地使得其他人变得更富有。随着时间的推移，这种不平等日益加深。90天后，差异之大将会令人吃惊。我敢打赌，在一年、最多两年之内，财富的分配情况将和分配之前没有什么两样。

这就是命运、运气、自然法则，或随你怎么叫它。总有一些人的认知水平能够上升到比其他人高一个层次。哈罗德·罗宾斯(Harold Robbins)、阿加莎·克里斯蒂(Agatha Christie)、安东尼·伯吉斯(Anthony Burgess)、乔治·西默农(Georges Simenon)、欧文·华莱士(Irving Wallace)或者乔治·路易斯·博格斯(Jorge Luis Borges)，他们其中任何一人写的书，将比几百个普通作家写的书的总和卖得还要好。竞选过程中，总统竞选人的成就也变得无关紧要，因为不论像富兰克林·罗斯福那样的杰出人士，还是如林登·约翰逊(Lyndon Johnson)那样的平庸之辈，都能成为总统。

同样，一些商人就能更加成功，能比别人积累更多的财富。为什么他们(或者我)

要有负罪感呢?尤其是,这些财富还能够得到妥善分配,得到积极、富有成效的利用。

已故的马克斯·艾特肯(Max Aitken),即第一代比弗布鲁克男爵(First Baron Beaverbrook),无论是从做人的角度,还是作为一个精明的商人,抑或作为一个对生活、人类本性和整个世界有着敏锐洞察力的现实主义哲学家,他都令我非常敬佩。能够和他建立诚挚而又亲密的友谊,实在是一种荣幸,我从中获益颇丰。除了诸多的优秀品质,马克斯拥有一种罕见的智慧,往往一句话能抵万卷书。我现在提到他,是因为他总结了一句非常经典的话,而这正是我在本章中想努力表达的:

"你知道,保罗,"他说道,"我总觉得生活中应该有我的一席之地。"

马克斯的话完全有可能是对芸芸众生在生活中面对的种种不平等、不均衡现象的最有效的解读。不知是否被一种力量,或者一种神秘因素掌控,抑或仅仅是各种环境结合的结果,一些人确实能在生活中占有自己的一席之地。假如他们做到了,却非要被一种负罪感包围,甚至要回到过去,使自己迷失在茫茫过客中,与众生无异,那真是有些愚蠢,也是一种毫无必要的浪费。

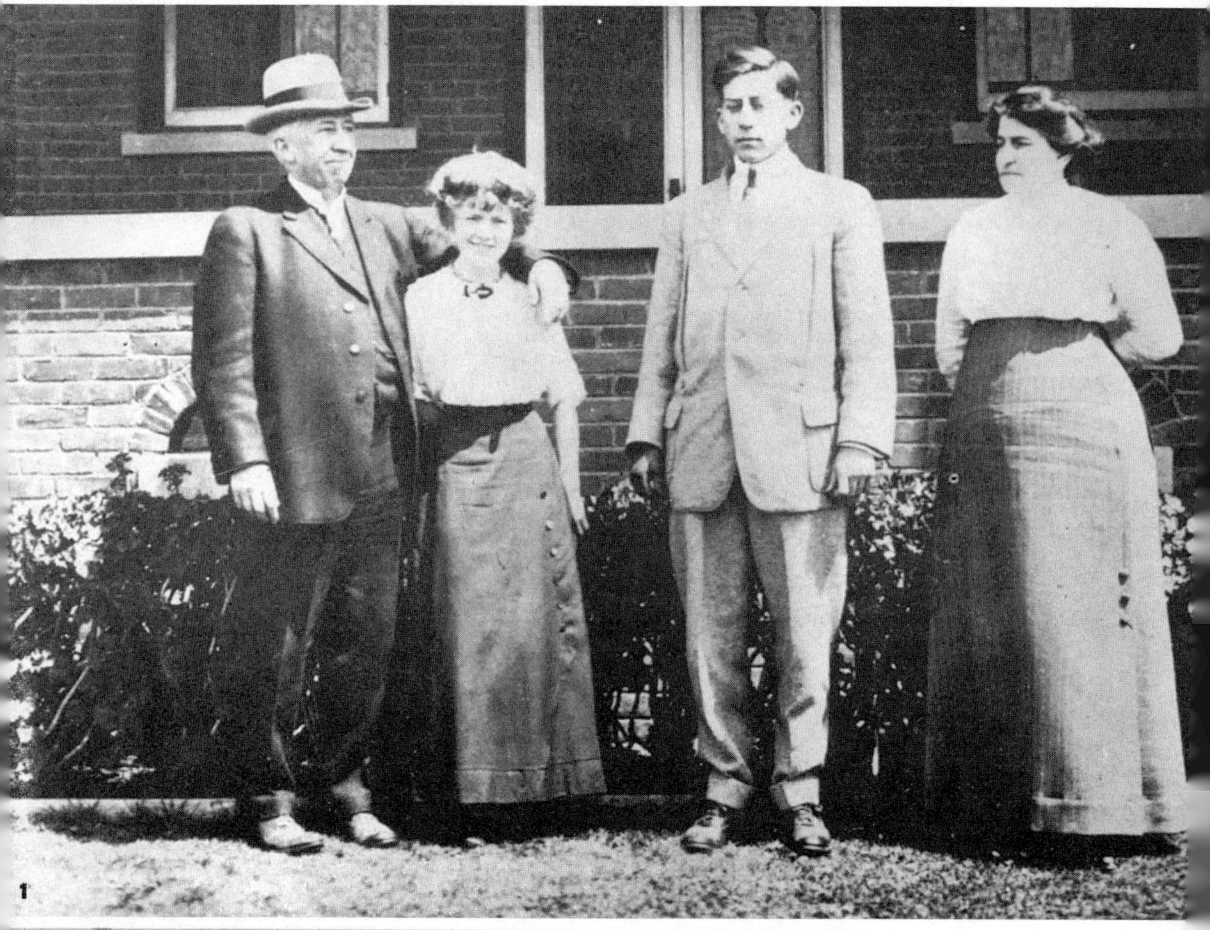

1

2

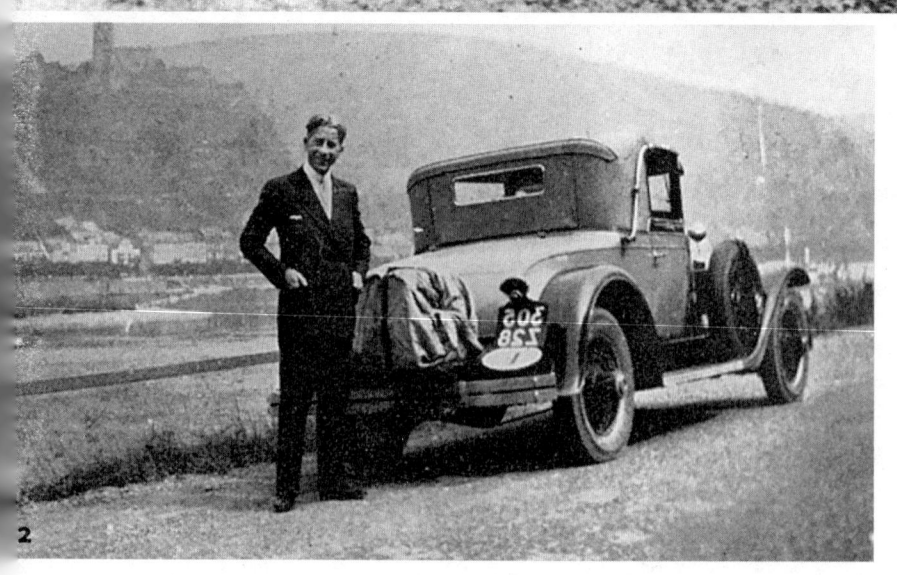

1. 1908年，盖蒂一家在于洛杉矶金斯利大街居所前

2. 1927年，盖蒂前往阿斯特丹参观奥运会

3. 盖蒂和他的大儿子乔弗兰克林•盖蒂二世

4 第一桶金。

任何企图否认在人生中我会拥有自己的一席之地的人，都显得有点滑稽可笑。然而，意识到人生之中已经为自己保留的这个座位，我显得很迟钝。在我对商业显露出特殊的兴趣的时候，或者说决定投身商业的时候，我都快满 22 岁了。在那之前，我一直在当作家还是当外交家之间举棋不定。

从商伊始，我并不那么心甘情愿。尽管这样，我 24 岁的时候，已经赚到了人生中的第一个百万美元。我对此很满意，觉得今生已无忧，决定就此"退休"。

这样说可能有些唐突，我最好简单回顾一下过去。关于我的早期生活和商业生涯，别处已有详细介绍，这里再简单介绍一下，这样有助于建立基本参考点，并提供一个视角。

我的父亲，老乔治·盖蒂(George F. Getty Sr.)，在明尼苏达州的明尼阿波利斯市是一个非常成功的律师，那也是我的出生地。他和我的母亲莎拉·麦克弗森·里舍(Sarah MacPherson Risher)于 1879 年结婚。第二年，他们的女儿，我的姐姐格特鲁德·路易斯·盖蒂(Gertrude Lois Getty)出生。但我从来没见过她，在我出生前的两年即 1890 年，她死于一场伤寒疫情，于是我成了家里唯一的孩子。

1903 年，我 11 岁时，父亲的财富已经超过了 25 万美元，在当时那可是一大笔钱，在目前我们这个货币严重缩水的年代，至少相当于现在的 100 万美元。尽管我的父亲很有钱，但 1903 年仍然是他事业的一个关键转折点。正是那一年，盖蒂家族的财富和未来事业立下了根基。

因一位客户的法律纠纷，乔治·盖蒂需到印第安保留区(后来成了俄克拉荷马州的一部分)的巴特尔斯维尔(Bartlesville)去一趟。到了巴特尔斯维尔之后，他发现一场新的石油热潮正如火如荼地进行。为客户赢得了官司后，他安排处理了法律上的事务，旋即投身狂热的石油产业，成为掘金大潮中的一员。

父亲购买了一块被称作"50号地块"上的油气开采租约，那是一块位于奥塞奇族地区的约450公顷的广阔土地。随后父亲组建了明尼侯玛石油公司(Minnehoma Oil Company)，还有一些人参与了他的创业，其中包括：柏克德(W. F. Bechtel)、科尔(W. A. Kerr)、弗雷德里克·布朗(Frederick V. Brown)、约翰·贝尔(John W. Bell)和麦康奈尔(P. D. McConnell)。我父亲是大股东，也是公司的总裁，他签订了一系列钻井合同，并一直坚持待在现场，直到完成所有的钻井工作。我提到这些是有充分理由的，您马上就会知道原因所在。

有些人，对石油好像有一种与生俱来的神秘的感情，通过一些天生的直觉或本能，即使石油层在几千米的地下，他们似乎也能够感受到石油的存在，拥有这种能力的人非常罕见，但的确存在。巴恩斯德尔(T. N. Barnsdall)是一位极其成功的美国石油产业的开拓者，他宣称，如果在他走过或站立的地面以下有石油，他能"嗅到石油的存在"。联合石油公司的创始人莱曼·斯图尔特(Lyman Stewart)据说也是一位具有查尔斯·福特(Charles Fort)称之为"非凡天赋"的人。我禁不住想，我父亲或许也具有一点儿这样的本能或天赋。在50号地块上总共打了43口井，其中有42口最后证明是产油井；只有一口是干井。无论以何种标准来衡量，这个记录都非比寻常。

当50号地块上的第一口井投产后，父亲带着母亲和我去了巴特尔斯维尔。他想让我们亲眼看看他开创的新事业，并分享他首次成功的喜悦，以及打算钻第二口井的激动之情。作为一个男孩，我始终保持每天记日记的习惯。我的日记，从早年延续到现在，均保存完好。以下是节选自1904年1月的日记内容。

1月17日，星期日：星期二晚上我们将要去印第安保留区。

1月19日，星期二：今晚8:30，我们坐上了开往堪萨斯城的火车，我们从西北部到达爱荷华州的康瑟尔布拉夫斯。

1月20日，星期三：我们穿过了爱荷华州和密苏里州，在5:10左右到达了堪萨斯城，接着去了米德兰。入住的宾馆是当地最大的宾馆之一。

1月21日，星期四：我们乘上了12:15开往巴特尔斯维尔的火车。我们很晚才到那儿，天很黑，我什么都看不见。我们去了梅德威宾馆。

写下这些日记的时候，文字丝毫传递不出当时的那种探险精神，以及紧张而又充满期待的感觉。作为一个 11 岁的孩子，我努力使自己成为一个"客观记录者"，并且认为日记应该记录那些毫无修饰的事实。我想，如今的年轻人会把这叫做"保持冷静范儿"。然而，现在读起这些文字，仍然能唤醒我清晰的记忆，仍能激起我强烈的情感反应。我再一次感受到了当我被告知要去印第安保留区的那种欢欣愉悦，以及我们到达巴特尔斯维尔时的失望之情，因为那时候，"天很黑……我什么都看不见"。

失望，接着幻想破灭，这种情绪在第二天早晨变得更加强烈，脑海中的那些浑身五颜六色的印第安人、带枪的牛仔、飞驰的骑兵瞬间溃倒等种种景象在现实面前烟消云散。白天的巴特尔斯维尔是一座沉闷乏味、有点原始的新兴城市，大部分是用隔板搭建的建筑物，还有凹陷的木质人行道。一些建筑物的正面搭建了假墙和入口，给人一种两层楼的印象。一些人确实带着笨重的左轮手枪，用皮带紧紧地绑在腰上，但他们是油田的工人而不是牛仔。我所见的印第安人既没有涂抹油彩，也没有伟岸的身躯。几日后，在梅德威宾馆的餐厅，当地印第安人会得到少量的赔偿金，我日记中这样记载：

1 月 24 日，星期天：天气不错……我们享受了一顿不错的晚餐。有 10 个印第安大酋长就坐在我们旁边。他们披着毛毯外衣，身上插着羽毛，准备去见罗斯福总统。其中一个酋长叫"两把钥匙"，他每只耳朵上都挂两把金钥匙。

我们去拜访 50 号地块，明尼侯玛石油公司正在钻探第二口井，这深深吸引了我。我很快学了一些油田"行话"，他们管钻井队的一个轮班叫做"tour"(巡回)，但发音却与"tower"(塔)相同。我很快就同那些我认为比较有权威范儿的头儿高谈阔论起来，什么大齿轮、起重柱以及硝化甘油油井爆破等。像所有男孩喜欢那些机械玩意儿一样，我对那些消防车、蒸汽压路机、打桩机等尤为着迷。现在想起来，当时我对石油的独特魅力在一定程度上已经有所反应了。不要误会，我不是对石油产业这一领域或利润感兴趣，而是被在油田作业的那种由内而外所透露出的挑战和探险精神所吸引，你需要不停地勘探、钻井，目标只有一个，那就是为了猎取石油。

1904 年 3 月 2 日，我第一次体验到了那种奇妙的震彻心扉的激动之情。在现场，我亲眼目睹了钻井队打到了产油层，产出了石油。和以前一样，我仍然保持着我的"冷静范儿"，用生硬的语言记载道：

我们都去看2号井了，它出油了，从435米的地下。

两天后，父母和我起身返回明尼阿波利斯市。3月10日，我又重新回到了艾默生文法学校，又回到了教室。"这是六个星期以来的第一次"，我在日记中如此评论，小心翼翼地尽量不透露出我对此何等失望。我继续写道："下午，我跟哈里和威廉玩打弹子游戏，赢者通吃的那种，我大获全胜。"那次特别的胜利恐怕并不完全归因于我高超的游戏技术。我的朋友哈里和威廉不停地问我在印第安保留区的经历，他们可能被我添油加醋的故事搞得有些分神，不能专心致志地玩游戏。

1904年10月，我和父母又去了一趟巴特尔斯维尔。途中，我们绕道去看了传说中的圣路易斯世界展览会(St. Louis World's Fair)，它的官方名称应该是"'路易斯安那购地'百年纪念展览会"，但是一些官僚上的愚蠢错误使得纪念日期被错误计算了一年。①

我们继续向巴特尔斯维尔出发，到达后在那儿待了10天。那时，50号地块上已经完工三座产油井，第四座也即将完工，实际上这是第三座，因为钻井有些延误以致完工较晚。尽管我还不到12岁，但觉得自己俨然是一个阅历丰富、久经世故的人，尤其是在石油领域。我认为自己有资格作出判断，并在日记中记录了一些技术数据，10月17日的日记可以见证：

早晨6点钟我们就起床了……接着便动身前去油田租借地。我们10点钟到达那儿，分别查看了四口井，均状况良好。最贫乏的3号井，在昨晚10:15用100夸脱的硝化甘油进行了爆破。我们看到油柱从钻井孔喷向30米的高空，并持续了五分钟。

同一天，父亲标记了第五口井的钻井位置。后来证明，在50号租借地块上钻孔的共43口井中，这是唯一一口干井。

---

① 19世纪初，法国在北美有一块面积达82.7万平方英里的殖民地，也就是路易斯安那领地；它包括后来的路易斯安那州、俄克拉荷马州和密苏里州。美国从拿破仑·波拿巴手里仅用1500万美元便购买了整个领地。由此，美国人把这场交易叫做"路易斯安那购地"。购买发生在1803年，所以，如果不是盖蒂先生记错的话，"百年纪念展览会"应发生在1903年，而不是1904年。编辑注。

很快我们又回到了明尼阿波利斯。我的母亲和父亲已经决定要搬到加州南部去。父亲认为有必要事先进行一下初步考察。我们于1905年1月离开了明尼阿波利斯。在相继考察了圣地亚哥(父亲觉得地方太小，都算不上城镇)、拉荷亚(偏僻遥远)、圣塔莫尼卡(一个散乱的海边村庄)以及其他一些城镇后，我父母得出结论，他们最喜欢洛杉矶。我们又一次回到了明尼阿波利斯，在1906年我从艾默生文法学校毕业以后不久，我们便移居洛杉矶。

父亲在威尔希大道(Wilshire Boulevard)的拐角处买了一块地，请人建了一座都铎风格的大房子，那里成了我们的新家。

接下来的三年，父亲的生意一片兴隆，并不断扩大。当时我父母拥有明尼侯玛石油公司72%的股份，在此期间购买了更多的租地契约，并在这些地块上进行了极其成功的钻井操作，这些反过来又进一步促进了公司的不断发展壮大。公司仍然拥有位于俄克拉荷马州的50号地块的开采权，随着更多油井的钻探，其产量也在逐年提升。1909年，尽管还不到16岁，我还是问父亲，我是否可以利用学校的暑假在50号地块的油田工作，父亲的回答很独特：

"如果你愿意从最底层做起的话，我完全同意。"

这意味着我将受雇成为一名油井工人，一个油田劳力，负责在钻井现场干最脏、最累的活。父亲对雇用我的条件非常明确：每天工资三美元，每12小时一轮班；不要因为我是老板的儿子就奢望受到优惠待遇；我将同其他工人一样，获得自己的工作份额，完成自己分内工作。我接受了这些条件。这是我第一次主动开口要活儿干，如果这时候临阵脱逃或者讨价还价的话，恐怕会失去父亲对我的尊重。

作为富人的独子，长久以来，我一直很享受优越的地位和舒适的生活。令人吃惊的是，我很快地就适应了这近乎残酷的转变，我想，我的父母对此也肯定同样震惊。我不仅能住简陋的工棚，吃粗陋的食物，而且都还很喜欢。相对我的年纪，我的块头似乎更大些，身高1.83米，体重73公斤，毫无赘肉，身体条件极佳。有些工作通常会把一些油田工人都搞得精疲力竭，我能毫无怨言地处理解决。大约一星期以后，我手上的水泡已经开始变硬，最后成了保护性的老趼。

一旦我证明了我自己，钻井工地的其他工人便接纳了我成为他们中的一员。他们开始把我称为"里德"(Red)，因为我的头发是红色的，或叫我"保罗"，而不再是"嘿，你！"同时，也意味着我应在发工资日当晚在不同钻井队之间的大混战中贡献自己的份额——每个钻井队可都视另一方为自己的对手。俄克拉荷马州的私酒贩子用盐酸冒充的威士忌无疑给混乱场面又加了一桶油，嘈杂混乱可想而知。

在接下来的三年，我的时间分成了两部分，每学期上课时在加利福尼亚，而暑假则在 50 号地块上打工。而且，我也在排除困难，不断进步。在那个用顿钻钻井的年代，钻井队的钻机只配两个人：一个钻工、一个磨工。磨工在很多方面辅助钻工，主要职责是把不锋利的钻头磨尖并再次回火，并使所有其他钻井工具保持最佳工作状态。

磨工必须是一个熟练的技术工，并且是一个内行的高度专业的锻工。钻具锻造和锤炼上的工作质量决定着能否造出一把合格的钻头，而钻头在钻井过程中起着至关重要的作用，其质量若有问题能使整个钻井工作毁于一旦。我决定学习磨工手艺，实事求是地说，那真称得上是一项艺术。一个外表沧桑、经验丰富的老磨工同意我入伙并愿意当我的师傅，多亏了他的耐心和努力，我做到了。很遗憾我记不清他的教名了，但我永远不会忘记他的姓——格里兹(Grizzle)。他乐于助人、开朗外向，这与他那沧桑的外表形成鲜明的对比。格里兹对我教无不尽，不仅教我如何打磨和保养钻井工具，而且实际上还教导我油田作业的每一个过程步骤，他的知识对我来说就是一部大百科全书。在油田上他的声望极高，当他宣布他认为我是一个合格的磨工的时候，我感觉那比任何一个大学文凭都要贵重。

1912 年的 5 月和 6 月，我去了日本和中国旅游，然后返回美国，又回到了 50 号地块工作，并在那里度过了整个暑假。11 月，我去了英国，在牛津大学读政治科学和经济，同一名莫德林学院的学生共住一室。完成学业后，我游览了欧洲、中东的部分地区和北非，直到 1914 年返回美国。

随后父亲问了我一个大多数父亲在他们的孩子完成正规教育之后不知道如何选择人生的时候都会问到的问题："现在你打算做什么？"

通过在牛津的学习和国外的旅行，先前我在作家和外交官之间摇摆不定的理想逐渐明朗起来，我更倾向于选择后者。我说了我的想法。老乔治•盖蒂广受喜爱和尊敬的诸多优秀品质之一，便是他有一个始终如一的习惯，面对任何争论，他都能用一种平和、理性而又总是非常宽容的方式表达出来。

听我把话说完，他表示他将要坦言的只不过是"一面之词"，他首先说他领导着一个价值几百万美元的石油公司，他也将近 60 岁了，而我是他唯一的儿子。

"我希望我所创立的事业能成为一个家族产业,"他说道。稍作停顿后,他又继续,"你才21岁,保罗,在你选择做外交官之前,你可以轻易地拿出一年来过渡一下,尝试其他道路或选择。你愿意考虑一下吗?"

我想这或许也有可能,但要取决于这条道路的性质。

"在油田里试一下身手,去尝试一下独立的经纪人。"父亲力劝道,"到一年结束的时候,假如这段试验不成功或者不开心,你可以再去做你喜欢做的任何事情,我不会多说一句。"尽管我仍然渴望能成为外交使团中的一员,但作为一个富有冒险精神的油田经纪人,探寻石油的想法的确也有它的吸引力,而且付出一年对我来说并不太难。我接受了父亲的建议并对他提出的条件表示同意。

父亲将每月提供给我100美元的生活开支,而我将四处打探,并根据我的直觉或地表地质知识,判断可能存在石油的地块,用较低的价格购买其租赁权。一旦我发现了有开发前景的租地,父亲将提供购买资金,并提供勘探钻井以及开发等成本费用,如果有利润的话三七开,父亲七,我三。

我的所有油田经验都是在俄克拉荷马州获得的。我理所当然地应该回到那儿,在那片熟悉的土地上开始。于是我便去了塔尔萨,住在了一家叫科尔多瓦的宾馆,房间六美元一周,吃饭就到离宾馆不远的一个或几个寄宿公寓去吃。其他的寄宿者同样也是希望通过油田淘金的人,平日精打细算,期望着有朝一日能发大财。一些人确实实现了梦想。有一个人我记得特别清楚,他叫乔西(R. A. Josey),后来我们成了很好的朋友。他性情一直很好,搞起恶作剧来却深藏不露。后来他有了极其惊人的发现,赚到了数百万美元。

我开着一辆倒过三次手的T款福特车,游走于乡村之间。尽管外观上十分丑陋,也毫无舒适度可言,但对很多石油商来说,T款福特车是那个年代最主要的交通工具。当时俄克拉荷马州的道路还很原始,从未修葺过,所以很难称得上道路,除去马车或骡车,T款福特是唯一能够应付得了那糟糕路况的交通工具。

几个月过去了,我依然一无所获。持续的大规模开采已经造就了一派繁荣之景。油气租约的拥有者也漫天要价,租约一路飞涨,近乎疯狂。我几乎要放弃,最后坚持下来的原因很大一部分要归功于年长而又理性的石油商,诸如约翰·马卡姆(John Markham)和麦克法林(R. M. McFarlin)给我的热心鼓励和建议。

我特别要向麦克法林表达一下我的感激之情。他拥有百万财富,同时也是美国最成功的石油公司之一麦克曼石油公司的共有人，他总是不吝辛劳地给予我关心照顾。他鼓舞我日渐消沉的士气，给我提供有价值的建议，还把他从长期的经历中获得的知识和教训都传授给我。除了我父亲，麦克法林极有可能是在我的性格塑造和从商理念方面影响最大的一个人。

一年的尝试之旅很快就要结束了，而我作为一个将来的"油探"或油田经纪人，虽然付出了努力，仍然没有什么收获。后来，我听说马斯科吉县有一个地块的租约(的一半)正打算以半价利息公开拍卖。这块地叫做南希·泰勒庄园，我对这个地块进行了考察，并立即感觉到这事可以做。不幸的是，别的独立经纪人也是这么认为的，他们当中很多人已站稳脚跟，并有庞大的资金来源。和我一起在寄宿公寓就餐的人推测拍卖价格肯定会达到15000美元，甚至可能更多。

父亲给我在租约上的花费设了限制，那可远远低于这个数字。看起来我甚至根本没有必要参与竞争。就在这时，我有了一个主意：如果所有的竞标者都像我一样，认为他们面对的是一个不可能击败的对手，那将会怎样呢？

这值得赌一把。我邀请一个朋友一起参加拍卖会来帮助我竞标，此人是当地很有名望的银行副总裁，但我没有披露他究竟代表哪一方。这个计谋非常奏效，其他的竞拍者在现场看到了当地银行的官员，想当然地就认为他肯定代表着某个大的石油公司，无论他们怎么出价，最后肯定会无济于事。最后他们甚至都没有参与竞拍。我以惊人的低价拍到了南希·泰勒庄园，仅仅500美元！

一个新公司被很快地成立起来，以对这块地进行勘探开发。钻井作业开始了。油井塔立了起来，钻机也安装完毕，钻头开始钻进地面，随着进程的推进，我的急躁、焦虑和忧虑之情也与日俱增。总之，漫长的一个月终于过去，1916年伊始，钻井工作完成，油终于开采出来，初期产量为一天700桶。

我的上一个句子应该用一整行的感叹号。即使这样，或者使用千言万语，都不能充分表达当一个人看到自己的第一口喷油井开始投产时，那种欢欣和胜利之情。无论是到第10口井，还是第110口井开始产油，这种感觉都没有丝毫减退。这种喜悦并不完全是因为金钱，甚至和钱没多大关系。

包括我在内，所有石油商老手可能都有过这样的经历。有一段时期投产一个油井，产量暂且按500桶一天，而同时期的原油价格低至25美分一桶，甚至更低。显而易见，一天产量能够带来125美元的总收入，这仅能涵盖日常运营开支的一部分，更不用提最初资本投资的收益了。即使是这样，也依然无法阻挡油井产油的那一刻喷薄而出的欢欣和喜悦之情，过去是这样，现在也是，将来也肯定如此。面对大自然的变幻莫测，反复无常，自己却能战胜它，经过苦苦追寻、艰难拼搏，最终将难以驾驭(通常也是危险和恶毒)的猎物制伏。那种欢欣之情正源于此吧！

我的第一口井的完工改变了我的命运，情况开始由坏转好，并且势不可挡，以惊人的速度朝更好的方向发展。我很快又连续操作了几个租约交易，均有获益，接着又开采了另外几个油田。一切都发生得如此之快，而且规模如此之大，到1916年中期，我从油井勘探开发中获得的利润总额已达100万美元之多。

"一百万""百万富翁"，这些字眼本身就散发着独特的魔力，令人心神荡漾。很多白手起家的人(甚至像我一样的人，虽然白手起家，但有家庭财富做后盾)都倾向于把这个数字作为奋斗的最终目标和人生顶点。

我用难以置信的速度积累了梦幻般的财富，拥有了梦幻般的身份标签，我认为这可以是一个终点了。也许，不到24岁的我还不够成熟，尚不能领会那个被伊曼努尔·康德(Emmanuel Kant)称作"绝对命令"的东西。若想要财富发挥实际意义，必须视财富为手段；衡量一个富人的成功与否，真正要看的还是他如何运用这些财富，他对这些财富的支配能达到一个什么样的高度。

没有自命不凡，也没有沾沾自喜，对那一百万我心满意足。于是，我停止了工作，完全地停止了。

我"退休"了。

就像生活中经常发生的，环境能很容易地造就存在的合理性。就我自身而言，我放弃了所有作为，选择了闲情逸致的生活，也是当时的大环境使然吧，我只能给出这样的理由。

5 "英年早退"。

1916 年夏天，欧洲战火已经燃烧了两年。对很多美国人来说，这场战争发生在"大西洋的另一边"，这场战争"不关我们的事"……我却不敢苟同。我在牛津求学以及在欧洲大陆旅行期间认识了一些朋友，他们正奋战在前线，很多人已经为国捐躯。我相信美国参战只是一个时间问题。对我而言，最明智的做法就是在可能性成为事实之前，自己能未雨绸缪，先做准备。

若干年前，在进入大学之前的中学时代，我还在洛杉矶就读过哈佛军事学院，学校的军事训练仅限于初级水平的步伐操练。在那个时候，那些想象力非常丰富的预备役军官教导员们曾经预测说，"飞机"在未来战争中将扮演非常重要的角色。到 1916 年，战争的前沿阵地证明他们的预言极其精确。

我曾作为一名乘客"上升"到高空，并因此对飞行极为痴迷。当然，那时我怎么也想不到自己 20 多年后却成了飞行恐惧症患者。作为"退休"人员，我没有职位，也不被职责所累，正好当时美国陆军航空队有一个培训飞行员的计划，我便正式提交了申请表。申请如期有了回复，我收到了一份正式信函，信中向我阐述了目前训练设施和飞机不足，当条件具备时，他们会对飞行员申请者进行召集培训。

1917 年 4 月 6 日，美国正式宣战。于是，胸怀大志的飞行学员保罗·盖蒂和美国陆军开始了一段值得纪念的笔友关系。我的官方信函逐渐增多，其要点大概是：所有申请者应该等待，直到航空队的能力和设施能够满足培训要求；同时，他们的培训申请已经登记注册并处于冻结状态。这就意味着他们不能再报名其他机构，甚至不能应召入伍。

军事上的这种混乱状态如同一场闹剧，一直延续到休战日甚至休战日以后。1919年初，我收到了一封来自美国联邦政府作战部的信函，带有精致压花的信纸非常漂亮，上有作战部部长牛顿·贝克(Newton D. Baker)的印签。信件中首先对我在1916年申请飞行员培训"展现出的崇高的爱国主义"表示赞赏，接着表达了遗憾之情：由于"军事上的需要"，未能实现我入伍服役的愿望。

据我了解，有数千人收到了同样的信函。当我知道我绝不是部队这种充满官僚主义的拙劣行为的唯一受害者(甚至极有可能是幸运的受益者)时，我的心稍感宽慰。

颇有讽刺意味的是，我的表弟豪威尔·西摩尔(Howell Seymour)没有填写任何表格却被编入野战炮兵部队，并随美国最早的远征军分遣队被派往法国。豪威尔携带着75mm近距离野战炮，在西部前线奋战了好几个月，他没收到任何人的感谢信，而待在家里的一介平民保罗·盖蒂却被潮水般的赞扬和感激包围，而且还是被作战部部长这样的大人物表扬。

"你应该把它裱起来，挂在墙上。"当我把信件拿给豪威尔看时，他降低声调喃喃说道，声音中透露出嘲讽和不解。我本想说我想了一个更为恰当的用途，但我止住了，没有说出口。

在我"英年早退"期间，或者在我等待号角再次吹响的时候，我一直待在南加州，这段时间持续了两年有余。每当回首这段时光，一股深深的怀念之情总会油然而生，那时的我真正是远离世间纷扰，唯有纵情享乐。当我走出那段时光，无忧无虑的消遣时代也随之戛然而止，而类似的情景或者经历在以后的生活中再也不会出现了。从那以后，我从未有一周能停下手头工作，更别提一个月甚至一年了。当然，我只是陈述一个事实，绝无抱怨之意。

1916~1919年的南加利福尼亚州绝对是享受生活的理想之地。城市的扩张蔓延、高速公路、飘渺的烟雾以及南加州其他臭名昭著的种种阴暗丑陋，那都是20年以后的事情。当时的南加州，一年四季都有着无与伦比的怡人气候。它拥有宏伟壮观、游人稀少的沙滩(我总是钟情于阳光、大海和沙滩)，有着慑人心魄、风景如画的奇迹胜景，森林郁郁葱葱，山间湖泊镶嵌，它还拥有壮观的沙漠地带。所有这些美景，都在驱车轻松可达的范围内。我那辆T款福特早已升级为熠熠闪光的凯迪拉克敞篷车。即使在那个年代，南加州也有绝好的饭店、晚餐俱乐部和夜总会，社会环境轻松、随意、友好、融洽。最重要的是，南加州到处都有极度诱人的年轻女人，而且大部分未婚。

一个 25 岁左右的男人，有钱有闲，他还能奢望什么呢！他唯有完全投身于快乐至上的实践中去。我当然也会这么做！但是，正是那喷涌而出的石油，而不是心满意足的真实的自我，引导着我在 1919 年走出"退休"状态。或者更为精确地说，是"跳出来"。

那一年，越来越多的采油商把目光投向了南加州。这块巨大的新的产油地正在被人们发现、发掘，另一场史诗般的淘油热正在形成。我不得不承认我在俄克拉荷马州获得的成功以及那梦幻般的百万美元财富只是使我对石油的狂热消退，并在一段时间内处于临时"休眠"状态，不为外界所动。但是当我看到新的油井塔如雨后春笋般林立于沙滩上、山坡中以及橙树园中时，我心中的火花又重新燃烧起来。其他人正忙得热火朝天，钻井，打到采油层，原油喷涌而出，接着又去开发新的油田。而我，则懒洋洋地躺在松软的沙滩上，喷涌而出的，不是原油，却是一瓶接一瓶的香槟酒，除此之外我还真鲜有建树。这种状态，开始是些许困扰，继而是无休止的折磨，最终变得无法忍受。

我要做点什么了。

父亲没发表任何评论，甚至连一句"我早给你说过"都没有。但我能明显感觉到他内心的愉悦之情。其他知道我决定的人则对此反应不一，评论各异。其中之一便是我的朋友比尔·罗瑟(Bill Roeser)，他也是在 1916 年从俄克拉荷马州来到了加利福尼亚。比尔个性鲜明，爱炫耀，他衣服翻领处的扣眼儿上总是插着一张崭新的、折成花的 10000 美元钞票，他也因此习惯而在业内"闻名遐迩"。比尔比我大不了多少，但已经运作了两个大油田，赚过大钱，又都赔了，当时正在加利福尼亚运作他的第三个大油田，财富积累迅速。通过行业内的小道消息，他知道我打算重新开始我的油商生涯，便立即给我打了电话：

"嘿，保罗，从下往上朝地面挖，来代替自上而下的钻井，你觉得怎么样？"

我说这毫无意义！

"他妈的可不是这样！"比尔叫了起来，用他那最一成不变的严肃腔调继续说道，"我听说你要重出江湖了，我想你是行内唯一知道答案的人！"

同很多人一样，有时候我往往从一个极端走向另一个极端。曾经极度懒散的我，在重回工作状态后，竟能同时战斗在两条战线上。一方面，我重新拾起了 1916 年我所抛弃的业务，继续同我父亲以及他的明尼侯玛石油公司成立合资公司。另一方面，我也成立了自己的独资公司，全部使用我个人的私有资金运营。

　　起初，这些个人投资经营的企业都以惨败告终。我购买了加州普恩特附近的迪迪埃农场的租约。和父亲的合资项目使我非常繁忙，经常往返奔波于加利福尼亚和俄克拉荷马两地之间，我雇用了一个钻井承包商在迪迪埃农场地块上打一个勘探井。不幸的是，我并没有详细核查承包商的诚实信誉问题。开钻七个月以后，我发现我支付给承包商的支票金额已达十万美元，但是钻井只进行了区区 600 米。时间、成本、深度的比率绝对开创了那个年代的新低。于是我果断停止了钻井作业，放弃了油井，并把租约重新让与地块的主人。

　　让人高兴的是，迪迪埃农场的惨败并不是个坏兆头。我在加利福尼亚、俄克拉荷马和新墨西哥州的钻井后来都成了产油井，其中一些井产出的原油数量相当可观。我与钻井承包商的经历虽然代价昂贵，但最后证明也极为划算，因为它带给我一个极为深刻的教训。在"后迪迪埃时代"，无论是和父亲联合经营，还是我自己的事业，我都自己担当钻井总监。大部分时间我都在油田上度过，同我的员工在钻井现场肩并肩共同作战。夜以继日的工作成为家常便饭。有一次，在钻井作业的关键阶段，我连续工作了整整 74 个小时！

　　我选择自己作钻井队的总负责人而不是雇用他人，其中有太多的原因。重要的一条就是，这一直是我的本性。不知是与生俱来还是后天习得，这已成为我本性中最为关键的一个方面。无论是和我共事过的，还是我的下属，都熟知我这一点。我的家庭成员亦能特别地感受到这点，1930 年年末我与表妹琼·汉密尔顿(June Hamilton)的对话便是一个很好的证明。

　　琼是富兰克林·罗斯福总统及其夫人埃莉诺(Eleanor)的好朋友，经常受邀到白宫及罗斯福在纽约海德公园的家中去做客。我虽然见过罗斯福几次，但也仅限于几面之缘，称不上深交。作为富兰克林·罗斯福众多敬仰者和坚定的支持者中的一员，我很热切地希望对他的了解能够更多一些。琼·汉密尔顿能从她直接的观察和印象中提供更为精确的见解。

　　"你觉得罗斯福这个人怎么样？"我向琼问道，"他好相处吗？"

　　"他是世界上最容易相处的人之一，如果你按他想要的去做，"她答道，然后顿了一下，毫无表情地看了我一眼，又接着说，"那是你和他的共同之处。"

我匆忙转移了话题，一方面又禁不住自我安慰，我那独断独行有些专制的脾性(很久之前我就意识到了)原来是我和美国总统共有的优点啊。

没错，我之所以选择自己担当钻井总监，因为这是保证我的员工能精准地按我的意图做事的唯一方法。另一方面，听起来可能有些自相矛盾，这种方式能给我一种无与伦比的独立感和自主感。对于失误和错误决策，我再也不用苦苦寻找最终的负责人了。既然提到了一位总统，那我不妨再提一下他的继任者哈利·杜鲁门((Harry S. Truman)。杜鲁门在他总统办公桌上立了一条座右铭"责任止于此"(The Buck Stops Here)，以示对责任永不推诿，这也是对我的想法最清晰最精练的解释。

无论是经营一家糖果厂，还是指挥一个钻井队，或者管理一个庞大的政府机构，当它们的领导者接受最直接责任，同时也要为最终结果负责的时候，就相当于他们已经预先为其接受的奖赏、权力和特权进行了全额支付，所以他大可不必心怀感激之情或蒙恩之心。

还有一点需要特别说明的是，在20世纪的头30年，如果采油商是一个"能干活的老板"，那么他会享有独特的优势。无论是修建工、井架装配工，还是经验老到的钻井工，油田工人是一个对他们的工作引以为豪、并有着一定排他性的小团体(现在仍然这样)。如今，庞大的、靠制度运转的公司建立起了组织结构完整明确、等级分明的制度，那时，这样的年代尚未来临，对那些穿着条纹西装衣冠楚楚总待在家里办公的管理者们，油田工人总是把他们当做圈外人、门外汉，甚至是取笑的对象。他们断言(根据或多或少的理由)这些傻小子们竟然连钻杆和定滑轮都分不清，他们更适合去当香水推销员或者去设计桌布。

当一个"老板"对油井上的事务了然于胸，而且，在必要时，能担当起任何工作，无论是闭锁作业时操作大钩，还是磨尖已经变钝的钻头，油田的工人就会接受他成为他们这个排外的"兄弟会"中的正式成员。无论他是否身价百万，抑或上亿，这都无关紧要。他是一个"忠诚于上帝"的石油商人，倘若他遵守公平适当(有时候是最基本的)的石油行业规范，员工的士气将会大增，效率也随之突飞猛进。

直到今天，我依然对像沃尔特·菲利普斯(Walter Phillips)、奥斯卡·鲍威尔(Oscar Prowell)以及麦克默多(Mcmurdo)这样杰出的人能够签约受雇于我深感自豪。他们被公认已跻身于美国石油产业最出色的钻井人行列。他们的卓越才干受到每个美国石油公司的热烈推崇，很多公司都想把他们挖过去。尤其使我感到自豪的是，无论其他公司开出多么诱人的价码，如何费尽周折地争取，这三个人依然选择留在我的公司。

在我自吹自擂的时候，我还得提一下另外两个让我引以为豪的例子。1934年，欧内斯特·米勒(Ernest B. Miller)在潮水石油公司(Tidewater Oil Company)以一个装配工的身份开始了他的职业生涯(当时我拥有潮水石油公司的大量股权，随后又取得了完全控制权)。欧内斯特·米勒在潮水公司和我的公司一直工作到1975年1月1日，在作出了40年的卓越贡献以后，他以盖蒂石油公司董事、执行副总裁以及首席运营官的身份退休了。他的三个职位的继任者哈罗德·伯格(Harold E. Berg)，同样也是一位杰出的执行官，也是一位真正的石油商人，他的职业生涯同样始于1937年的潮水石油公司。

无论是欧内斯特·米勒、哈罗德·伯格，或者是沃尔特·菲利普斯、奥斯卡·鲍威尔、麦克默多还是其他一些人，他们表现出的忠诚是单单依靠奖金买不到的，也不是通过各种令人眩目的福利或者公司安排他们到迈阿密或玛贝拉去度假能够换得来的。它是赢得的，甚至是(有可能特别是)通过独断专行赢取的。

在1974年有关盖蒂公司的一篇文章中，福布斯这样告诉他的读者：

盖蒂公司的管理者们是一群由长期雇员组成的坚定而又实干的团体，他们艰苦地工作着，默默无闻而又精力充沛。他们有很高的忠诚度和一种内在的团队信念，那就是"盖蒂正在向石油巨头发起冲锋"。

我认为，一向固执的金融作家和编辑能给出这样的评价，真是一种荣耀。

到1923年，我的资产净值已经增加到300万美元，几乎全部投资到石油企业中。我父亲的资产接近1500万美元，同样以投资的方式投到了和勘探、生产石油相关的产业。我父亲的个人存款余额总共不超过10万美元；而我的则远低于这个数。但是我们一直使公司资产处于很高的流动性，而且极少用它们作抵押。

在"咆哮的20年代"[①]，美国经济大繁荣几乎是建立在彻头彻尾的空想之上，基础极其脆弱。意识到这一点的绝不只是父亲和我等寥寥几人。伯纳德·巴鲁克[②]和我有私交(没想到13年后，他的一个侄女会成为我的第五任妻子)，在1926年，他曾写信给马克·沙利文(Mark Sullivan)："请允许我给您做个预测，经济已毫无疑问地达到了最高点……"

几个月之后，巴鲁克写信给温斯顿·丘吉尔，信中说道："美国的经济状况并不

---

① 指20世纪20年代，这一时期北美经济快速发展，社会一片繁荣。译者注。
② 伯纳德·巴鲁克（Bernard Baruch）：美国金融家、政治家；曾是美国总统的经济顾问。译者注。

像报纸上描述的那样好。"

在咆哮的 20 年代，我的账面财富增加了三倍。但 1929 年的股市大崩溃使所有美国人的账面财富(无论是公司的还是个人的)都变成了一张白纸。随着股市骤然下跌，所有资产的市场价值也随之崩溃。即使用最保守的水准来评估，任何资产的账面价值，包括工厂、地产或者任何财富，都需要下调，而且是大幅度下调。即使这样，最后得到的数字在很大程度上也只是空谈。那些想把资产折换成现金的人，无论出什么价格都很难找到买主。

在糟糕的而且还在迅速恶化的经济条件下，盖蒂家族和他的企业却安然无恙。父亲和我都没有被 20 年代疯狂的股票投机所打动；那场华尔街的灾难也未对我们造成直接的个人损失。而且，正如我在上面所说的，我们公司拥有丰富的储备，而且没有任何实际的债务。

1923 年，我父亲不幸得了中风，但又奇迹般地康复了。1930 年 4 月，在将近 75 岁高龄的时候，他又一次被中风击倒。他表现出和生活中处理任何事情一样的勇敢和坚强意志，顽强地与病魔作斗争，但仍然在五个星期后与世长辞了。

我一直有意地避开谈论我和我的父亲、母亲之间的关系，也避开谈论个人生活及感情的诸多细节，这些会在书中其他章节另有论述。然而，在这里我还是要说出我对父亲的那份至深至久的爱戴，那份尊敬，以及无限的钦佩，过去如此，现在亦然。他的去世对我来说是一个沉重的打击，岁月的流逝亦不能抚平这份伤痛。在他去世后不久，我写下了下面这段字字发自肺腑的话语，现在的感觉依然这样。

他慈爱友善，心胸博大，再加上他简约干练的处事风格所散发出的魅力，使得他，老乔治·盖蒂成为所有认识他的人的楷模。直到最后一刻，他一直保持着他那超群的智慧。我，他的儿子和继承人，唯有奋力拼搏尽我所能，以做一个杰出之人作为毕生志向。这里所言绝非悼词，只是对事实的一个公正评价。

很久以前，父亲告诉我，他希望他一手创立的事业将来能成为家族产业，并提醒我我是他唯一的儿子。在他去世那年，我 37 岁，从此之后的人生还能从事什么事业，我再没选择的自由。

6 石油帝国的端倪。

在父亲遗嘱中，母亲作为主要受益人成为公司的控股股东。鉴于经济大崩盘后价值的缩水，经过官方评估，乔治·盖蒂的资产总值为 1550 万美元，这和他在 1923 年的净资产相差无几。

父亲知道我有自己的资产，所以只留给我 50 万美元，我成了明尼侯玛石油天然气公司和乔治·盖蒂公司的总裁，但我发现这个角色受到诸多限制。父亲遗嘱的执行人和我母亲都对当时的经济形势深感忧虑，他们建议大规模裁减员工，消减开支，而我的观点则正好相反。

我对经济最终会走向复苏深信不疑，并坚信"低价时买进"的商业信条。我竭力主张扩张计划。那些拥有巨额资产(只是被暂时低估)的上市公司的股票，正在以低得难以置信的价格挂牌出售，这绝对是千载难逢的好时机。有的股票价格甚至低至其净资产的 1/20，如果有人购买它，就相当于你每花一美元，实际上购买了 20 美元的东西。

一直以来，盖蒂家族的公司主要从事石油的勘探和开采，父亲和我都是如此。开采的原油必须卖给炼油厂或管道公司。我分析，股票已经跌到现在这个水平了，当下正是我们争取控制一家(或几家)拥有炼油设备和营销网点的公司的绝好时机。也就是说，经济形势为我们创造了一个独一无二、稍纵即逝的机会，如果我们抓住这个机会，我们就能在力可能及的范围内，整合各种资源组建一个完整的、能让消费者获益的石油公司。"盖蒂公司拥有现金和信用，现在我们完全可以利用这些优势"，我力主行动。

然而，母亲和其他执行者们对此犹豫不决，于是我决定使用我自己的资金，单独行动。我把目光投向了潮水联合石油公司。1932年3月，我开始了第一步，最后却证明这是一场为了争夺明确控制权的、长达20年的斗争和战役。我以每股2.5美元的价格购进了1200股潮水联合石油公司的股票，在接下来的六周内，我又另外购买了39000股。在接下来不到一年的时间内，我持有的股票达到了734000股。尽管数量可观，但离控制权还远远不够。

无独有偶，1972年，当我在一家名为哈顿公司(E. F. Hutton & Company)的经纪公司所拍摄的一则电视商业广告上出现的时候，引起了新闻界和公众的很多评论。当时关于我为何同意给这家公司"捧场"出现了很多说法，有一些极为荒诞不经。事实很简单：这也算我对欠他们长久的感情债的一种回报吧。

哈顿公司几乎在我的商业生涯刚开始时便成为我的经纪公司。几十年来，他们公司的戈登•克瑞里(Gordon Crary，哈佛军事学院校友)和鲁劳夫•卡顿(Ruloff Cutten)是我的主要经纪人。运作潮水石油公司事宜时，有时候必须得要求我的经纪人能给我融资。假使我用新泽西标准石油公司和通用汽车股票作抵押的话，任何一家经纪公司可能都会答应这么做，但哈顿公司却是真正对潮水石油公司股票的潜在价值及公司前景抱有信心，而且他们知道，万一有状况的话，我也会清算我的其他资产，使他们免受任何损失。在我竞争潮水石油公司控制权的关键时期，哈顿公司给我提供了千万美元的融资。在作为其客户长达半个多世纪的时间里，它始终如一地证明着它是一家出色的证券经纪公司。因此，在商业公告上露露面也算是我对他们表达感谢的小小心意。

在对潮水石油公司的竞逐过程中，我当然需要各方面的帮助来赢得这场竞争。潮水石油公司的总裁和董事会主席威廉•比利•汉弗莱(William "Billy" Humphrey)，以及公司其他的在任管理层，却铁了心地想阻止这场交易。比利•汉弗莱是一个足智多谋且毫不留情的对手。但是，除去我们彼此之间的代理人之争和经常是真刀实枪的其他较量，我开始逐渐欣赏他，并对他十分尊重。

令人意想不到的是，在所有事情进展到一半的时候，我突然获悉潮水石油公司的实际控股股东是新泽西标准石油公司，后者又进一步被洛克菲勒股东控股。如果我早知道这些，从一开始我就绝不会购买潮水石油公司的股票。像我这样的一个微不足道的独立石油经纪人，怎么能够和世界上最大、最有权势的巨头石油公司较量，这几乎是不可能的事。但是，当我发现这个真相的时候，我已陷入太深，已经无法从这场漩涡中全身而退了。

1933 年，正是在这种残酷的背景下，母亲把她在乔治·盖蒂公司的控股权转交给我，并因此收到了 300 万美元的公司期票。不久，在 1934 年，她把这些期票的大部分投入到了我们共同创建的信托基金会，并任命我为受托人。

一些人对母亲和我之间这场严格的商业交易给出了各种荒唐的解读，显得极其荒诞可笑，他们完全忽视了母亲的动机。尽管年近八十，母亲仍然头脑清晰，富有远见。她那发自母性的强烈的保护性直觉使她确信，无论将来财政和经济形势怎样演变，我、我的孩子，以及孩子的孩子都是安全的。那些期票都投入到了我和母亲共同创立的"败家子基金会"[①]。完成这些，萨拉感到心满意足；她已为我、为她的子子孙孙做好了充足的准备。

现在我已完全控制了乔治·盖蒂公司，我能自由地掌控公司的运营，充分调配各种资源。我对潮水石油公司"不可能"的收购愿景从一片黑暗中现出了丝丝曙光。随后，一场完全没有想到的意外使得形势变得完全明朗起来。但为了更加准确地把事情叙述清楚，我还是暂时转换一下话题。

有好几年的时间，我一直住在我在加州圣莫尼卡附近建造的海滨别墅里。一栋富丽堂皇的别墅和我的别墅比邻而建，这座豪华别墅属于电影明星玛丽恩·戴维斯(Marion Davies)，是千万富翁报业大亨威廉·伦道夫·赫斯特(William Randolph Hearst)专门为她而建的[②]。尽管赫斯特醋心极重，但这不影响玛丽恩和我成为最好的朋友。我是她家的常客，并在那里无数次碰到威廉·伦道夫·赫斯特。在 1934 年 12 月的一天，他邀请我去他的圣西蒙(San Simeon)城堡，共度新年假期。我欣然应允，并热切地盼望看到他一手创建的传说中的梦幻家园。

---

① 盖蒂先生在这里引用的是一些批评者的原话。译者注。
② 玛丽恩·戴维斯和威廉·伦道夫·赫斯特之间的罗曼史开始于 1917 年，一直持续到 1951 年赫斯特去世，是那个时代最为公开、最受关注的秘事之一。巧合的是，这位报业大亨和他的妻子米利森特(Millicent)所生的儿子之一伦道夫·赫斯特(Randolph A. Hearst)是派翠西亚·赫斯特(Patricia, "Patty")的父亲，1974 年发生的派翠西亚被绑架案引起了世界的广泛关注。患有购物强迫症的威廉·伦道夫·赫斯特对给戴维斯女士的礼物尤为慷慨大方。盖蒂先生所提的戴维斯-赫斯特城堡有一百多个房间，一位报业大王的传记记者曾这样描述："这个庞大的建筑群使得周围的房子像夏天的茅草屋一样黯然失色。"城堡内的 37 个壁炉架是赫斯特从英国的贵族豪宅里购买的。主要的宴会厅、接待室、会客厅均来自克莱尔郡的伯顿礼堂，拆解后运到美国重新组装。保罗·盖蒂在他 1963 年 4 月 4 日的日记中回忆道：建在马里布海滩附近的戴维斯-赫斯特城堡估计"花了 300 万美元"，并接着写道，"我自己的别墅也就花了 10 万美元。"其他资料显示赫斯特为戴维斯女士建造的这座海边官殿共花费了 800 万美元。编辑注。

在我到达的那天晚上，晚宴在一个宏大的餐厅举行，餐厅里挂着赫斯特搜集的价值不菲的锡耶纳(Siena)旗帜。总共有20多个客人，许多都是地位显赫的名流人士，我坐在玛丽恩·戴维斯的旁边，而她按照惯例，坐在赫斯特的旁边。

当时，赫斯特对所谓的"过度"饮酒依然保持着他那略显古板的偏见。到场的每一位客人，在饭前最多只允许喝一杯鸡尾酒，这其中就包括这座房产事实上的女主人玛丽恩·戴维斯，而她很喜欢饮酒。在每个盘子旁边已经预先放好了一杯鸡尾酒，玛丽恩很快就喝完了她那一杯，看到我对我那杯还一滴未沾，便以一种温柔的腔调，稍微夹杂着点结巴的语气问道："如果你不想喝，保罗，让给我好吗？"她的神情散发着不可阻挡的魅力，在场的查理·卓别林(Charlie Chaplin)和大卫·尼文(David Niven)，以及其他人对此都深有体会。

不幸的是，赫斯特听到了，"不行！"他说道，皱起了眉头。

"请把这杯酒给我吧，保罗。"玛丽恩央求道。

我突然间陷入了极其尴尬的境地，进退两难。我是应该对我亲爱的朋友玛丽恩·戴维斯无礼拒绝呢？还是甘愿冒着惹怒主人的风险把酒给她？我犹豫不决地把手伸向了酒杯，完全出于巧合，手竟然把酒杯碰翻了，酒全洒了出来。赫斯特后来对我以一个外交的方式处理了这场危机大加赞赏，我辩解说这完全出于巧合，他拒绝相信。

新年的那一天，仆人告诉我有电话找我，是杰伊·霍普金斯(Jay Hopkins)从纽约打来的长途。在接下来的几年里，霍普金斯成为通用动力公司的创始人。

"很高兴我终于找到你了。新年快乐！"杰伊说道，他接着告诉我新泽西标准石油公司已经将它在潮水石油公司的股份转让给了一家内华达控股公司"使命公司"(Mission Corporation)，并打算将使命公司股份按比例分配给其股东。这一策略将使得新泽西标准石油公司拥有的潮水石油公司股份变得极为分散，对我来说，获得公司的控制权或许永远无望了。

我的情绪一落千丈，但片刻过后又急剧高涨起来。

霍普金斯向我透漏，小约翰·洛克菲勒(John D. Rockefeller Jr.)愿意将他的股权以每股10.125美元的价格出售给使命公司，而很显然他对这些动作背后的动机毫不知情。小洛克菲勒拥有新泽西标准石油公司约16%的普通股。如果购买了他在使命公司的股票，也就意味着收购了一个更大的集团——潮水石油公司，这对我来说将是一个巨大的飞跃。

"我要买他的股权。"我断然回答道,但继而又有了一些忧虑。"杰伊,假如新泽西标准石油公司知道了洛克菲勒要出售股权,他们肯定会说服他改变主意。"

"没那机会了,"霍普金斯向我保证道,"他已登上开往亚利桑那州的火车。他们不会联系上他的,而我有他的出售授权。"

这场涉及近180万美元的交易,就在彼时彼刻,通过电话就这么达成了。

若干年后,当杰伊成为通用动力公司领导者的时候,他告诉了我这个故事的十分有趣的后续。当小洛克菲勒从亚利桑那返回纽约市的时候,他和法里什(Farish)先生以及提格尔(Teagle)先生开了一个会,当时他们分别是新泽西标准石油公司的董事会主席和公司总裁。法里什和提格尔告诉小约翰·洛克菲勒,他们正在进行潮水石油公司的代理人争夺战(他们正在为潮水石油公司出售事情吵架),并要求小约翰·洛克菲勒无论在什么情况下都不要出售使命公司的股权。

"但我已经把他们卖了,"洛克菲勒说道。

"卖了?卖给谁了,洛克菲勒先生?"

"加利福尼亚州的一个人,据我了解他是个不错的年轻人。"

"他的……他的名字不会是盖蒂吧?"

"是的。事实上,我相信就是他。"

你可以想象法里什和提格尔接下来会有什么样的反应。

有了小约翰·洛克菲勒的股权转让契约,我接触了新泽西标准石油公司的其他股东,并都收到了预期的结果。他们当中的很多人都认为,既然洛克菲勒认为在实际的股权分配之前出售使命公司的股票是明智的,他们最好也这么做。无论他们什么时候想抛,我都会买过来,我在潮水石油公司的持有股份有了相当可观的增长。

但是比利·汉弗莱-法里什-提格尔团队准备了其他武器和手段。经过我的好友兼律师大卫·郝克特(David Hecht)睿智而不懈的努力,这些行为都得到了有效的阻击。使命公司的董事会议在雷诺(Reno)召开,随后进行了大量的法庭诉讼。大卫·郝克特赢得了官司。盖蒂集团对使命公司的控制权得到确认,并由此在对潮水石油公司的管理上获得了更为有力的话语权,另外,还获得了一些意想不到的极为有价值的回报。尽管如此,对潮水石油公司的收购并没有完全胜出。对公司最终的完全明确的数值上的控制直到1952年才得以达成。

1941年12月7日日本突袭珍珠港的时候,我给当时任美国海军部长助理的朋友詹姆士·福雷斯特尔(James Forrestal)发了一封电报，主动要求服役。当时因为母亲突然病重，我不能亲自去华盛顿了。医生建议不要把她送到医院去，并强烈要求我待在她身边。在12月25日，母亲的病情突然加重，我在日记中这样写道：

> 圣诞节因为妈妈而变得伤感。她病得很严重，而且我不得不承认，她康复的机会很渺茫。直到今天下午我还满怀希望，而随后却变得焦虑不安起来。我给妈妈倒了三杯水，她吻了我。然后，我便走出了房间，哭了起来。

12月26日，萨拉·盖蒂与世长辞，享年近89岁。自始至终她都是一位充满爱心的杰出人士，是一位伟大的女性。两天后我的日记记载得非常简洁："我是多么地怀念她。世上没有比她更好的妈妈了。"即使现在，当我看到这些字的时候，悲伤和剧痛又袭上心头，恍如一切都发生在昨日。

1942年的1月6日，我接受并通过了海军的身体测试，随后去了华盛顿。我的第一站便去吉姆(詹姆士)·福雷斯特尔的办公室。我提醒他我是一个经验丰富的游艇驾驶员和合格的领航员，我拥有的最大的船只是80米的"勇士号"，有40名船员。福雷斯特尔反驳说你已经49岁了。

"可以给你个军衔，在岸上做管理工作，"吉姆说道。"但海上任务是不可能的。"

碰巧的是，福雷斯特尔也知道我在收购使命公司控制权的过程中获得了令人意外的收获。当时我们只专注于潮水石油公司和新泽西标准石油公司的管理层，在一定程度上忽略了另外一个事实，那就是使命公司还拥有斯克利石油公司(Skelly Oil Company)57%的股权，而斯克利公司是一家位于美国大陆中部的石油公司，总部设在塔尔萨。因此，通过获得使命公司的控制权，我同时也获得了斯克利公司的控制权。另外，在斯克利公司的资产中，还包括史巴特飞行公司(Spartan Aircraft Corporation)。

史巴特飞行公司有两个分支机构。一个是飞行学校，与英国皇家空军及加拿大皇家空军签约，为成千上万名年轻的军校学员提供飞行培训，这是个巨大的成就。[①]史巴特的另一个分支专门制造训练机及部件，并为一些制造战机的总承包公司做一些局部装配工作。关于这部分，吉姆·福雷斯特尔有些忧郁地告诉我，情况非常糟糕。

[①] 超过1500名英国皇家空军被派往美国，在史巴特飞行学校接受培训。队长麦斯威尔·巴尔弗(Maxwell "Max" Balfour)曾是一名战斗机飞行员，"一战"期间随美军追击中队在法国服过役，他担任学校的培训主任。1946年，巴尔弗队长因对英国皇家空军的贡献被授予不列颠帝国勋章。编辑注。

我私下结识的海军部长弗兰克·诺克斯(Frank Knox)向我确认了吉姆所说的情况。他劝我最好还是不要穿这身海军军服，而是专心投身于史巴特的制造业务。我说我会好好考虑一下。当晚，完全出于巧合，在五月花宾馆的大厅里，我碰到了杰克·斯威布尔(Jake Swerbul)，他是格鲁曼飞机工程公司(Grumann Aircraft)的总裁。当我提到史巴特的时候，他变得非常生气：

"它烂透了。"他粗声粗气地说，"这个分包商生产的每件东西我们都没法要！"

第二天一早我告诉诺克斯和福雷斯特尔，我可以做他们吩咐的任何事情。

在我的石油公司里，员工能够各司其职，管理层也完全有能力独立管理公司的运营。我搬到了塔尔萨，成为史巴特飞行公司的总裁，直接管理公司。我的第一步就是清除不能胜任者，代之以称职之人，并收紧了运营力度，甚至在执行扩张方案时亦是如此。很快，那些根据严格的规范制造出的急需配件和局部组件如流水般供应到了格鲁曼、道格拉斯、波音、洛克希德和其他一些飞机总承包商那里。史巴特飞行公司的工厂面积增加了七倍，原来的雇员只有几百人，而今超过了5500人。

我在史巴特度过了战争年代，而且已经全面融入了公司，参与它的各项活动，并规划它的未来。我对那些员工有一种深深的责任感，他们的高效工作为公司从美国政府和总承包商那里赢得了无数的赞誉。对日战争胜利日(V-J Day)以后，我继续留在史巴特，把它的运营重点转向生产用于和平时期的住家式拖车和移动房屋。直到这些产品开始从生产线上完成，我才重新把注意力转向了石油。

1948~1949年，在位于沙特阿拉伯和科威特之间所谓的中立区，也是利益均分区，盖蒂集团从沙特阿拉伯一方获得了该地区的油田租约。历经四年，盖蒂集团投入了几千万美元，仍不见一滴原油。但是，在1954年，中立区被证明蕴藏着极为丰富的石油储量。

在这之前，盖蒂集团已经开展了相当广泛的国际业务，但中立区的发现和投产则使它真正地转变为全球企业。为了使这个新生的商业帝国能够生存并发展壮大，我们需要做大量的工作，需要大量的资金，洗牌式的机构重组也势在必行。油轮、超大型油轮、输油管线、存储设施，还有精炼厂等，大量的设施设备亟待筹建。"待办事项"的清单令人惊叹，但所有的这些最终都一一解决。我的商业帝国终于挺了过来，并不断地发展壮大。

今天，无论是自己经营还是和其他公司组成联合体，无论是在海洋还是陆地，盖蒂集团公司在世界的许多地方，正在专注于勘探和开采石油。其业务区域包括苏联的几个联邦国家、北海的不列颠所属区域、爪哇、中国南海及其他一些区域。盖蒂石油公司还拥有日本第四大石油公司三菱石油公司几乎一半的股份。集团旗下的斯克利石油公司正在位于阿联酋沙迦酋长国和伊朗之间的波斯湾水域上作业。以上仅仅是盖蒂公司产业的一个缩影，它的触角和业务范围已经延伸到了无数其他领域，其中包括石油化工、铀产业、油页岩工业和农业等。

简而言之，盖蒂的家族财富作为投资资金正在积极发挥作用，它们得到了最大化的利用，努力达到更有建设性的成就。

最近一家美国金融杂志观察到我已积极投身商海 60 余载，他们这样写道；"保罗·盖蒂仍然在精心地经营着……他驾驭的商业帝国正在奋勇航行，他的触角从未从这艘巨轮的舵盘上离开。"

尽管这个比喻有些复杂，但我想倒也恰如其分，它为我广阔的而且仍在不断成长的商业生涯演奏了一个令人满意的结尾曲。以我业已建立的以商业为导向的根基作为参照点，我可以延伸到更为宽广的主题——关于我如何(以及曾经如何)看待我自己，如何看待我的个人生活，如何看待其他人以及我们周边永不停息、快速变化着的世界。

7 日记里的学生时代。

根据我的日记记载，1961年8月15日，我"收到了露丝·希尔(Ruth Hill)的来信，她是我的第一个梦中女孩"。那时我在位于英格兰萨里郡的萨顿宫居住了一年有余。露丝和她丈夫正在英格兰旅游，问能不能顺便拜访一下我。当然可以，我马上给了回复，热切地期盼着他们的到来。

六天后，我的日记这样写道：

我与露丝·希尔及她的丈夫弗兰克·莱斯利(Frank Leslie)一起吃了午餐。当年，在明尼阿波利斯市艾默生文法学校的时候，露丝和我只隔着一个过道。1906年毕业后，我很快就去了加利福尼亚，从此以后我们就相隔天涯了。我们追忆了同学的学校时光。和1906年相比，露丝的容貌自然发生了变化，但她依然蕙心兰质，见到她我深感兴奋。她和弗兰克是1916年结婚的。我现在仍然怀念那些在文法学校的日子。

我经常会回忆起我的童年。看着我十一二岁时的日记，我仿佛又嗅到了那个年代的味道，简单而又安宁。

1904年3月27日，星期天：早上我看了《拿破仑·波拿马》，然后去主日学校。下午与哈里和露丝(对，和露丝·希尔是同一个人)玩。晚上读了书，并数了数我的邮票。我已经收集了300张了。

1904年4月18日：今天同学们给我取了个绰号，叫希波(Hippo)。

1904年7月4日：我早上五点起床，放了爆竹。早饭后，看了一场盛大的游行表演。下午，我跟随内蒂阿姨(Aunt Nettie)、特拉维斯叔叔(Uncle Travis)去看了表演，非常热闹，妙趣横生。

1904年9月10日：早上我去踢足球。下午我去采坚果，带回来半面粉袋的榛子。晚上我看书。

1904年，西格蒙德·弗洛伊德(Sigmund Freud)在维也纳之外的地方还不为人知；本杰明·斯伯克[①]还只是美国康涅狄格州纽黑文市的一个襁褓婴儿；儿童神经学的年代还未见端倪，孩子还是孩子，还没有成为那些每小时收费50美元的儿童精神病医生的治疗对象。

我的父亲，身材挺拔、肩膀宽阔，有着一双充满生命活力的湛蓝的眼睛，他思维敏捷，性格温和率直。我的母亲，明眸善睐，面容娇美，极富表现力。她举止端庄高贵，且不失幽默，富有耐心。他们非常相爱，在大学攻读教师学位期间相遇相知后，共同走进了结婚的殿堂，可谓珠联璧合。自那时起，他们彼此分享着对世界的认知和感悟，非常默契。后来，我父亲做了一名教师，正是由于我母亲的鼓励和经济支持，他才辞职进了法律学校学习。

我的父母明白，不用过度的放纵溺爱，依然可以向孩子传递博爱和关怀，很显然现在很多家长已废弃了这门艺术。他们总是认真查看我的成绩报告单，无论是表扬还是责备，他们给出的评论总是很有威信，无论说什么，他们的语气总是那么缓和，那么平静。

父亲对我性格的培养，以及对我的早期教育和培训十分关注。我的母亲呢，则负责从餐桌礼仪到唤醒我的文化兴趣柔性的方面。我按照父亲的要求，参加了拳击课，按照母亲的意愿，学了弹钢琴。我拳击要比钢琴学得好得多。

我父亲认为，对孩子的管教应遵循一个基本理念：任何时候都要讲道理，以理服人，如果孩子不听，就要限制他的特权。有时，我也会把他逼得没有办法，使他不得不放弃自己的原则，采取更为严厉的手段。我清楚地记得其中一件事。

我养的第一只狗是只棕色的杂交狗，叫做吉普(Jip)。1904年2月，当我们去印第安保留区巴特尔斯维尔市的时候，我就收养了它。我和吉普一起经历了很多冒险。我

[①] 本杰明·斯伯克(Benjamin Spock)：儿科医生，社会活动家。其育儿思想影响广泛。译者注。

父母对我养狗这件事情很高兴，但是他们有一个限制条件：吉普不能住在我们居住的梅德威宾馆的房间里。一天晚上，我偷偷地把吉普带到我的房间里。宾馆的女服务员向我父亲报告了这件事。我当时的日记是最好的见证。

2月17日：爸爸把我打了一顿，因为我说他是个讨厌的傻瓜。我真想把告状的女服务员的头塞在吉普的嘴里。

甚至吉普好像也明白了什么。从此以后，它就很自觉地睡在我房间外面的走廊地毯上。

乔治和萨拉信奉职业道德，现在像他们这样恪守职业道德的人很少了。在他们看来，他们的儿子必须意识到钱是需要付出努力后方能赚得到的。

1904年7月17日：下午我为爸爸清理图书，赚了35美分。这个任务可不像听起来那么简单，父亲的法律图书馆有上百本大厚书，布满了灰尘。

1904年12月15日：下午我销售《星期六晚邮报》，赚了50美分。

不过，我称不上美德的模范。这一点在我搬到洛杉矶综合高中读书时，表现得尤为明显。我学习成绩很不好，行为举止上也有不良记录，这使得父亲更加确信需要对我严加管教。于是，我成了哈佛军事学院的一名走读生。这所位于洛杉矶的学校，可和哈佛大学没有任何关联。美国的"军事学校"一般都简单地效仿西点军校的管理模式，在这里，我经历了前所未有的严明纪律和严格管理。

在那里我有一位叫做戈登·克瑞里的同窗，他后来成了我在哈顿公司的主要股票经纪人。戈登和我一样，讨厌把靴子和纽扣擦得锃亮，讨厌军校的繁文缛节，于是我们成了好朋友，我们经常看到对方受惩罚。我们的友谊都如桃花潭水，一直延续到1962年戈登去世。后来我们的友谊还延续到下一代身上，我和他的儿子小戈登·克瑞里(Gordon Crary Jr.)成了忘年之交。

我逐渐适应了哈佛军事学院的各种规章制度，那些旨在规范学生，杜绝任何违反纪律行为的制度，这对我来说可谓值得纪念的里程碑。另外一个和我一起逃学的同学，当了"逃兵"，这是我们军事学校的行话。我们一周前刚在舞会上认识了两个妙龄少女，他就和人私奔了。这种情窦初开的启蒙式经历，用我同学的话说，并不像人们所说的那么美好，成年后才能参透其中的感觉，我深表同意。

我突然意识到，性道德的理论准则和实际行为之间的对比，就好比是古希腊文和现代希腊文。就算你的古希腊文描述得再好，说得再流利，对说现代希腊文的人来说，依然是对牛弹琴。同样，那些年轻时死记硬背来的性道德的刻板准则，与如今的现实生活则已格格不入。

1964 年，我曾经对《花花公子》(Play Boy)杂志的创刊人休·海夫纳(Hugh Hefner)表达过以上的观点。关于此杂志，我已经写了很多有关商业和财务方面的文章。海夫纳曾非常自豪地宣称，他的杂志在解放人类的性观念方面发挥了积极重要的影响，恐怕他对我的评论会有些懊恼。意识到他发怒的原因，我不禁暗自发笑。海夫纳才 30 多岁，而我已经度过了 71 岁生日。当年轻人得知自己作为"摇摆一代"的代表，处于风华正茂的年纪，却无法成为第一批享受风流韵事的人时，难免会气急败坏。

1999 年 6 月，我从哈佛军事学院毕业，这宣告了我高中教育的结束。毕业后的第一个夏天，我是在油田度过的。父亲突然决定要带着母亲和我去一趟欧洲，我们便登上了波罗的海号航轮，从纽约出发，开始了旅行。父亲随船带了一辆查德威克旅行车。他更喜欢开车游览英格兰和欧洲。

在利物浦登陆后，父亲雇了一位当地司机，他的口音很重，起初我们都无法理解他所说的任何事情。慢慢地，我们尝试翻译他的话并能了解个大概意思，比如他说的"lookerts"是指"law court"(法庭)。

当时英国正值爱德华时代，这是英国的黄金年代。护照和签证还不为人所知，也不存在货币兑换问题，无论我们走到哪儿，处处欣欣向荣，社会安定，人们安居乐业。人们谈论最多的话题便是罗伯特·皮里(Robert Peary)将军征服了北极；路易斯·布雷里奥(Louis Bleriot)从加莱飞到多佛，成为第一位飞越英吉利海峡的人；不列颠富人正奋起反抗"向富人敲竹杠"的税收提议(该提议主要是为社会保障提供资金)。回头想想，这与当今的税收相比，简直是小巫见大巫。但是在那个年代，人们认为这种行为肯定会带来毁灭。

我们在英格兰选择了通常的观光路线，还去了一趟牛津，牛津之行对我的人生产生了决定性的影响，这在日后才体现出来。接着盖蒂一家乘着查德威克房车，游览了欧洲大陆，去了法国、德国、荷兰和瑞典，历时三个月。

那辆查德威克和我们一道随船被运回了纽约，并通过铁路运到了洛杉矶。父亲白天不用车的时候，经过他的许可，我可以自由驾驶。到了晚上，父亲就把车停在位于威尔希大道和金斯利路的家的后面车库里。

在那个年代，女孩的父母似乎感觉两对男女的约会即"四人约会"会更安全一些。因此，所有的年轻男人们都特别注意，如果有可能，都尽量凑两对出去约会。如果其中有一方有车的话，那么他们要求出去进行"四人约会"的成功概率会更大些。为了避免被人认为是一个早熟的花花太岁，我要尽快声明实际情况并非如你们所想。物种中的雌性远比雄性要狡猾得多，男人并不是引诱者，他们只不过是被引诱着去相信自己具备这种能力。

父母亲就寝一般相对较早，这已成为他们的生活习惯。如果我和一个男性朋友，约会另外两个女孩，我会等父母入睡后，偷偷溜进车库，把那辆查德威克沿着轻微的斜坡推到大街上，爬上驾驶座，让车慢慢靠惯性向前滑行 30 米或更多。直到它滑行得足够远，父亲听不到我启动马达的声音——我便自由了。

返回家时，通常都已经是黎明时分了。我把车停在离家一个街区的位置，走到车库打开库门，然后返回车子，重新启动。我要给车攒够足够的动力，即使我关闭引擎，它也能靠惯性静静地滑进车库。在这之前我把油加到原有的油量，停好车后我会把里程表拨回原来的位置，关上车库门，蹑手蹑脚溜进房间。

我这样做了几次，屡试不爽，父亲竟没有觉察到。但好运不会永远眷顾我。那时的轮胎寿命一般是 5000 公里，一天，父亲注意到查德威克的轮胎磨坏了，而里程表显示他仅仅驾驶了有 1600 公里。

"这一定是次品。"父亲向卖他轮胎的经销商抱怨道。经销商做了检查后，认为车轮可能不在一条直线上。机械师对车轮进行了校验，发现它们精确地成一条直线。父亲深感困惑。

有一次，我终于露出了马脚。一天晚上，我和一位朋友去赴"四人约会"，和往常一样，我要"借用"一下查德威克。朋友和我分别带着女朋友去了一家夜店。离开时，我们买了一瓶红酒。回去的路上，或者，更可能是在途中路边停车的时候，一个女孩把酒洒到了汽车座套上。我尽力地想去除污点，却无济于事。无可奈何之余，只能祈求上帝保佑父亲永远不会发现污点。

第二天，父亲什么都没说，我如释重负。我分析，很显然他没有发现污点。那天晚上我还有一个"四人约会"。我等父母入睡后去了车库，却发现查德威克的轮胎被锁在了水泥地板上。

我和父亲相安无事了一段时间，我准备尝试一下新思路。我不确定父亲会不会出钱给我买一辆新车，但如果我自己组装一辆的话，他可能会帮助我。于是我提出了组装车的想法，并小心翼翼地尽量不让他看出我的真实意图是想造一辆赛车。父亲答应了，同意给我提供资助。

我在汽车维修店租了一块地方，买了"大陆"引擎，菲达仕散热器，艾泊森离合器和传动轴，我认为轴驱动要优于当时车辆普遍使用的链驱动。我自己设计、制作了车架，亲自焊接并用螺栓组装了底盘，甚至亲自做了车轮。最后在一名机械师的帮助下，成品终于面世了，它是一辆重心很低的快速两座赛车，驾驶和副驾驶可以舒服地伸展着双腿。我把这辆车命名为"米兰广场"，至于为何起这个名字，我现在也无从得知了。父亲对最终的结果还算满意，我吃惊地发现，满意之余，他竟然流露出小小的嫉妒。

由于设计精致，我的车可以在潮湿的道路上像陀螺一样地旋转。我只需将车挂在第二挡，以约 20 公里的时速前行，转动方向盘，踏下脚控油门，车就会快速地旋转起来。

离我家不远处，住着麦克纳伊尔(McNair)一家人，这家里有三个女儿，大女儿叫伊迪丝(Edith)，比我大 10 岁，却成了我特别的女朋友。我想可能是我个性使然，才会和比我大这么多的女孩约会。伊迪丝毫不矫揉造作，她去过很多国家，还会说法语。她朋友却无情地取笑她是一个"少男杀手"。

很快我便带着伊迪丝·麦克纳伊尔坐着我的"米兰广场"去兜风。我会让她紧紧抱住我，借机炫耀我的旋转把戏。伊迪丝抱不紧的时候，就会被甩出车外。她外面穿着厚厚的羊皮外套，里面却只穿了一件紧身胸衣，这是那个时代女性的经典装扮。她在柏油路上滚动的时候，胸衣把她划得遍体鳞伤。除此以外，她其实也没受什么伤害，但她的父母从此以后便禁止她上我的车。

1910 年的新年前夕，禁令终于解除。我带伊迪丝去了一家很受欢迎的船上咖啡屋，就在洛杉矶东南部的海边小镇威尼斯。回家的路上，我开得飞快。尽管对道路非常熟悉，我还是忘记了前面有一个急转弯，当我发现时弯道已经近在咫尺了。显然，转弯已经来不及了，我只能紧紧地抓住方向盘，硬着头皮往前冲了。我的"米兰广场"很敏捷地越过了一个壕沟，一头冲进了一片刚耕好的田里。

"成功了！"我长出一口气。在我话刚出口的刹那间，车的前轮掉了下来，伊迪丝又一次被甩出了车外，在耕过的土地上来了一个倒栽葱。除了由塑身胸衣造成的擦伤，和上次一样，她并无大碍。车子呢，除了轴承坏了，亦没有重大损坏。第二天，我便将它拖到一家修理店维修。伊迪丝和我走到了路边，几分钟后，一些去船上咖啡屋的朋友恰好开车经过，把我们送回家。我把伊迪丝送到家门口，她父母先看到她上衣和裙子凌乱不堪，满身污泥，又看了看我，他们的目光真让我无地自容。从那时起，伊迪丝·麦克纳伊尔的父母禁止她乘坐我驾驶的任何车辆。

暂且把汽车的事情放到一边，说一下我的教育问题。我决定专心尝试一下获得更高一级的教育，起先我去了位于洛杉矶的南加州大学，后来又去了加州大学伯克利分校。我潜心学习，成绩也不错，但我还是深感失望、枯燥、无所适从。

问题的根源在于美国尤其是加州的教育体系存在诸多瑕疵和缺陷。学校将大学本科生当作一群毫无责任心的智障儿来对待。上课和下课时，都会点名，缺席者或迟到者会被"记过"。学生在学校内外的行为和举止都要受到严密的监管和监控，这种风气甚至弥漫到了操场上。观看足球比赛时，要看一个人欢呼声是否够高，挥舞拉拉队彩球的动作是否有力，是否加入了"正确的"男大学生兄弟会或女大学生联谊会，只有那些喊声够高、舞动有力的人才有机会被确认身份、看是否符合条件，然后才会被接受。在我看来，学习仅被当作是一件次要的附属品。

更为糟糕的是，我本意想学习经济和政治学。那时候，美国依然奉行孤立主义，与世隔绝。这个国家拥有巨大的工业生产能力，产品远销世界各地。但是，它却严重忽视了在国界之外，或者在西半球之外正在发生着什么。

毕竟，乔治·华盛顿不是警告过美国，不要卷入任何列强纷争吗？

另外，除了印第安人，所有的美国人不都是移民或者移民者的后代吗？为何移民者要离开他们在不列颠列岛和欧洲大陆的家园而远涉重洋，来到美国？他们希望能享受更大的自由，更好的生活，这就是原因。所以，完全有理由相信"旧世界"是糟糕的，只要这个糟糕的旧世界是在大洋的另一边，美国人就可以高高挂起、置之不理。

于是经济课程仅仅集中于介绍美国经济，其内容设计，大部分也是为了证明"美国模式"的无可匹敌。没有哪个国家能与之媲美。至于政治课程，无论是教科书还是教授都表现出了同样的狭隘的爱国主义或者沙文主义，有时甚至显得天真可笑。其中有位教授的世界观非常狭窄，很少能够超越加拿大、墨西哥以及我们自己近代并购的殖民地的范围。即便是殖民地，我们美国人都很伪善地拒绝这种叫法。

1912年4月，我决定放弃，另辟蹊径。我告诉父母，我感觉我想要的教育类型和教育质量只在国外存在——在牛津大学，那里一直都是英语国度里学习中心的翘楚。父母亲承认我说的也有道理。

"不过我想首先感受一下东方。"我又接着说道。

5月起，我去了日本和中国，开始了长达两个月的东方之旅。至于这趟旅行，我会另有描述。7月到9月间，我一直在俄克拉荷马州的50号地块上工作。11月，我乘船启程去英格兰。

另外说一个有趣的故事作为补充。就在我离开洛杉矶去纽约之前，我之前的怀疑得到了证实。父亲对我那辆"米兰广场"垂涎已久，他问我，我不在的时候他是否可以"时不时地"开一下我的车。我说当然可以。后来，令所有认识他的人大为吃惊的是，老乔治·盖蒂每天驾驶着我组装的那辆时髦的低挂赛车往返于他的住宅和办公室，而且持续了两年！

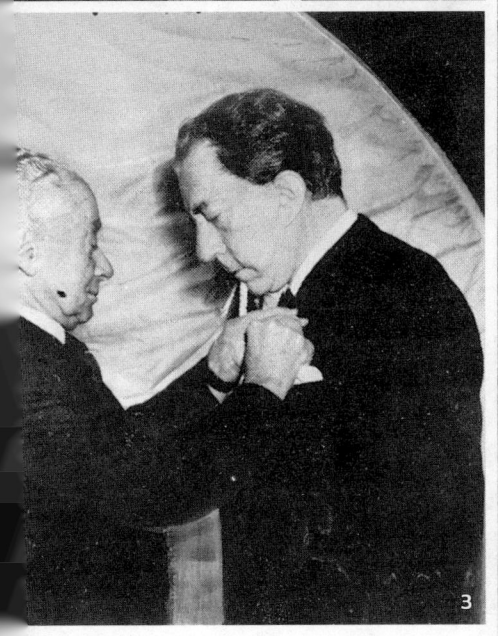

保罗·盖蒂

1966年，盖蒂被北俄亥俄大学授予法学荣誉博士学位。盖蒂的父亲曾以半工半读的方式毕业于该学校，获得理科学位，当时该学校名为俄亥俄师范大学

盖蒂接受法国前总理保罗·雷诺授予的荣誉军团军官勋章

盖蒂在巴尔贝克神庙，位于黎巴嫩赫利奥波利斯（Heliopolis）古城遗址

8 我所知道的牛津大学。

有些所谓的"教育工作者"谈起牛津大学时,总是批评牛津大学"在学术上处于无政府状态",是由"多个学院拼凑起来的大杂烩"。我引用的是他们的原话。这些话总让我震惊不已。

不久前为了筹集资金,一位知名的美国大学长官,专程拜访了我,他的话更离谱。"我们的学校管理非常严格,"他夸口道,"我们采取了类似公司的有效的管理模式。不像有的大学,管理非常松散,牛津大学就是个突出的例子,我想您很可能也知道,盖蒂先生。"

"很有意思,"我说,我心中顿感愤怒,不愿意再接着谈这个问题。当时我最想做的事情就是让这位不速之客在最短的时间内从我眼前消失。

的确,脱离各个学院,牛津大学几乎就不存在了。每个学院都能享受到充分的自治,而行政管理的框架大都依靠传统来维系。这看起来似乎有些矛盾,其实不然,这种体制并没有消弱牛津大学的力量,反而使它变得更加强大。作为牛津大学的学生,我深谙牛津大学享有充分的学术自由,学生拥有无限的机会自主学习。

是学生自己去学,而不是老师去教。这就是牛津大学的秘密。

牛津大学采取的是大学导师制。导师会鼓励并帮助学生进行深入研究,找出问题,尽力去理解、消化并提出个人见解,最终得出结论。这样做学生不仅能够获得知识,而且能为学生的学术发展提供方法和动力。简而言之,老师不是教学生想些什么,而是引导学生如何去思考。待在牛津大学的两个学期，让我受益匪浅。

我对经济学和政治学很感兴趣，而莫德林学院(Magdalen College)在该领域拥有顶尖学者和专家，于是我带着介绍信和推荐信去了那里，推荐信上有我父亲的朋友威廉•霍华德•塔夫脱总统(William Howard Taft)的签名。我猜想这是莫德林学院的院长沃伦先生，第一次接待从美国而来、手里持着美国总统推荐信的学生。我认为这不会影响思路敏捷、镇定自若的赫伯特•沃伦(Herbert Warren)的判断。读完我带来的信件，他礼貌地点了点头，把信件放在一边。

"嗯，好的，"他说，"我们聊聊吧。"

聊天事实上是以一种巧妙的方式对我的知识水平、学习动机和态度进行测试，低调但很深入。聊天的过程中，我们还享用了茶水。

我以"非学院学生"①的身份进入牛津大学。我的导师在莫德林学院，因此，我在牛津大街14号古玩店的楼上租了房子，不过大部分时间我还是住在莫德林。

似乎很多人对牛津大学持有偏见。在他们的想象中，牛津大学是专门为那些自命不凡者、道学先生和没落贵族开设的，外表亮丽光鲜内里却空洞无物。现在不是那样，我上学的时候亦不是。依我来看，比起完全依靠公共财政的加州大学伯克利分校，牛津大学要民主得多。

我曾经就读于美国加州两所大学，那里社会分层严重，学生之间有着强烈的等级意识。社团成员和非社团成员就如一条无法逾越的鸿沟将学生分为"圈内人"和"圈外人"，那些加入了(更准确的表达应该是支付得起)兄弟会和姐妹会②的人被视为"圈内人"，而其他人则被视为"圈外人"。除此之外，还进一步划分了等级。一个人的社会地位在很大程度上要取决于他/她所属的兄弟会或姐妹会的地位。顺便提一下，我属于"圈外人"，从那时起，我对成为形形色色的会员就一直不感兴趣。

虽然牛津大学的社会生活要比美国大学的社会生活正式得多，可是牛津学子的自负和自命不凡却成为别人的笑柄。牛津大学的学生中间，流传着一首自我调侃的打油诗："我叫乔治•纳撒尼尔•寇松③/我是超级优秀生/我每周至少用餐一次在那布莱尼

---

① 非学院学生由大学董事会指定的学监直接管理，而其他学生则归属于各个学院管理。译者注。
② 在美国和加拿大，"兄弟会"和"姐妹会"通常是受过高等教育的学生的社团组织。译者注。
③ 乔治•纳撒尼尔•寇松（George Nathaniel Curzon）：侯爵，英国保守党政治家，曾任印度总督。在牛津求学期间曾当选为学生会主席。译者注。

姆宫……"

这些纯属我的个人看法。要记住,我是个美国人,除了 1909 年在英国有过简短经历以外,我对英国、英国的礼仪习俗及其他很多事情都不甚了解。然而,凭借我自己的优点和能力,莫德林学院最终接受了我,使我成为他们中的一员。这绝不因为我是名富商的儿子。首先,父亲对我的支出限制非常严格,其次,当时我很多同学的家庭财产要比我父亲名下的财产多得多。最后,谈论自己家庭的财富,或者别的同学家的财富不仅是一种很没有礼貌的行为,而且是不容原谅的有悖道德原则的行为。

我在莫德林学院交往的第一个好朋友叫做乔治·道森-戴莫尔(George Dawson-Damer),是当今波塔灵顿伯爵(earl of Portarlington)的兄弟。几年后,他在法国的战场上战死,为此我感到深深的失落。

牛津大学确实不存在等级差异,我和威尔士王子①殿下的交往可以提供一个很好的佐证。和我一样,他那时也在莫德林学院学习。我们一见如故,经常会在午餐、晚餐、社交活动等各种各样的场合碰面。我们彼此以"大卫"和"保罗"称呼对方。这种亲密无间的友谊延续了几乎半个世纪,无论是他做了英国国王还是成为温莎公爵。他做了英国国王后,为了迎娶沃利斯·辛普森夫人(Wallis Simpson)而放弃了英国国王的尊位,退而成为温莎公爵。凑巧的是,我和辛普森夫人的前夫欧内斯特·辛普森(Ernest Simpson)也很熟识。

我在牛津大学交了很多朋友。不过,那是很久以前的事情了,很多人已经离我们远去。像我的朋友乔治·道森-戴莫尔,离开大学不久,就在 1914~1918 年的世界大战中牺牲了。和这些朋友一起,我的社会生活变得充实愉悦。我们经常一起去伦敦,去剧院、参加派对和舞会。朋友们还会经常邀请我到他们家去做客。他们的家通常都是豪华的田间庄园,尽管沐浴在爱德华时代最后的光环中,依旧不失那个时代的威严和显赫。我还参观了布莱尼姆宫,不过,不像打油诗里的乔治·纳撒尼尔·寇松,我从没有在那吃过饭,更别说一周一次了。

我是在那时爱上了英国这个国家以及英国的生活方式吗?并不是这样,诚实地说,我的反应并没有那么强烈。但毫无疑问,我从心里喜欢英国和英国人。也许英国的最吸引人之处就在于它的高度文明。尽管今天的英国和 1912 年时相比,发生了翻

---

① 此处的威尔士王子,即为以后的爱德华八世、温莎公爵。译者注。

天覆地的变化，但其高度文明的品质并没有改变，起码相对于世界上的其他国家，英国还是保持着高度的文明。正如阿瑟•库斯勒(Arthur Koestler)所说："无论是在拥挤的公交车上，抑或是在酒吧，还是在排队的人群中，和我生活过的其他国家的人相比，英国人表现得最文明、最不具有攻击性。"

在我看来，牛津大学是理想的学习之地。学校会把学生看作成熟而有责任感的成年人，并非不值得信任的青少年。他们的基本理念是如果学生渴望获得教育，就不需要无休止的令人厌烦的监督。我记得，我的导师给我推荐了一些课程，或者应该说仅仅是建议我去听一些课程，而这些课程并不是强制性的，这让当时的我惊诧不已。

"如果你足够聪明，一次课也没听就能通过考试，那也不错。"我第一次和导师讨论时，他就这样和我说，"岂止是不错，那太好了，迄今为止还没有人不去听课就能通过考试。"他很平淡地说。

学业的成功或者失败，责任完全在我自身。这有着强大的激励作用，态度认真的学生意识到这点会很快养成自律的好习惯。拿我来说，这个好习惯让我受益终生。

牛津大学很重视体育运动，不过，没有人强迫你或给你压力。不像我在南加州两个大学上学时，总是被督促着参加这样或那样的体育运动，或者加入某某组织。这里没有人强迫学生参加体育锻炼，这让我感觉无比轻松愉悦。学生亦可以根据自己的爱好来享受运动。像我，便选择了我最喜欢的运动：游泳、拳击和举重。

当时英帝国正处于鼎盛时期。英国控制着全世界众多的人口和广袤的土地，影响远远超出英国本土及其殖民地。英国，更确切地说是伦敦，成为全世界的金融、商业和船运中心。

亨利•帕默斯顿(Henry Palmerston)、本杰明•迪斯雷利(Benjamin Disraeli)和威廉•格拉斯顿(William Gladstone)等人，以及他们优秀的前任及其继承者，将国际政治推向了巅峰。他们不仅开创了大英帝国，还成就了英国统治下的"不列颠和平"[①]。英国的经济家、金融家和商人习惯从全球角度出发考虑问题，对经济力量及其经济元素有着透彻的认识。

由此可见，牛津大学良好的师资力量和教材，为学生洞察国际经济和政治知识提供了最广阔而又最深入的视角。我深深地迷恋上这门课，我吸收消化各种信息的能力

---

① "不列颠和平"(Pax Brittanica)：指英国式的强权和平，尤指19世纪英国用武力维持下的和平。译者注。

也大为提高。随着知识的增加，我到美国外交部去工作的愿望也越来越强烈。当然，后来，我没有做外交官，而是成为一名商人，但是，我在牛津大学学习的知识，却贯穿着我的整个的商业生涯，使我大受裨益。

1913年6月我参加了毕业考试，通过考试并获得了经济和政治学专业"非学院"毕业文凭。我对想成为一个外交官的理想可谓信心满满。我意识到，我应该抓住一生只有一次的机会，亲身去体验一下我在学校学习的理论知识在现实中是如何运作的。我给父亲写信，告诉他我想进行一次长途旅行，穿过整个欧洲，到达俄国，然后再南下巴尔干，以及中东一些国家。我希望参观各国的首都以及工业和商业中心，切切实实地感受一下各个国家，近距离地接触各国人民。

父亲回信，欣然应许。信封中夹带着一张200美元的银行汇票，这是他决定每月给我的补助。他还会根据我的行程安排，通过美国快递公司将另外的汇票寄到我所在的城市。之后不久，我便启程去了欧洲大陆。

很多年以后，我读到了詹姆士·希尔顿(James Hilton)所著的《失落的地平线》(*Lost Horizon*)，书中这样写道：当大喇嘛问他香格里拉是否给他以独特的体验，西方世界是否也能找到类似的东西时，他微笑着答道："唔！是的，坦白地说，香格里拉让我想起在牛津大学的时光。"

夸张吗？

也许是吧。

可是夸张，只不过是用夸大的词语来强调某些事，并非欺骗。

9 旅行，大战前的欧洲。

柏林，是我欧洲旅行的第一站，这个城市处处弥漫着傲慢的气息。和四年前相比，普鲁士士兵走起路来更加大摇大摆，趾高气扬。士兵和百姓们都交头接耳地谈论着"最后的审判日"指日可待，以及德国在"太阳底下神圣不可侵犯的位置"。起初，我以为这是德皇威廉二世(Kraiser Wilhelm II)在公众面前广泛散布的挑衅言论，一笑置之。当时世人大多也把德国皇帝的言论看作虚张声势，没当回事。然而，我在德国旅行期间，处处可以看到穿着军装的人。在汉堡和德国主要的海军基地基尔，我看到新的军舰比比皆是，船坞的建设亦是如火如荼。

我给我在莫德林学院的前导师写信，"威廉·霍亨索伦①在他背在身后的衣袖里肯定隐藏着什么"。我想在他的眼里，我一定年幼无知，言论鲁莽。在文明开化的20世纪，怎么可能会有战争呢？而我，又有何资格对这种传统观点心存质疑呢？

丹麦，平静安宁而又一派繁荣，是治疗悲观厌世情绪的良地。丹麦是一个民主国家，政治和社会体系运行稳定而高效。热情友好的丹麦人不遗余力地致力于对人类和平的追求。

对于一个常年旅行的人或者一个阅历丰富的年长者，巧合总会在不经意间降临。20世纪60年代初期，盖蒂基金会得到丹麦政府的允许，在丹麦开发了一片油田，并运作了一段时间，这座油田坐落在西兰岛上的卡伦堡。也许命运使然，1913年6月我

---

① 威廉·霍亨索伦（Wilhelm Hohenzollern）：是末代德意志皇帝和普鲁士国王。因左臂萎缩，在照片中他喜欢用道具或动作掩饰缺陷。文中旨在说明其有着不可告人的秘密或者野心。译者注。

还和丹麦的朋友在这里野炊过。那时，这是一片开阔的海滩，环境也没有遭到破坏。后来，为了发展丹麦的经济，这里变成了一片工业用地。从微观上看，这反映了环保主义者和工业主义者之间的一种进退两难的困境，两者之间总是摩擦不断。我不得不说，工业主义者在本质上就是大自然的掠夺者。

这些处女地的开发总是令人沮丧，可是政府和工业为了满足日益上涨的消费者的需求，又别无选择。新的工厂，无论是炼油厂还是造糖厂，只能建造在已经规划好且交通便利的地方。

瑞典更是让人耳目一新，给人更多新鲜的启发。从教科书上或一些研究数据上获取的信息是一回事，真正地身临其境去感受又是另外一回事。在1913年，瑞典就已经拥有世界上最好的教育体系；实际上这个国家根本没有文盲。令人震惊的是，今天的美国，文盲数量高得惊人；实际文盲占5%，功能性文盲占15%。

瑞典利用其三大自然资源——木材、铁矿石和水资源建立起来的工业体系，还有那有着高超创造性的农民，都令人赞叹不已。虽然瑞典的耕地面积仅占国土总面积的8%，农业产出效率却高得惊人。此外，提起瑞典著名的白兰地，我会毫不犹豫地说，比起美国俄克拉荷马州私人走私的烈酒，瑞典的白兰地要醇厚得多。

穿过波的尼亚湾，我来到了芬兰的埃博市，接着又去了赫尔辛基。这时的芬兰，处在俄罗斯帝国的名义统治下，是拥有自治权的大公国。芬兰人和丹麦、瑞士人一样勤劳实干。虽然外表波澜不惊，但人们能感受到芬兰人内心隐忍的强烈不满。虽然完全独立，但芬兰人对于这种在俄国统治下的有名无实的平等甚为愤怒。

那时，俄国是唯一在外国人入境时须持有护照和签证的欧洲国家。我恰好两样都有，于是我去了圣彼得堡，在那里，我学习了基础俄语，并形成了对俄国的最初印象。我对俄国的第一印象，总体来说并不太好，整个国家一片暮气沉沉。较之沙皇的专制统治，沙皇官僚主义是造成这种现象的主要原因。沙皇的官僚机制已经侵害到了人们生活的方方面面，造成了非常有害的影响。形形色色的规章制度、林林总总的各色印章、各种表格，再加上政府运行效率极其低下，使得俄罗斯帝国元气大伤。我郁闷地插上一句，在如今的年代，当今世界上很多国家和俄国的情形非常相似，这着实令人失望。

俄国人对生活非常不满，同时，大部分人又逆来顺受。我开始理解那些评论家们谈起俄国人的"徘徊不去的宿命论"和"顺其自然的人生哲学"的真谛了。不过，话又说过来，俄国人非常慷慨大方。

这一点在陪伴我畅游伏尔加河的年轻俄国王子身上体现得淋漓尽致。我们到达巴库时，我手头很紧张。我每月的生活费滞留在邮局里，取不出来。为了帮助我继续旅行，我的朋友坚持借给我钱。我不知道我的钱什么时候能够到账，因而拒绝了他的帮助。

"没关系，"他耸耸肩说，塞给我一大卷卢布钞票。后来直到我去了维也纳数周后，才收到父亲寄来的钱，偿清了债务。

居住在伏尔加河畔的村庄和城镇的居民也都非常慷慨大方。作为一名国外游客，当地人经常让我去他们家里做客吃饭，各色邀请总是让我应接不暇。我离开时，他们还要硬塞给我食物和伏尔加酒。这是我乘着伏尔加河的汽船、缓慢前行路途中的主要食物，相对于枯燥单调的航行过程，这些食物简直太重要了。

我在俄国收到的最有持久意义的礼物，是我在旅行中学习的俄国传统歌曲。很久以后，我和费利克斯·优索波夫①王子做了朋友，他收集了无数的俄国歌曲。我上次见到他是1959年4月28日，在法国巴黎，我那天的日记是这样记载的：

我和费利克斯王子吃了一顿真正的俄国晚餐。他73岁，但容貌和行动都要年轻得多。他弹奏了俄式三弦琴，我们欢唱着俄国老歌，持续了几个小时。

费利克斯王子很开心。我也很惊讶，我竟然还记得这些歌词和曲调。1935年，一个偶然的机会我又去了一次俄罗斯，可我几乎听不到那些珍贵的歌曲了。这个国家饱受战争之苦，又经历了革命，接着是内战和饥荒，最后成立了苏维埃社会主义共和国。所谓的平等的乐土留给我的记忆却是一片阴沉、灰暗，莫斯科被莫名的阴森压抑气氛笼罩着。我将从诸多事件中抽取一例说明我对俄罗斯的未来失去信心的原因。

街上几乎看不到普通客运汽车，颇为讽刺的是，却跑着大量的配有专门司机的豪华轿车。根据这个国家荒谬扭曲的平等主义理论，几乎所有的车辆都要分配给党的干部和政府公职人员使用。不过，一些国有机构可以将车租给外国游客使用。

街上满是融化的冷冰冰的雪、泥巴和水。我的俄国司机似乎有种虐待狂倾向，他故意把泥水溅到行人身上，从中得到一种病态的快感。然而，竟然没有一个人站出来，

---

① 费利克斯·优索波夫（Felix Youssoupoff）：很多人认为他在1916年12月31日带领一批俄国贵族刺杀了臭名昭著的"和尚"格里高里·拉斯普廷(Gregory Rasputin)。编辑注。

受害者的面部表情甚至都没有变化，更不用说大声抗议或是紧握拳头了。俄罗斯的宿命论又加上了一层恐怖主义色彩。他们害怕车上坐的也许是某位达官显贵或秘密警察，不敢流露出愤怒，只能选择沉默。

然而，普通的俄罗斯人身上依然拥有诸多优秀品质，令人尊敬、仰慕，充满信心。1941年，当纳粹入侵苏联的时候，我也曾这么说过。不出我所料，我的一些逃亡到国外的苏联朋友则认为这是彻头彻尾的异端言论。"金婚姆季瓦尼家族"①中的大卫·姆季瓦尼便是其中之一。他预言苏联很快会被打败，共产主义政权也会随之垮台。我不同意他的说法，有两篇日记记载了这件事情。

1941年9月13日：大卫·姆季瓦尼和我打赌，纳粹会在一月之内占领列宁格勒。如果他输了，就给我100美元。我决定和他打这个赌。

1941年11月19日：我遇到了姆季瓦尼。他赌输了，给了我100美元。我不知道他是因为赤色分子没有被击败而失望，还是因为他们自己坚持的立场而暗自高兴。

巴库、雅尔塔，最后是维也纳，这些地方的语言都变成了德语，只是音调更柔和。虽然穿着军装，这里的士兵和我在柏林见到的普鲁士士兵相差甚远。我想，对他们最恰当的形容便是，他们的行为举止，会很容易让人联想到音乐家约翰·施特劳斯和弗朗兹·莱哈尔歌剧中的人物。奥匈帝国的皇室崇尚"怡然自得"的生活方式，没有人愿意去打破这种轻松快乐的气氛。

布达佩斯是个更为悠闲快乐的城市。好像全世界的人都喜欢匈牙利的短篇故事，那我也贡献几件自己的经历吧。

到达布达佩斯不久，在一次聚餐中，我和一伙匈牙利骑兵军官和几个年轻可爱的女士共进晚餐。他们都会说英语，有的水平一般，有的则非常流利。其间有个女孩突然问她身边那位一身戎装的中尉："拉兹罗，如果战争来了，你会怎么做？"这个问题吓了他一跳。

"战争？"他倒吸了一口气，"为什么会有战争？战争会毁了我们每个人的一切！"

另一个军官举起了酒杯："我知道如果战争来了，我该做什么。"他义正词严地大声宣告，"我会为所有的人展示什么是勇敢，我会拿出英勇无畏的精神，把自己喝死。"

---

① 俄国贵族，十月革命后举家逃亡巴黎，五个子女均和权贵或名人结婚。译者注。

和我在一起的女士笑了，说："你看到真相了吧。我们匈牙利人都很疯狂。"

不久前，我把这个故事讲给莎莎·嘉宝听。

"当然了，亲爱的，"莎莎点点头，她努力板起她那俊俏的脸庞，尽量忍住不笑出来，"疯狂是我们匈牙利人的民族骄傲。"

还有一件事让我领略了匈牙利人的拐弯抹角。我和在匈牙利出生的演员贝拉·卢戈西[①]作为客人，参加了我的朋友，作曲家伊戈尔·斯特拉温斯基[②]举办的好莱坞派对。如果我没有记错的话，那是1939年。

"你最近怎么样？"伊戈尔问卢戈西。

卢戈西很郁闷地看着他，"糟透了，"他操着他的著名的吸血鬼德古拉伯爵的口音说道，"制片厂的人不满意我是匈牙利人，他们才不管你是天才呢。我必须在他们的影片中演出。"

这时，我才知道另一个叫贝拉的人，称自己为"职业的匈牙利人"。他说演员是一个非常赚钱的职业。

我参观了贝尔格莱德、布加勒斯特、位于黑海港口的康斯坦萨(Constanza)，后来经过康斯坦萨坐船到了君士坦丁堡，在奥斯曼帝国的中心土耳其待了几周。当时的奥斯曼帝国包括叙利亚、黎巴嫩、伊拉克、约旦、巴基斯坦、阿拉伯以及也门。苏丹穆罕默德五世统治着奥斯曼帝国，但当时整个帝国已经在风雨飘摇中，昔日的繁华只能残存在人们记忆中了。

因缘际会，20世纪50年代的时候，我和亚里士多德·奥纳西斯[③]一起做了几桩生意，相交甚笃。我告诉阿里，我1913年12月去过土耳其的士麦那[④]，那里有很多希腊人。当我追忆往事谈起我喜爱的咖啡馆时，他才恍然大悟。阿里告诉我，1922年之前，他一直住在士麦那。他还补充说："我小时候，每周都有几次要经过那家咖啡馆。是的，1913年12月我还去过那里。"

很可能，我在靠窗的桌子前啜饮咖啡或土耳其葡萄酒时，年轻的亚里士多德·奥

---

① 贝拉·卢戈西(Bela Lugosi)：著名的恐怖片演员，其经典作品为《德古拉》。译者注。
② 伊戈尔·斯特拉温斯基(Igor Stravinsky)：美籍俄裔，西方现代派音乐的重要人物。译者注。
③ 亚里士多德·奥纳西斯(Aristotle Onassis)：希腊船王，出生于土耳其。人们习惯称他为"阿里""阿里斯托"。译者注。
④ 士麦那(Smyrna)：今伊兹密尔。译者注。

纳西斯恰恰在靠近我半米远的地方经过。

我从士麦那到了希腊，这是一个处于政治动荡中的国家。古希腊的旖旎风光深深地吸引了我，让我忘记了政治。我对古希腊的雕塑尤其着迷，这一爱好伴随了我一生。成为一名成功的商人后，我有能力购买并收集了很多希腊雕塑，其中包括额尔金大理石雕，我有件叫做《梅汀》(Myttion)的石雕，是公元前4世纪的石碑，风格独特、做工精致，这是为数不多的能得到艺术史学家和评论家伯纳德·贝伦森[①]推崇、并引起其强烈感情共鸣的作品之一。

1953年，我在位于佛罗伦萨附近的伊塔蒂别墅做客时，向贝伦森展示了《梅汀》的图片。他端详着照片，深深陶醉。

他兴奋地叫着他的助手，说："来，来，快过来，这真是精美绝伦！这要是我的该有多棒！"

1913年12月15日，我在一艘载重3000吨、破旧的罗马尼亚汽船上，度过了我的21岁生日。我准备前往埃及的亚历山大。在地中海附近，汽船遭遇了冬季十分罕见的巨大风暴，并且事前毫无征兆。船长和船员束手无策，轮船几近沉没，救生艇被撕破了，轮船里面灌满了水，万幸最后大家死里逃生。

我在埃及待了两个月，游览了令人敬畏的古埃及文明的文物和遗迹。对于参观者来说，两个月的时间实在太匆匆了。2月，我前往直布罗陀海峡。这时我仍然对乘坐罗马尼亚大船险些遇难的事情心有余悸，为了安全起见，我决定乘坐装备更优良、人员更专业的库纳德法兰克尼亚邮轮。经过直布罗陀海峡后，我通过陆路游览了西班牙。没有想到的是，我在西班牙一直待到了4月。

我小时候，就在学校学习了"宗教法庭""西班牙无敌舰队""西班牙征服者"及其对阿兹克人和印加人的"灭绝式屠杀"。1898年，在西班牙和美国发生战争期间及以后的岁月，我被灌输了大量反对西班牙的宣传。直到1905年，我在明尼阿波利斯任教的老师还总是吟诵丁尼生《复仇号：舰队叙事诗》的诗句："我的霍华德公爵/那将是一名懦夫/如果我将他们留给/这些宗教法庭的走狗/以及西班牙的恶魔。"

或许是对政治宣传的抵触，或许是不喜欢丁尼生的甜腻的诗句，总之，和无数人一样，我爱上了西班牙和西班牙人。就像人们经常说的，这个国家有一种独特的韵味，

---

① 伯纳德·贝伦森(Bernard Berenson)：美国艺术史学家，意大利文艺复兴艺术的权威人士。译者注。

令人着迷、引人回味。它的土地虽然荒凉贫瘠，风景却分外妖娆。西班牙人性格刚毅，各个阶层的人都有着强烈的尊严感和荣誉感，同时还非常幽默。从这点来看，我觉得地中海沿岸的民族中，西班牙人最像古代罗马人的直系后代。

1914年4月，巴黎，一切都和那首法国香颂"巴黎四月天"描述的一样。当时，大家谈论的主要甚至是唯一的话题就是"卡约事件"，这是法国人数十年来最津津乐道的丑闻。

法国《费加罗报》(Le Figaro)的编辑加斯顿•卡尔梅特(Gaston Calmette)，公开指责法国财务部长约瑟夫•卡约(Joseph Caillaux)存在财务方面的违法乱纪行为。卡约否认了指控，并加以回击，将他告上了法庭。显然卡尔梅特没有足够的证据证实他对约瑟夫•卡约的指控，陷入了进退两难的境地。为了脱身，卡尔梅特情急之中，想出了敲诈的下策。他手头有约瑟夫•卡约的妻子写的一些信件，倘若公布，绝对会引起轰动。他通知卡约夫人，如果她不能劝阻丈夫撤诉，他就将这些信件昭之于天下。没有想到的是，在1914年3月16日那天悲剧发生了，卡约夫人去了加斯顿•卡尔梅特的办公室，从包里拿出一把手枪，将他打死了。

很自然，警方以谋杀罪逮捕了她，全巴黎的人屏息凝气，等待着真相的披露。熟悉高卢人的思想和性情的人都会猜到，后来卡约夫人被审讯然后无罪释放，很多人对此结局大为赞同。

我们暂且把卡约的案子放在一边。没有什么能够阻挡得了春天或者初夏的气息，对每一个法国人来说，这是他们记忆中最好的时节。我也不禁欣欣然起来，尽情品味和享受着巴黎的美好时光。

6月的第三周，我的父母来到了巴黎。他们打算再次游览欧洲，而我，将作为他们的向导，向他们展示我这一年游历的见闻。我父母决定在巴黎待一段时间，我带着他们去看话剧，听音乐会，参观艺术馆和博物馆。6月28日，一个星期天，我让他们自由活动，我则和一群朋友去布洛涅森林公园看赛马。

我们的包厢位置极佳，距离法国总统雷蒙•普恩加莱(M. Raymond Poincare)及其朋友的包厢只有20米远。赛马出场表上的第三场刚刚开始，普恩加莱先生的包厢突然一阵喧哗。我和朋友们好奇地望过去，只见一名由宪兵护送的送信人，递给总统先生一个封着蜡章的信封。普恩加莱先生打开信封，读完里面的信息后，脸色马上沉了下去，快速离开了包厢。

看到这个场面，我和朋友纷纷揣测，卡约案肯定有了重大进展。还有什么比这更重要的呢？

"我敢肯定，卡约夫人自杀了。"我们中的一个女孩推断道。

"无稽之谈！"另一个人表示反对。"他们肯定发现了约瑟夫·卡约犯有卡尔梅特指控的罪状的证据。"

下一场比赛开始时，大家停止了猜测，注意力又转移到赛马和轨道上，忘记了刚才发生的事情。下午看到报纸上的头条时，大家才恍然明白普恩加莱收到的信息的内容。奥匈帝国皇位继承人费迪南大公和他的妻子在萨拉热窝被塞尔维亚的恐怖分子刺杀了。

即便这样，巴黎的生活仍然保持正常，人们看上去心满意足。接下来的几周，卡约事件及卡约夫人的审判继续吸引人们的视线，其风头甚至盖过了有关战争威胁愈来愈近的深度报道。

"战争？不可能！"

这是当时人们的共识。

萨拉热窝事件一个月后，奥地利对塞尔维亚宣战。8月1日，德国对俄国宣战。两天后，德国对法国宣战。接着第二天，由于德国拒绝保证比利时的中立地位，英国政府很不情愿地发表了对德宣战的声明。

不可能变成了现实，战争的烈火开始在欧洲燃烧起来。这时双方都有一种新的共识，战争不会持续六个月。无论敌人是谁，最迟六个月后，必定会被打退。

我父母和我去了英格兰，我们没有想到在英国等待的日子会这么漫长。在此期间，德军横扫比利时，长驱直入进入法国腹地。直到1914年9月12日，我们才坐船回到美国。这时，第一次马恩河战役已经爆发，很显然，战争不可能在六个月内结束。然而，所有的人做梦都没有想到这场战争会持续四年之久！

10 他们才是"二战"的元凶。

如今,理性的人都会认为,德国皇帝威廉二世和他的部长、幕僚是发动第一次世界大战的始作俑者。德国著名的历史学家弗里茨·费舍尔(Fritz Fischer)亦承认这一点。最近历史学家休·崔佛罗伯(Hugh Trevor-Rope)收集了大量的证据支持这一观点,他说:"1914年,德国单方面对侵略战争表现了一贯的兴趣,并制定了一致的征服方案……"

不幸的是,协约国取得胜利后,却无意建立公正、持久的和平秩序,他们一贯的政策和行动,不可避免地造成了第二次世界大战的爆发。后来,希特勒的"国防军"势如破竹,侵占了波兰,将多个国家一一攻破。从直接意义上讲,"二战"的罪魁祸首是纳粹德国。但是早在巴黎、凡尔赛和日内瓦,法国、意大利、英国和美国政府,或者更确切地讲,是这些政府的首脑,就犯下了"原罪"。

美国总统伍德罗·威尔逊(Woodrow Wilson)提出了旨在建立长久和平体系的"十四点建议"。这位象牙塔内的博士,缺乏对政治现实清醒的认识,停战后怀着理想主义的梦想,前往巴黎参加和谈会谈。面对强硬尖酸的法国首相克里孟梭和英国首相戴维·劳合·乔治的强劲攻势,他毫无招架之力。为了在本国内捞取政治资本,法国总理克里孟梭、英国首相戴维·劳合·乔治、意大利首相维托里奥·奥兰多一致主张严惩德国。在他们眼里,威尔逊只不过是个头脑不清的业余选手,可以不费吹灰之力地操纵。

威尔逊到达之前,戴维·劳合·乔治就和克里孟梭、维托里奥·奥兰多商议:"我们不应该向德国明讲吗?我们是不会在巴黎和会上讨论'十四点建议'的。"

有记录证明,克里孟梭是这样回答的:"我们要把德国榨得一滴油不剩。"

威尔逊深受其外交顾问爱德华·豪斯"上校"①思想的影响，根本不是协约国盟友的对手。就连美国参加巴黎和谈代表之一，威尔逊坚定不移的支持者伯尼·巴鲁克(Bernie Baruch)也不得不承认豪斯是一个："……神秘、有争议性的人物……他是威尔逊政府的幕后操纵者。"

巴黎和谈刚开始时，德国便开始跟跟跄跄地朝着民主化国家迈进。新的魏玛共和国的第一任总统弗里德里希·埃伯特(Friedrich Ebert)，是位社会民主主义者、和平主义者。单从实际问题上考虑，协约国应该支持埃伯特，给予他足够的空间和发展途径，帮助战后的德国恢复秩序，培育真正强大的民主政体。不幸的是，"把德国榨得一滴油不剩"的思想在协约国中占了上风。面对克里孟梭的威逼利诱，戴维·劳合·乔治的唇枪舌剑，再加上豪斯上校的软磨硬泡，威尔逊不得不放弃了他"自吹自擂"的十四点建议的关键内容。

巴黎和谈最终产生了"凡尔赛和约"。德国总统埃伯特别无选择，要么接受要么放弃，不容讨价还价。协约国通知埃伯特，如果他拒绝签约，将会重新对德国开战。万般无奈，德国只好签字。

凡尔赛和约是针对德国的报复性条约。强加给德国的总额高达数十亿金马克，完全超出德国的偿付能力。就连经济学专业最蠢笨的学生也能一眼看出，这会彻底毁了岌岌可危的德国经济。更糟糕的是，惩罚性条款引起了德国内部民族主义者的强烈反抗。在英勇坚定的弗里德里希·埃伯特的领导下，德国成功地镇压了早期的卡普政变，粉碎了希特勒首次(1923年)在巴伐利亚州建立独裁政权的企图。

埃伯特切除了肿瘤，却无法根除产生肿瘤的毒素，凡尔赛和约将毒素深深地植根于德国的大动脉。狂热的德国民族主义者充分抓住了这个机会。九个月后，希特勒获释。出狱后他吸引了越来越多的人皈依德意志国家社会主义工人党——纳粹党。

到了1932年，纳粹党实力大增，不过这时他们在德意志共和国国民议会，还没有占到压倒性多数的席位。很多德国的政治家和外界观察人士，清醒地预见到纳粹的巨大威胁。如果他们成功地掌握了权力，纳粹德国对世界和平的威胁将会比威廉德国大得多。对此，德国总理海因里希·布鲁宁(Heinrich Bruning)表现得最为忧心忡忡。和埃伯特一样，他是位温和主义者、和平主义者、民主制度的坚定拥护者。

---

① 爱德华·豪斯(Edward M. House)：美国政治人物，以"豪斯上校"之称闻名于世。译者注。

1932年,国际裁军会议在日内瓦召开。历史又一次重演,只是粉墨登场的政治人物不同。这次的主要人物是法国总理安德烈·塔尔迪厄(Andre Tardieu),英国首相拉姆齐·麦克唐纳(Ramsay McDonald)和意大利外长迪诺·格兰迪(Dino Grandi)。协约国第二次迎来了寻求和平的机会。

德国总理布鲁宁知道,只要日内瓦会议对德国做出些许让步,他就能将希特勒和他的纳粹党踢出历史的舞台。他尽量把协议制定得措辞温和、易于接受,他确信即便如此,如果协约国做出一点点让步接受协议,也足以扭转德国的政治局面。在德国人的眼里,这将成为布鲁宁领导的民主政府的重大胜利。如果民主能够赢来丰硕成果,那还需要纳粹和纳粹主义干什么?

协约国失去了第二次机会,也是最后一次机会。参加日内瓦会议的代表,尤其是法国总理安德烈·塔尔迪厄断然拒绝了德国的请求。布鲁宁两手空空地回到了柏林。

希特勒和他的追随者从布鲁宁的谈判"失利"中捞取了巨大的政治资本。他们嘲笑布鲁宁蠢笨无能,大肆宣传纳粹党会比布鲁宁做得更出色。为了避免被罢免,布鲁宁悻然辞职[①]。继任的弗朗茨·冯·帕彭(Franz Von Papen)担任了短时间的傀儡总理后,就被希特勒取而代之。夺得政权后,希特勒对协约国,乃至全世界都采取了一种极端蔑视的态度。他不断得寸进尺,他想获得的都是布鲁宁连做梦都不敢去想的事情。后来发生的事情无须赘述。希特勒和他领导的纳粹党推翻了一个个政权,制造了一个个恐怖,最终将全世界推向了20世纪真正的全球性战争——第二次世界大战的深渊。

在我看来,如果协约国当时没有达成凡尔赛和约,而是缔结了更加合理、公平的和平协议,那么1919~1932年,坚定的民主体系将会在德国确立并不断壮大,而希特勒和他的纳粹党极有可能没有崛起的机会。进一步来说,我认为,协约国已经在巴黎和谈中失去了一个好机会,就不该在日内瓦会议时失去第二个好机会。在日内瓦会议上,如果他们给布鲁宁哪怕是一丁点儿的让步,希特勒就不会成为总理,走上独裁的道路。

这只是我的一己之见。同时,这在本质上也算是一个引言,我要立场鲜明地将我对我的朋友温莎公爵的看法清晰地公之于众,很久之前我就有这个想法了。在这里您就会清楚地看到这些事情的关联。

---

① 辞职几年后,前总理海因里希·布鲁宁去了美国,1939~1952年在哈佛大学教授政府学;后来有一段时间他又回到德国,在科隆大学任教;最后在美国佛蒙特州度过晚年,于1979年逝世。编辑注。

世人关于温莎公爵的评论不计其数，大部分人不认识他，没有见过他本人，更不用说和他面谈了。最近几年，歪曲他的本色、性格、人品的事件越来越多，这似乎已成为一种潮流。有些消息来源总是擅长玩一种把戏，他们表面上仁慈地使用"动机不明"这样的概括性形容词来描述，却处处暗示温莎公爵不仅不是爱国人士，还是个亲纳粹分子。

　　世人很容易忘却，大卫还是威尔士王子时，在第一次世界大战期间，曾在英国远征军中服役，战斗在法国的弗兰德斯和意大利前线。世人更容易忘却，1919~1925年，他作为巡回大使环游世界，访问了近50个国家，大大提升了英国的国际形象，为英国赢得了无数的朋友。诽谤他的人没有深究迫使他退位的鲜为人知的肮脏内幕，只是借口他执意要迎娶离过婚的辛普森夫人，犯下了无法饶恕的错误，才被迫退位。大量证据表明，有些人不喜欢国王爱德华八世，因为他作为一个君王太受欢迎了。一些幕后操纵者发现他们的某些政治图谋难以得到满足后，决定遗弃爱德华八世。我的朋友，布鲁克勋爵马克斯·艾特肯，坚决反对爱德华八世退位，他告诉我："政府中有些卑鄙小人想除掉大卫。他们看到大卫深受英国国内和海外领地各个阶层的子民的深切爱戴，无限恐慌。丘吉尔和我竭尽全力帮助他，却于事无补，掌权派非要废掉大卫。"

　　我在前面提到过，大卫还是威尔士王子时，我们就在莫德林学院相识相知。今天，我要和自称对温莎公爵生活了如指掌的专家争论一番。有人说他在牛津大学仗势欺人，要求大家称呼他为"殿下"。我从来没有见过，也没有听说此类事情，再说，如果真有此事，别的学生也会传开的。至于大卫在牛津大学的学业表现得不是很出色，也需要一分为二看待。当时，他在国际事务方面展示出超乎寻常的洞察力和超群智慧。

　　我和大卫经常彻夜长谈到凌晨3点，甚至更晚。大卫表现出杰出的预见能力，而这种能力在他自己的国度，却不为人所知晓和重视。他是我认识的英国人中，唯一在1912~1913年，就预见到他的表兄德皇威廉二世是潜在威胁的人。大卫说威廉二世是个"自吹自擂的家伙，为了满足他的虚荣心，追求名声，什么残暴的事情都做得出来"。

　　1912年的一天晚上，大卫严肃地告诉我："我担心有一场战争，正一步步向欧洲逼近。政客们自欺欺人，故意视而不见。"我对此深感震惊。

　　后来我才回想起这些话，而在当时，我认为这不过是威尔士王子想象力过于丰富的产物，1914年6月之前，根本没有人持类似的观点。现在回想起来，这也说明了为什么牛津大学的老师认为威尔士王子"将永远不会成为英国的所罗门"[①]。大卫的观点和感知并不符合那些靠共识形成的条条框框,思维古怪的本科生可以犯这样的"错误",可放在威尔士王子身上就万万不可了,他可是国家权力机构的代表。

1918 年"一战"结束时,大卫也表现出了同样的先见之明。他到处游说,寻求公正、和平的解决方案,希望建立新的民主的德国。在君主立宪制的国家,他所能做的也就只有这些了——游说、劝说人们接受他的建议。即使只是这么做,也有人认为他的行为是干预过度。一种有根据的说法是,当权派派遣威尔士王子进行"全球友好访问",就是为了阻止他在大卫•劳合•乔治领导的大不列颠进一步传播他的"异端教条"。可是,事与愿违,"全球友好之旅"为威尔士王子在国内外赢得了巨大的个人声望,这样一来,尖酸刻薄、谋求私利的政客们对他更加恨之入骨了。

大卫完全理解协约国在巴黎和会及日内瓦裁军会议的不妥协政策意味着什么。多年后,我们凑巧在法国南部相遇,一起待了很长时间。时隔多年,他仍然难以释怀。

"我们在巴黎和会和日内瓦会议上犯了可怕的错误,把事情搞得一团糟。"他告诉我,"我作为国王的时候,却对此无能为力,所有的政策都是由民选政府制定执行的。任何时候我提出一点建议,鲍德温就跳出来反对。在我退位后,作为一介平民,我依然决定不遗余力地尽我所能。"

在这里需要额外阐述一下。大卫非常喜欢奥地利,注意,是奥地利,而不是很多人误以为的德国。他热爱奥地利的音乐和食物,能够很流利地说带有完美的奥地利口音的德语。我们必须明白一点,阿道夫•希特勒本人是奥地利人,而不是德国人,他对说奥地利口音的德国人一向很友好,对奥地利及其风俗习惯也非常熟悉。另外,有记载表明,1938 年以前,希特勒对英国皇室有一些敬畏之情。大卫决定利用这个机会。

"1937 年 10 月,我去了德国。我此行的目的是以个人名义同希特勒建立联系,我希望这可能,注意,仅仅是可能,让他明白一些道理。至多,在希特勒对欧洲和英国下手之前,我认为我们之间的谈话,能为我们赢得一点时间。不仅仅是直觉,事态的发展使我明白,希特勒早晚要发动战争。"

值得注意的是,斯坦利•鲍德温的幕僚们也督促他做同样的事情——和希特勒接洽、谈判。鲍德温却不愿意离开不列颠群岛。布鲁克勋爵曾就这件事情和我谈过他的

[①] 据《圣经》记载:犹太王国的国王大卫统一了犹太各部落,建立王国,其子所罗门在位时,是古代以犹太王国最强盛的时期。后用"所罗门的智慧"来形容一个人的智慧。译者注。

看法。

"鲍德温担心,即使他离开英国几天,他的幕僚同党也有可能会在他正精心制作的'政治烤鱼'上加上别的调料。"

温莎伯爵接着给我解释道:

"我另一个最为关心的问题是德国犹太人的艰难处境。我感觉对我和白厅①的每个人来说,我们必须做些什么来拯救犹太人,使他们免遭纳粹的迫害。"

在此,我觉得有理由再阐述一下我的看法。对温莎公爵及其夫人最无耻的评价是他们有反犹太主义情结,这简直是无稽之谈。大卫和在英国、法国、奥地利的罗斯柴尔德家族以及很多犹太家族交往甚密,同他们建立了深厚的友谊。他是一个完全没有种族和宗教歧视的人。的确,我从诸多可信的渠道得知,大卫同坎特伯雷大主教的品味要求相差甚远,而后者则把自己标榜为一个,也是唯一一个,真正信仰的守卫者。

至于温莎公爵夫人,我是在她和大卫结婚之后才认识的。我和她的前夫欧内斯特·辛普森却很熟悉。辛普森的行为准则便是公平对待每一个人,在他看来,宗教或种族歧视是一个很大的性格缺陷。我认识沃利斯后,在她身上我也没有发现任何迹象表明她具有这种偏见。

我问大卫:"你和希特勒谈话时,他会听取你的意见吗?"

"是的,我想是的。道路是开放的,尽管有些窄,但可以进一步向前推进。如果伦敦或巴黎方面有任何适当的跟进行动,成千上万的人就可能会幸免于难了。"

大卫没有向我透露太多信息,但我有理由怀疑他去德国见希特勒和纳粹领导人,并不是个人的主意。如果哪一天从保存机密文件的地下室里翻出一份满是尘土的"绝密档案",事情水落石出,我也不会感到惊讶。直觉告诉我,温莎公爵的行动可能受到某些政界人士秘密支持,这些人清楚地看到了希特勒的威胁,而英法的掌权派们却没有。

"据媒体报道你回了希特勒的纳粹礼,对希特勒和他的政权表示了高度赞扬。"我问道,"这是空穴来风吗?"

"不是,"大卫毫不犹豫地说,"这是真的。"他长久地注视着我。"有时候你不得不说或不得不做一些事情,随历史去说吧。"他微笑着说道,"沃利斯和我都有着宽厚

---

① 伦敦一条街的名字,英国主要政府机关都在这条街上,所以白厅又代指英国政府。译者注。

的肩膀，我们能担当得起。"

大卫说他去德国的目的是希望能"最大限度地"为英国和欧洲赢得时间。然而，无论大卫成功争取的时间有多少，却没有被他为之争取的人好好利用。英国和法国的领导人弃置了两次阻止德国咄咄逼人的军国主义复兴的机会，也无意进行第三次尝试，即使这有可能挽救无数生命使他们免受战争侵害。他们反而任由希特勒入侵奥地利，占领捷克斯洛伐克，幻想以此能够收买他。

还有一件事情，为我们提供了看待温莎公爵的合适的视角。1939年战争开始时，他立刻向伦敦政府发了一个紧急请求，希望能到英国军队服役，担任前线军官。他想战斗在反抗纳粹的前线，而我必须指出的是，舆论一味谴责他"同情"纳粹，而这正是同一个纳粹。这一次神秘的政治力量又发挥了作用，他的请求被拒绝了，他被授予了一个远离前线的职位——巴哈马群岛的总督和总司令。

1963年11月28日，我在日记中这样写道：

大卫来到萨顿宫拜访我。他回忆了1919~1936年多次来萨顿宫做客的经历。这是他自1936年以来的第一次来访。

想说的话远不止这些，空间有限，我在日记里无法把所有的事情一一记下。大卫很怀旧，追忆了来萨顿宫参观的愉快经历。当这座宫殿还属于阿瑟兰公爵时，他和他的兄弟即后来的国王乔治六世经常在室内场地打网球。大卫和我坐在书房里，缅怀着在莫德林学院时的岁月以及以后成过往云烟的大事小情，推测着未来的世界会是怎样。一天晚上，我们再一次提到了德国、希特勒和"二战"，大卫变得很忧郁。

"你知道，保罗，希特勒和他的爪牙想绑架我和沃利斯。我的故事已经被重复了很多遍，很多时候都是扭曲事实。有时候，我甚至希望这些人赢了。如果我能再次单独见到希特勒，我会找机会除掉这个麻烦，这真是个美好的梦想。"

我问了大卫一个我一直想问的问题。

"你感觉希特勒是不是精神病？"

"临床上是的，我从来没有怀疑过这个问题。不过，保罗，世上有很多种不同程度的精神病。你还记得凡尔赛条约和日内瓦会议吗？"

这又让我回到了原点。在此，我想补充一点，1936年丘吉尔冒着牺牲政治生命的危险，坚决反对爱德华八世退位，他说："我有义务向他表示我最大的忠诚。"我愿意引用丘吉尔后来说的一句话："唇枪舌剑总比真枪实战要好。"

我承认这可能有些个人偏袒的因素，但我相信，我的朋友大卫本应该成为极出色的集智慧、勇敢于一身的君王。他和希特勒唇枪舌剑的斗智斗勇，一直都没有受到应有的认识和评价，而他，完全有资格得到。

11　我从不嫉妒，除了对美满的婚姻。

谈起温莎公爵，很多人会很自然地想起他和辛普森夫人的浪漫传奇。1936年12月11日，他发表退位演讲时说："如果没有一个我爱的女人在我身边给我帮助和支持，我觉得我没有可能担负起国王这份沉重的职责……"

退位后的翌年6月，他和辛普森夫人结婚了。很多人预言这是个短命的婚姻，也就能坚持半年，至多一年。事隔十多年，一些"厄运观察员"依然不遗余力，温莎公爵和公爵夫人即将分手的谣言仍是八卦专栏长久不衰的话题。和很多认识他的人一样，我的想法则恰恰相反。1952年在巴黎，我在日记中这样写道：

11月1日，在穆里罗路12号多萝西·斯普瑞克尔(Dorothy Spreckel)漂亮的公寓吃晚餐。多萝西一头金发，身材高挑，看上去非常迷人。但是所有人的注意力都集中在了温莎公爵和他的夫人身上。他们彼此非常恩爱。一个世纪以后，现今的很多名人都将被人们遗忘，而这对迷人的夫妻和他们的完美婚姻仍被传为美谈。公爵讲起了他在肯尼亚捕猎大象的经历，和他对高尔夫球的热爱，温莎公爵夫人则一直充满爱意地注视着他……

温莎公爵和公爵夫人的婚姻持续了整整35年，直到1972年5月28日他与世长辞。

不论我有什么缺点和弱点，我从来不喜欢羡慕或嫉妒别人。当然，有一点除外，那就是我对那些拥有美满婚姻，并从中得到长久愉悦的人感到由衷的羡慕。婚姻是一门艺术，我却没有能力去掌控它。

我的婚姻记录：五次结婚，五次离婚。简言之，五次失败。

我骨子里对失败有一种天生的憎恶感，而这也许是给我无限力量、驱动我不断前行的主要动力之一。我并不仅仅是为了成功而喜欢成功。我一旦决定做什么事情，内心就像立刻被注入了一股强大的动力，驱使我集中精力、勇往直前，直到获得令人满意的结果为止。我在自己从事的大部分领域里，获得成功的概率要大于失败。如果我失败了，我会竭尽全力来避免重蹈覆辙。

可是，我的婚姻却远非如此。

为何我能够组装汽车、开发油田、经营飞机制造厂、创建并领导自己的商业帝国，却独独无法收获一份美满的婚姻呢？！

这真是个要命的问题。这个问题困扰我很长时间，苦苦思索至今找不到答案。我和我的妻子们、好朋友、父母展开无数次的讨论也不得其解，我甚至就这个问题向一些律师和在离婚法庭工作的法官咨询过！

我父亲不赞同我离婚。他老人家在世的时候，我三次结婚，两次离婚，而第三次婚姻在他去世之前也变得岌岌可危。在他看来，我是个不负责任的浪子。

我的母亲见证了我的四次离婚和第五次婚姻。她认为，我的错误在于我每次找的妻子都比我年轻很多。我的妻子们都比我小上10~20岁。当然，像所有独生子的母亲一样，她认为没有哪个女孩条件"足够好"，能够完全配得上她儿子。

年龄差异暂且不论，而在我看来，找个比自己年轻的女孩结婚是有原因的，也有很多好处。我31岁之前一直是个单身汉，和我年龄相仿的女孩大部分已经名花有主了。而我认识的二十几岁还没有结婚的女孩，大部分在人品、性格或脾气上都有这样那样的缺陷，否则她们也不会沦为剩女。需要说明的是，我的所有婚姻都发生在20世纪二三十年代，而当时的社会情况就是：大部分女孩一生中最主要甚至是唯一的目标就是嫁人。男人们也习惯性地认为女孩如果过了二十三四岁还没有嫁人的话，那就是瑕疵品、次品，没人愿意要了。这个观点对女孩来说很不公平，是完全错误的，可是的确存在。

从我的经历来看，我感觉年龄大了还没有结婚的女性，要比年轻女孩更暴躁易怒，更执拗倔强，难以驾驭。这样的例子比比皆是，艾伦的故事便是其中之一。那一年，我29岁，她26岁，我们谈恋爱谈了有两个月。有一天晚上，我们开着我的凯迪拉克去一家酒吧。那时候的凯迪拉克采用车轮悬挂系统，减震性能非常好。即便如此，当我的车子碰到一个障碍物时，艾伦被震得身体前倾，头险些碰到挡风玻璃上。

"你开车时怎么不看着点？"她暴跳如雷，"你差点儿杀了我！"

这件事给我敲响了警钟。本来就是一件微不足道的事情，根本不值得发这么大火，如果换做个年轻女孩，很可能一笑置之。在以后的一周多时间里，我仔细观察了艾伦。在她姣好的面容之后，焦躁易怒的性格裂纹愈发地清晰。我很快就和她分手了，后来她嫁给了别人，彻底撕下了面具，成了一个唠里唠叨、脾气暴躁的妇人。

我的前妻们大多把我的事业看成她们的情敌，认为是我的事业导致了婚姻的分崩离析。我认为她们说的不无道理，对此我也很抱歉。但是，每个故事都有它的两面性。婚姻中夫妻双方争吵不休，最终走上了离婚法庭，这种事用"罗生门原则"[①]来解释再合适不过了。

在这里，也许我还要叙述一下我失败的婚姻。这些经过媒体添油加醋后展示在大众面前的故事已经面目全非，以致无论是我的前妻还是我自己都认不出来了。虽然我的版本带有我个人的感情和判断，存有偏颇，可是我感觉我还是能纠正一些媒体的重大扭曲之处。

我的第一个妻子是珍妮特·德蒙特(Jeanette Demont)。她皮肤浅黑，聪慧过人，精致俊秀，又充满活力，处处散发着独特的个人魅力。我认识她时，她18岁，比我小13岁。1923年的10月，在认识几个月后，我们私奔到了加州的凡吐拉市结婚了。

当初是什么原因促使我考虑结婚的呢？这应该源于我内心深处的呼唤，我对单身汉的生活已经心生厌烦。我想，比起随随便便的所谓的罗曼蒂克，和时常围绕着一个单身男人的绯闻，也许我更需要和一个女人建立长久的关系，让生活变得有意义，这种需求时常触动着我的内心。有时候我会猜想，那时候我父亲因为中风而卧床也可能是促使我结婚的原因吧。虽然后来父亲康复了，但他的病也让我意识到，人并非是不朽的。唯一能够继承一个人所创立的事业或者传承生命的途径就是通过自己的孩子。

这些暂且不论，在我看来，我的妻子们是嫁给了我，而我却游离于婚姻之外。这个观点很难说是我的独创。我是个单身汉，我有很多友好的异性朋友，而那时她们中的大部分人都想结婚。我认为我从来没有作出有意识的判断或者明确的决定——我的

[①] "罗生门"是日本传说中人间和地狱之间的城门。引申为：当事人各自强调自己的利益和逻辑，缺乏第三方证据，无法获得真相而陷入无休止的争论。译者注。

妻子们要比我交往的其他女孩更优秀。

当然，最关键的一点是因为爱情，至少在某个时段我相信那是爱情。这也是我决定迎娶珍妮特·德蒙特的原因。我们在位于洛杉矶的威尔希大道租了个很舒适的房子，似乎我和珍妮特即将拥有一份美满的婚姻。在我们私奔后的七八周，珍妮特怀孕了。这是我的第一个儿子，我以我父亲的名字给他命名，叫做乔治·弗兰克林·盖蒂二世（George Franklin Getty II）。

然而，美好的插曲却很短暂。早在乔治出生之前，我们的婚姻就产生了裂缝。分歧并不是一天产生的；对此我们双方都有责任。

我的生意成了问题的根源。我在加州的南部开发了几个油田，经常待在工地，彻夜不归，有时候甚至两天或更长时间，我对此已习以为常。那时我还要到俄克拉荷马州和新墨西哥州的油田考察，需要经常出差，不可能带着我怀孕的妻子。作为一个直到31岁才结束单身生活的男人，因为一纸婚约，要在一夜之间改掉原来养成的诸多习惯，我发现这是个极其艰难的任务。

珍妮特个性刚毅、思想单纯，她对婚姻和夫妻关系的想法很理想化。另外，坦诚地讲，她嫉妒心还很强。我回家的时候，我们经常要到布朗德比、椰树林或者类似的地方去用餐，在那里我经常会遇到很多认识的人，当然其中有不少是女性。

"你怎么能和那个小贱人打招呼？"珍妮特会这样发号施令。

或者带着挑衅的语气说：

"你和刚才打招呼的金发妓女有一腿吧？"

我的抗议和否认都无济于事。正如大多数男人所熟知的奇怪悖论：遭遇不公平的抱怨时，你最好少解释。乔治出生才两个月，珍妮特就告诉我她无法忍受和我一起生活。她离开了我，向法院起诉离婚。1925年2月15日，她的离婚诉求被批准。我们的婚姻仅仅维持了18个月。开始我很震惊，有些沮丧，很快我意识到离婚的主要责任在我。任何离婚中都会出现尖酸刻薄的针锋相对，当这种情绪离我们远去时，我们不再互相怨恨，又成了好朋友，而且这种友好关系一直保持到现在。她在很多很多年以前就再婚了，看到她的婚姻幸福而持久，我很开心。我希望我的第二次婚姻也能像她一样。

1926年，我长期艰苦卓绝的努力工作终于打了一个漂亮的翻身仗，我开始得到丰厚的回报。我的好几个钻井都喷发了，生产了大量的石油，生意发展势头良好，我甚至可以只通过邮件、电报、电话来监管我的助理和员工。我一直喜欢墨西哥这个国家，于是我去了墨西哥城。就像 1914 年的西班牙之旅后，我便有种想学习西班牙语的渴望一样，这次我注册了墨西哥大学的暑期班，学习墨西哥语言和墨西哥历史。

我怎么解释后来发生的事情呢？

我可能会说，这是我和珍妮特结婚又离婚的一个迟来的反弹，也可能是我患上了"结婚狂热症"。这两个原因可能都不错，却都不是决定性因素。

在学习墨西哥语的班级里，有一位女士，她身材高挑，年轻聪慧，她叫艾琳·阿什比(Allene Ashby)，那时她 17 岁，是德克萨斯州一位牧场主的女儿。艾琳喜爱户外运动，是一位出色的骑手。在一次共同的骑马经历之后，我们心中浪漫的爱情火花开始燃烧起来。她是个年轻单纯的姑娘，我深深地迷恋上了她。我们俩都没有意识到这份夏日恋情会有什么样的结果。

一天早上，我们开车到了库埃纳瓦卡市，在那里我们结婚了。

这个行为有些冲动，过了短短几周，我们都意识到这是个严重的错误。当我们离开墨西哥大学、离开浪漫的墨西哥之后，就发现我们几乎没有共同之处。所以我们就分开了，一段时间后，艾琳抽出时间提出离婚诉讼。直到 1928 年，离婚判决才开始生效。不过那时我已经深陷另一份恋情，后来便成就了我的第三次婚姻。

1927 年，我决定每年在美国待七个月，而在欧洲度过剩下的五个月。1939 年之前，我一直保持这种生活模式。虽然在欧洲的生活能使我从美国繁忙事务的紧张和压力中立即解脱出来，但亦称不上度假。我仍然在工作，并始终保持和公司的联系。同时，我也在欧洲国家尝试开展多种商业活动。

1927 年，父母和我一起到了欧洲。我们上次一起去欧洲的时间还是在 1909 年和 1914 年，我们都惊叹于欧洲发生的巨大变化，那也是我挚爱的父母亲最后一次游历欧洲。父亲忠诚的贴身随从，日本人弗兰克·驹井(Frank Komai)一直跟着我们。弗兰克向来寡言少语，对关于这次旅行的印象，他同样保持着不可思议的沉默。我们在伦敦待了两周，巴黎一周，然后去了斯特拉斯堡、巴登巴登和因斯布鲁克。到达威尼斯后，我们乘坐平底船去皇家丹涅尔利大酒店，正是这个时候，弗兰克·驹井作出了第一次也是唯一一次关于欧洲的评论。在威尼斯运河上，弗兰克惊奇地望着周围的一切，公布了他的结论："我认为这是个好玩的地方，和日本一点都不像。"

8 月，父母和弗兰克·驹井回到美国，而我则留在巴黎。我在圣迪迪埃大街 12

号租了一个房间。作为离过两次婚的单身汉的房间，可谓再适合不过了。我觉得此处我对房间的描述非常恰当，不仅描述了房间，还暗含了它的服务对象。

接着我决定把这个公寓作为一个根据地，出去旅旅游。于是我去了维也纳……

12 屡次被同一块石头绊倒。

和我 1913 年看到的维也纳相比，1928 年的维也纳早已今非昔比，变化大得让人难以相认，昔日奥匈帝国首都的繁华景象早已随风飘零。和很多居住在英国和法国的朋友一样，我在维也纳的朋友也销声匿迹了。很多人死于战争，有些人直接就人间蒸发了。不过，维也纳还保存着些许愉悦的痕迹，像我居住的"格兰德大酒店"，其服务、美酒和装修都比战争前要考究得多。

一天晚上，我在宾馆的饭店用餐时，看到两个年轻女郎和一对年长的夫妇正在用餐。两个女孩都非常迷人，其中一个淡黄色头发的金发女郎，更是夺人心魄，我的眼睛落到她身上，便无法移开。我给服务员一些小费，很快，服务员回来告诉我她是艾道芬·海姆尔(Adolphine Helmle)小姐，年长的夫妇是她的父母。另一个女孩是她的朋友，是和海姆尔一道来维也纳的。艾道芬的父亲奥托·海姆尔(Otto Helmle)博士是位工程师，是位于德国城市卡尔斯鲁厄的巴登工业中心的负责人。他此行到维也纳是为了参加一个工程方面的会议。

我看着他们吃完饭，走上电梯。艾道芬身材出众，高 1.78 米，她面容俊秀，浑身散发着生机和活力。两天后发生的事情还是让艾道芬来告诉大家吧。顺便说一下，她喜欢别人叫她的昵称"芬妮"(Fini)。

我和我的朋友住在一个房间。有天晚上，服务员拿来一张名片，告诉我们有位保罗·盖蒂先生邀请我们到楼下。我和我的朋友那时 18 岁，这是成年后的第一次出国旅行，我们很感兴趣。我们对我父母撒谎说头痛，说要睡觉了，随后我们在写字间见到了盖蒂先生。

他邀请我们去用餐，我欣然接受，应允时我都不敢正视我的朋友，我们可是刚吃过饭呢。他点了饭店最贵的食品和美酒。吃完所有东西，我真的感觉头疼了。我和朋友回到了房间。刚进了房间不久，服务员就过来敲门，说："小姐，这是你的账单。"

我非常气愤。不过我还是用当天我父母给我买衣服的钱付了费。第二天下午，保罗在大厅里见到我，和我说话，我认定他是个骗子，没有搭理他。随后他才发现服务员犯了很愚蠢的错误，把账单拿到了我的房间。事实上，他已经告诉领班把用餐的费用算到他的住宿费上了，服务员重复计费了。宾馆的工作人员把钱退还给我，经理还一个劲地给我赔不是。误解得以消除，我感觉非常有意思。

我的心完全被芬妮俘获了。不久，她把我介绍给她的父母，告诉他们我们想结婚。她的父母非常反对。海姆尔博士对此极为不满，他说我都36岁了，是他女儿年龄的两倍。另外，他还有点德国沙文主义，不想让女儿离开德国嫁给美国人。

芬妮竭力反抗他父亲的强制命令。1928年10月，我和前妻艾琳得到了最后的离婚判决。我设法让芬妮和我在古巴的哈瓦那见了面，不顾她父母的反对，我们在那里结婚了。一起度过了长达四个月的蜜月后，我把她带到了南加州。

我的业务又开始繁忙起来。芬妮只能说一点英语，而我也不想让她单独待在一个陌生的异国环境里。综合以上因素，刚开始时我们和父母住在了一起。我的父母都很喜欢芬妮，相处得很愉快。我母亲认为我最终找到了能配得上我的妻子。她有时候甚至承认，或许我和芬妮之间的年龄差异根本不是问题。

"保罗的父母待我像亲生女儿一样，"芬妮公开宣布，"我爱他们，我相信他们也爱我。"

可是芬妮的父母对我的态度却截然不同，他们没有对我表现出任何相似的感情。女儿违背命令远嫁他乡，这让他们日益怨恨。芬妮不断受到来自她父母的信件的狂轰滥炸。需要记住的是，她是在德国长大的，对那里的孩子特别是女孩来说，父亲的命令就是金科玉律，不容违背。

我认为海姆尔作为父亲施加的压力，是导致我们婚姻瓦解的真正原因。1929年芬妮怀孕了，海姆尔博士坚持让他的女儿回德国生孩子。在他眼里，芬妮只是他的女儿，而完全忽视了她还是我的妻子这个角色。这时，芬妮表现出的对婚姻的忠诚，连同她的神经一起崩溃了。她认为她曾经背叛了父母，现在还在背叛着父母，最后我的妻子宣布她希望我们都回到德国去。

那时，我的生意正处于关键时期。我必须处理好手头几件重要的事情之后，才能离开。于是芬妮说她先走，我随后尽快地跟到德国。1929年夏末，她坐船离开了。10月中旬，我处理了最棘手的几件事情后，去了纽约。我10月23日到达纽约时，华尔街的金融危机爆发了，我需要为我的经纪人和律师作出下一步行动的计划，因此我的德国之行被推迟了。一切就绪后，我乘船去了德国。

当芬妮在柏林生下我们孩子的时候，我在她身边。我们给儿子取名罗纳德(Ronald)，很快我们又给他起了个昵名罗尼(Ronnie)。可是我第二次做父亲的喜悦，被奥托·海姆尔严厉、强硬的最后通牒彻底打破了。我要么和儿子、芬妮永远住在德国，要么必须离婚。我拼命地努力，希望能够找出折中的方案。1930年4月22日，我收到电报，我的父亲又一次中风，情况危急。

1930年，那时还没有跨越大西洋的航班，我第一时间坐上了船，通过电报，我得知父亲的情况一天比一天严重。我到达纽约时，碰上了恶劣的天气，美国国内的航班都无法正常起飞。我便乘坐最快的火车到达洛杉矶，及时地见到了父亲。30天后，他与世长辞了，这是我有生以来遭受的最大损失和最沉重的打击。我一边啜饮着痛苦，安慰着悲伤的母亲，另一边还要和政府的税务代理人周旋。我不知道他们是否意识到，他们的行为是多么残忍，父亲的葬礼刚刚结束，尸骨未寒，他们便大摇大摆地进来，催促进行什么"不动产估价"，来征收遗产税。

到了20年代末，很显然无论做什么，都无法拯救我的第三次婚姻。奥托·海姆尔博士以芬妮的名义，和他的律师进行了非常周密的安排，向我提出了离婚诉讼。以德国人特有的做事方式来看，海姆尔的行为无可非议，他表现得非常强硬，精明地讨价还价。很执著地为他的女儿索要了一大笔离婚费用。1932年8月，这场离婚大战才宣告结束。

芬妮终生没有再婚，我们一直保持着密切联系和友好的朋友关系。她经常来看我。上次她来萨顿宫是在1974年。讽刺的是，后来芬妮在南加州生活了很久。我相信如果不是海姆尔博士强加干涉，我们不会是现在的样子。

科尼利厄斯·范德比尔特[①]在经历了六次婚姻后，他说："在我看来，像我们这样经历过多次婚姻的人都是理想主义者，是浪漫主义者，是对理想的幸福生活不懈的追求者，正是这些指引着我们的生命。"

哦，也许吧。可他的话在我看来不仅有点为自己辩护的意味，还有些自命不凡。就我而言，我感觉自己的婚姻就违背了西塞罗的名言："被同一块石头绊倒两次，简直是奇耻大辱。"而我却有些一意孤行，屡次被同一块石头绊倒。

1932年12月2日，我和安·洛克(Ann Rork)在墨西哥结婚。那年我40岁，安恰好是我年龄的一半。她的父亲山姆·洛克(Sam Rork)是好莱坞著名编导，正是他把克拉拉·鲍捧成了如日中天的一线女星。安活泼可爱，有着浅黑色的皮肤。她梦想着有一天成为一名女演员。

我们住在我在加州建的海滨别墅里，有一段时间，我们相处得很愉快。安生下了我的第三个儿子尤金·保罗(Eugene Paul)，后来他把自己的名字改成了小保罗·盖蒂(J. Paul Getty Jr.)。我们生活得很幸福，可这时我的生意却再一次成了婚姻生活的障碍。安抱怨说我经常不回家，她说我已经很富有了，为什么还要工作。后来我们生下了另一个儿子戈登(Gordon)。戈登出生后，安坐不住了，她想做一名演员，想拥有自己的事业。我们的摩擦日益增加，关系也迅速恶化。

安提出了离婚。就像她后来说的一样，离婚诉讼"令人懊恼"。如果让我来描述这次离婚，我会用感情色彩更强烈的词。不过，陈年旧事皆已化作过往云烟，我又何必呢？我只想说，这次离婚面临的问题和困难比前几次都要多。回头想想，我感觉那些吵闹、要求、索赔，以及大肆的宣传报道都不是安的所作所为，责任在于安所雇用的法律代理人。一些抱着明星梦的演员向安推荐了一些法律代理人并说服安雇用他们。在这些演员眼里，任何事件，哪怕是离婚，都是最大化地吸引人们眼球的好机会，这样才能达到最好、最广泛的宣传效果。

这样，在1935年，我又一次成了单身汉，一个离异四次的单身汉。我的结婚狂热本应该永远消退，事实却并非如此。因为生意的原因，我搬到了纽约并打算逗留很长一段时间。我从弗雷德里克·盖斯特(Frederick A. Guest)夫人那里租了一套顶层公寓。

贝琪·比顿(Betsy Beaton)在纽约是一名很成功的舞台演员。几年前她在好莱坞的时

[①] 科尼利厄斯·范德比尔特(Cornelius Vanderbilt Jr.)：作家，报刊发行人。来自美国历史上最著名、最显赫的家族。译者注。

候，我就认识她，并经常和她约会。她的父亲比顿(K. C. Beaton)是著名作家和一家辛迪加报纸的专栏作者。我搬到我新租的公寓时，比顿恰好在主演一出戏。我给她打电话，让她方便的时候来玩，来看看盖斯特夫人用大量的古董装饰的房间。

一天下午，比顿来了，还带了她的密友露易丝•达德利•林奇(Louise Dudley Lynch)。她是伯纳德•巴鲁克(Bernard Baruch)的侄女。我一看到露易丝，第一感觉就是，这就是我想要的女孩。她长着褐色的头发，高贵端庄，秀外慧中，极具魅力。我很快发现她还有着超群的智慧。露易丝是最早被当时的报纸称为"社交女歌后"的名人之一，她的大名被收集在当地的"社会名人录"中。她颇有才华，在入会限制非常严格的高端俱乐部唱歌。

她的音域非常宽广，可以从女低音唱到华彩女高音，她的梦想是成为一名歌剧演唱家。她的才华得到了尤金妮•列昂托维奇(Eugenie Leontovich)和艾梅丽塔•嘉丽-库契(Amelita Galli-Curc)的赏识，他们推荐她去上歌剧课。

虽然她与亿万富豪伯纳德•巴鲁克是亲戚，却不意味着她本人的富有。巴鲁克让她这边的家庭自谋生路。她做歌手的收入每周只有四位数。我提出资助她求学，不过这钱是借给她的，等到以后赚了钱再还给我。

不幸的是，有些所谓的专家还有其他一些人认为，作为一个歌剧演唱家，她的名字露易丝•林奇不够有特色，并说服她改了一个更"专业"的名字西奥多拉•林奇(Theodora Lynch)，专家们说这样听起来更"古典"一些，还举出一些例子，恩里科•卡鲁索的原名是埃里科，罗萨•庞塞尔[①]刚出道时的名字是罗萨•庞兹罗，改名后就混得风生水起了。露易丝最终同意了，不过她提出除了演唱会和对外的宣传活动外，她更喜欢大家叫她泰蒂(Teddy)，这是她的朋友对她的昵称，在本书中我也会叫她泰蒂。

泰蒂先去了伦敦，师从于布兰奇•马凯西[②]。后来又去了罗马，学习更有难度的课程。在那里，她还是一名记者，为纽约《先驱论坛报》撰稿。

那时，我无可救药地爱上了她。我随着泰蒂到了罗马。

1939年11月4日，我的日记是这样写的：

泰蒂和我今天中午举行了婚礼，婚礼是在坎皮多利奥山丘的一个宫殿式的房间举

[①] 恩里科•卡鲁索(Enrico Caruso)、罗萨•庞塞尔(Rosa Ponsell)都是著名的歌唱家。译者注。
[②] 布兰奇•马凯西(Blanche Marchesi)：法国著名女高音歌唱家，声乐指导。译者注。

行的，非常浪漫。

当时"二战"爆发了，不过意大利仍然保持中立。我回到了美国，泰蒂决定留在意大利，继续她的学业。直到1942年6月1日，她才回到美国。在这期间，意大利法西斯认为她有间谍嫌疑，将她逮捕并囚禁了一段时间。泰蒂最终被遣返，乘坐瑞典格丽斯泊斯赫姆号游轮回国，同时被遣返的还有一批意大利对美国宣战时遭到囚禁的美国外交官。

我们结婚时泰蒂23岁，我43岁，又是20岁的年龄差。就像我的表兄哈尔·西摩(Hal Seymour)所说，我对结婚双方的年龄差异始终保持一致。

我们的孩子蒂莫西(Timothy)出生于1946年6月6日，我们昵称他蒂米(Timmy)。那时候我已经53岁了，我的前妻们给我生了四个儿子，但这次又为人父，我还是非常欣喜和骄傲的。泰蒂曾经说过："直到蒂米出生，保罗才真正理解了父亲这个角色。"很可能这是她的个人感觉，但不可否认，相比我前四个儿子小时候，我对蒂米倾注了更多的感情。

泰蒂和我很开心。有时我想，我终于获得了一份长久的婚姻，可是问题却偏偏在这时开始产生了。第一个摩擦产生的主要原因是，我坚持留在美国俄克拉荷马州的塔尔萨，那时史巴特飞行公司正在向和平时期的生产转型。

用泰蒂的话说："保罗是个好丈夫、好父亲，可他最爱的是他的生意。一有了新的生意，他就按捺不住了。"

史巴特飞行公司根本不是什么新的生意。我只是想着我在战争期间建立的工厂，能够在和平时期发展壮大。对于帮助我建立工厂的人们，我也有一种使命感。可是，这样的解释却很难让我的妻子、我孩子的母亲满意。

这时，泰蒂渴望继续她的事业。她不断出现在音乐会、独唱会、歌剧、电影中。我想事业上的兴趣冲突是造成我们的婚姻难以为继的又一原因。

事实证明，盖蒂石油公司在中东"中立区"进行的勘测和发现活动，成了我们婚姻最后的"致命一击"。我拥有的是一家跨国企业，为了有效地监管公司，我必须在美国和中东中间找一个位置长期驻扎。1951年，我去了欧洲，并感觉我可能需要在那里待一段时间。泰蒂和蒂米跟随我在那里住了一段时间。后来，泰蒂以她和蒂米的名义，向我发出了最后通牒，听上去也合情合理。

"蒂米是个美国人,他应该在美国长大,我也应该回到美国,在美国生活。和我们一起回家吧。"

"没有别的选择了?"我问道。

"恐怕是的,保罗。"泰蒂点点头。

1957年,泰蒂得到了临时判决。第二年,最终判决生效。于是,我的第五次婚姻,和前四次一样,也结束了。我在婚姻生活中又一次败北。

不过,我和泰蒂离婚后,成了很好的朋友,一直保持联系。我写下这些文字的时候,正在等待她几周后到萨顿宫来看我。

最后我说这些也算是为自己辩护吧。我没有主动和我的任何一个妻子离婚,也从来没有要求或提出离婚,或者提交离婚诉讼。婚姻契约对于我,就像生意上的契约一样具有约束力,而遵守契约是我的一贯原则。只不过,我的妻子们最后总是动用契约的免责条款。

一纸婚约比任何事情都能更快、更彻底地摧毁男人和女人之间的关系,这看起来千真万确。结婚前,很多人就像匆匆忙忙在赶飞机,一旦登机,他们就变成了乘客,坐在那里一动不动。

一个朋友曾经对我说:"保罗,你基本上是一个道德主义者,要不然你不会结五次婚。"他的话也许有些道理,那么那些我认识最后却没有和我结婚的女人算什么呢?

即使如此,有五个妻子也不完全是错事。她们中的一位和我离婚后说:"保罗,你适合做很好的朋友,可不适合当老公。"

从某些方面说,我想我是幸运的,比我认识的大多数离婚的男人都幸运。因为婚约被撕破后,我和我的前妻们又重新成为朋友。

12, Boulevard des Capucines

Paris, le June 26, 1927

Hello Infant,

Here we are in le beau Paris. We got here yesterday evening, motored from London to Dover in the morning, had a nice crossing and took the Golden Arrow from Calais to here. It is the fastest train in the world, makes the 200 miles in 3 hours. Paris looks wonderful and to-day was the busiest day of the year — the Grand Prix at Longchamps.

My parents are enjoying themselves very much but I would like it much better if you were here. I suppose you are just about thru school now and will soon be enjoying your vacation. Do take good care of yourself and Beanie and don't see too much of your friend.

I am homesick for L.A. and wish I were back this minute and you and I were at the beach together, but I am

1. 饱受思乡之情困扰的盖蒂写给妻子艾琳的信

2. 盖蒂的第一任妻子珍妮特·德蒙特

3. 盖蒂的第二任妻子艾琳·阿什比和她的宠物狗

4. 盖蒂的第三任妻子艾道芬·海姆尔

5. 盖蒂的第四任妻子，演员安·洛克

6. 盖蒂的第五任妻子露易丝·达德利·林奇（泰蒂）及他们的孩子蒂米。蒂米在12岁时因病夭折

13　男女有别？

我，保罗·盖蒂，在此庄严宣誓：

我不是同性恋，更非阉人，亦没有发过所谓的坚守贞洁的誓言。

和女性在一起总是使我身心欢愉，我也和很多女性建立了深厚、持久的友谊。

女性应享受和男性同等之权利和公民的其他不可剥夺之特权，我会响应号召，为实现这一目标而战斗到底。

但是……

最近这些年，全球掀起了女权运动的高潮，即众所周知的女性解放运动。这场运动吸引了全球数以百万的追随者。其中，既有疯狂的极端主义者，亦有诸如伊朗国王的孪生妹妹阿什拉芙·巴列维 (Ashraf Pahlavi) 为代表的最智慧、最理性的女性，可见支持者范围之广。我和阿什拉芙公主相识数载，私交甚笃，我发现她是一个完全的女性主义者，同时又拥有超群的智慧。

阿什拉芙公主已成为积极推动女权运动的重要力量。在 1975 年的国际妇女年的筹备委员会中，她担任咨询委员会主席，为尊重起见，我们最好叫她咨询委员会女主席。她率领伊朗代表团参加联合国举办的关于女性在社会中扮演的角色的主题会议。1975 年 6 月，她接受了美国《新闻周刊》(Newsweek Magazine) 的采访。虽然我非常喜欢和仰慕公主本人，可看到她接受采访时的言论，我还是有点心惊肉跳。

"在这个去殖民地化的年代，女性是男性帝国主义仅存的最后一块殖民地！"

"老天！还真敢说！"我禁不住这样想。一幅幅荷枪实弹的女权主义圣斗士的形象争相涌入我的脑海。我紧张地看了看书房的门，有那么一会儿，我甚至在想，有没有可能，我深为信任的左膀右臂，我的助手芭芭拉•华莱士夫人(Barbara Wallace)和伊莱恩•麦立士夫人(Elaine Mellish)，会穿着迷彩作战服，挥舞着机关枪冲进来。克制住内心的紧张情绪，我继续往下读。

"我对于两性之间的战争毫无兴趣。"阿什拉芙公主如是说，"在争取平等权利的战斗中，我们需要男性的支持。男人和女人谁都离不开谁。"

看到这里，我心方释然。想到我的朋友，可爱而又颇具魅力风范的阿什拉芙公主，带领着一队人马在这场两性之间的战争中冲锋陷阵的情景，任何男性可能都会心生敬畏。想到女性从此以后抛弃男性独自闯荡生活，更让男人痛心疾首。为了安全起见，我决定在我的恐惧感消失之前，尊称华莱士夫人和梅利什夫人为"小姐"，要知道以前我可是一直对她们直呼其名呢。

我必须承认，从很多方面来看我更像个19世纪的男人，而我的妻子都是20世纪的现代女性，这种时代的差异最终是我的婚姻成为一场场灾难的根源。我非常同意亨利•里顿(Henry Litton)和我聊天时曾说的话，那时他已经是个100多岁的老人了。

"你怎么看待现代女性？"我问亨利。

"我很仰慕她们，"他说，"不过我总感觉她们缺了点什么。我年轻的时侯，大家对女士很尊重，看到女士时，男士通常要行脱帽礼。那时候女性要比现在更受尊重，这对我们的社会发展很有正面价值。"

无论是从影响力、社会角色、社会对其的尊重程度以及自身的身份认同，我认为一个世纪前，女性享受的地位要更高，她们要比现在更多地享受真正的平等待遇，地位更高、更有身份感。当然，那时候有阶级差异，并不是所有的女性都能成为"女士"，但当时也并非所有的男性都能尊为"绅士"。那时候男女之间的不平等、不公正的现象主要和经济状况、等级制度相关，和个人的性别没有太大的关系。

不过，不论我们喜欢与否，男人和女人在性格、脾气、情感和情感反应上并非完全一致。顺便一提，我认为男女之间在体力和耐力方面不会有巨大的差别。比如在俄国，还有其他一些地方，我看到很多女性很轻松地从事着最繁重、最折磨人的体力活。在俄国等国家，有些女性，我想可能比伦敦、纽约、慕尼黑、巴黎等地方最结实最粗壮的警察还要孔武有力。

我认为两性之间最根本、最有决定性的差异在于其他方面。总的来说，根据我的观察，男人偏客观思维，女人偏主观思维，尤其在涉及性格等因素时，这点表现得尤为明显。假设约翰和玛丽是同事，他们见到了新同事汤姆。

约翰很可能说："汤姆似乎对他的工作很了解。"

玛丽则很有可能说："他人不错。"

如果你问一个男人一个问题，他一般会关注问题本身。这个道理可以用古代一个老掉牙的故事来解释。如果你问一个男人做饭用的牛排是从哪儿来的。他会说："从当地的屠户琼斯那儿买的。"如果你问一个女人同样的问题，她很可能追问："怎么了，有什么问题吗？"

我的本性就是这样，我能高度集中于眼前的事情，一旦集中，注意力就不会被轻易地分散。几年前，有个特别漂亮的姑娘知道我下午要去参观华莱士收藏馆，就央求我带她同去，我拒绝了她，很有礼貌但态度坚决。

"为什么呢？"她撅着嘴说。

"坦率地说，你有点被惯坏了。"我告诉她，"如果我带你一起去，你肯定希望我更关注你，而不是关注收藏品。你就会和藏品竞争，尽量多地争取我的注意力。展品赢了，你会不高兴，你赢了，我会不高兴，我会感觉一下午都浪费掉了。"

之后的好几个星期，她都拒绝和我说话。这件事情也让我认识到女性的另一个普遍特性：女性都有着非凡的记忆力。如果男人给她们许下了诺言却没有付诸实践，女人会怀恨在心，久久不能忘怀。有时候是男人真的许下了诺言，有时候是女人自以为男人许下了诺言。因此，谨慎的男人一定要注意自己的言行，随意的许诺不会给你带来什么好处。

我认识一对夫妇，男的叫鲍勃，女的叫海伦。他们虽然没有结婚，却在一起心满意足地生活了很多年。最近他们拜访我，谈论到这个话题。鲍勃满脸坏笑，朝海伦点了点头。

"我们给你举一个非常好的例子。"他嘿嘿地笑着说，"四年前一个周六的晚上，我心情很不错，就告诉海伦我们第二天去她喜欢的宾馆餐厅用早午餐。可是周日的早上，我们起晚了，还下了大雨，于是我宣布我们要待在家里。为此，海伦很生气，几个月都不能释怀……"

"我还在生气！"海伦打断他，"你答应过我的。"海伦一本正经地说。

鲍勃只能哼哈应对。

我领导史巴特飞行公司时，公司共有5500名工人，其中1/3是女性，她们高效、认真负责，对企业也很忠诚。很多时间我都待在工厂里，对工厂的操作运行进行监督，这样就有大量的机会观察男女工人之间的差异。

我很惊奇地发现，女性会非常坦诚地承认自己的能力和不足。如果你让她们做超出能力和经验之外的事情，她们通常会坦率地承认自己干不了，并请人教她们或示范给她们看，男人却不是。男人不会承认他们不知道或者不称职，即使无法胜任工作，他们也会自欺欺人地满口答应下来，结果却错误频出，最终付出高昂的代价。

男性和女性对待批评的态度却又反了过来。男性员工能够实事求是地接受对他们工作的批评，而不会对某个人心存芥蒂。女性却不能正确对待批评，她们几乎毫无例外地认为批评是完全针对她们个人而来的。她们会满眼噙泪，有时会嚎啕大哭，狂奔到卫生间。之后，她们会郁闷好几个小时、好几天，甚至会辞职一走了之。

女性解放论者无疑会给我贴上男性沙文主义者的标签，可这的确是我的切身感受。修辞和辩证法不能改变我从个人的观察和经验中得到的体会。同时，在这里，我要澄清，我所说的，并不是为了贬低女性，或者暗示她们不如男性。我只是想从理性的角度，对于造成男女不同角色和关系的原因，提出我个人现实主义的观点，并对这个问题的探讨作出我个人的微不足道的贡献。

男人有男人的缺点、毛病和弱项，而女人也有女人的不足，不能说孰好孰坏。没有哪个性别是完美的，可以称得上美德的典范。从这种意义上讲，男性和女性是平等的。

我的婚姻可以说是一本教科书。我有一箩筐的男性缺点，从这方面看，我绝非理想丈夫。我没有把精力放在家庭生活上，而是把更多的时间和精力放在石油钻井和争夺石油的代理权上。在家庭生活中，我也像在生意上一样独断专行。我是个急性子，说话生硬唐突。我会忘记生日、纪念日、晚餐约会。虽然我没有刻意和别的女性约会，和很多男人一样，我也有自己的原则，而这种行为对老婆来说简直是诅咒。我有很多关系不错的女性朋友，我认为不能单单因为我结婚了，就要刻意避开这些女性朋友。

我想以上几点坦白就足以让女性审判团立即判决我有罪，并会判以火刑处死，立即执行！

被定罪的男人可以说些什么来获得减刑吗？

我过于专注于事业，这让我的每一任妻子都充满妒忌，心怀不满。可是我从来没有见过我的哪一个妻子明确地表示过对此深恶痛绝。也许我在婚姻中一直处于"失聪"状态,这可以解释我从来没有听到我的妻子这样建议:"保罗,别工作了,我们可以不要仆人和汽车。搬到小公寓去吧,我们不需要住这么大的房子。"

我需要支付抚养费,这可不单单是指子女抚养费啊。

我在好莱坞有幸结识的约翰·巴里摩[①],向我讲述了他的离婚诉讼经历。为了离婚,他支付了天文数字的抚养费。他对吉恩·福勒[②]说的话很尖酸也很经典。

"我知道男人需要付'吹笛手'的费用,可凭什么我要付整个'交响乐团'的费用啊?"

回首过去的岁月和我的五次离婚经历,我能想出几百万个理由,来支持约翰·巴里摩的观点。

我想起希腊船王亚里士多德·奥纳西斯的经历。1954年,阿里告诉我,为了拥有他的著名游艇克里斯蒂娜号,他每月需要支付三万美元的费用,也就是说每年要支付高达36万美元的费用。保守推测,到了1975年,他需要支付的费用至少要翻番,大约每年75万美元。根据公开的报告,阿里去世后,留给他的遗孀杰奎琳·奥纳西斯[③]的遗产是每年25万美元的费用,和克里斯蒂娜号一半的拥有权。想想阿里的幽默感……

然而,成功的商人和以成功为目标的商人,面对女性、妻子和性时都有个人独特的方式,同时存在不同的问题,长久以来这一直是个争议不断、充斥着各种臆想和猜测的话题。鉴于我过去60多年的感情经历,我相信,我有足够的资格发表一下我个人的见解。

---

① 约翰·巴里摩(John Barrymore):20世纪三四十年代美国最受尊敬的电影明星之一。译者注。
② 吉恩·福勒(Gene Fowler):美国记者,作家,剧作家。译者注。
③ 杰奎琳·奥纳西斯(Jacqueline Onassis):美国总统肯尼迪之妻,后嫁给希腊船王亚里士多德·奥纳西斯。译者注。

14 痛定思痛，关于婚姻的个人见解。

著名的精神分析大师西格蒙德·弗洛伊德的追随者对商人和企业家总是吹毛求疵，他们给商人和企业家贴上了"经济人"的标签，在他们眼里，商人和企业家就是"异类"。弗洛伊德的追捧者们认为，经济人压抑了正常的性爱冲动，转化成谋取资本的欲望，达到性欲的"升华作用"[①]。

我从来没有感觉到有需要去做心理治疗的冲动，也无法得到第一手的资料，弗洛伊德学派究竟从商人的潜意识里得到了什么启示，才得出了上述结论。然而，我从来都没有发现我的"资本主义精神"和我的"性爱冲动"之间有什么瓜葛。我一生中认识很多商人和企业家，我也从来没有发现他们追求成功的欲望和性欲之间有什么明显的关联。有些商人性欲旺盛，有些商人性欲一般，还有些商人则毫无性趣。

当然，精神学关于性欲和追求成功的欲望的理论分析层出不穷。西奥多·莱克(Theodore Reik)所持的观点与弗洛伊德学派完全相反，他宣称："原始的性欲无法转化成升华作用"。阿德勒学派则认为，"生命中最强大的驱动力"根本不是性，而是"权力的欲望"[②]。阿德勒学派的领军人物苏菲·拉扎斯菲尔德(Sofie Lazarsfeld)博士曾经这样写道：

[①] 弗洛伊德的经典精神分析理论认为，性能量是创造的源泉。当性能量得不到合理宣泄时，就会转化成艺术灵感、创作冲动、工作热情等，这就是升华作用。译者注。

[②] 阿弗雷德·阿德勒(Alfred Adler, 1870~1937)：现代著名的精神分析学者，也是"个体心理学"的创始者。其学说以"自卑感"与"创造性自我"为中心，并强调"社会意识"。译者注。

能否对个人的命运进行调整使之适应社会的需要，主要取决于个人的勇气。如果个人能成功调整，就会获得精神的健康和平衡，个人能力也会得到最大限度的发挥，完成人生在社会、性欲、职业三个方面的使命。

拉扎斯菲尔德还进一步阐明"人类的所有行为在很大程度上决定于个人是否准备好为行为承担责任，或者取决于个体是否有一种焦虑感，这种焦虑感促使他逃避责任，或将责任推塞于他人或者归咎于一些个人无法控制的因素"。

我认为成功的商人必须为自己的行为负责，他们也做到了这一点。出了问题就把原因归咎于他人或其他事物而不在自身找原因，这是平庸的表现，也是彻头彻尾的失败，这也是有些人沦为平庸之辈或失败者的原因。

心理学家试图用"压抑""升华作用""补偿心理"以及其他一些性导向理论，来阐述个人追求、实现或获得成功的驱动力。通过我的生活阅历，我感觉这些理论很可笑。"精神病学假说"的复杂理论让我想起了古代的滑稽喜剧。大幕拉开，两个工程师站在一个巨大无比的木箱子面前，他们用计算尺量来量去，嘴里还念念有词，试图想出把木箱搬走的最好的办法。一个说要用斜面、滚轴和卡车，另一个则坚持说要用吊车，无法达成统一意见，为了说服对方，他们喋喋不休地念叨着物理定律和代数方程。这时，一个穿工装的人从容走上舞台。他轻蔑地看了工程师一眼，随手拿起木箱，放在舞台一侧。

"箱子是空的。"他耸耸肩说。

这个小喜剧可能仅仅为了博人一笑，但它还具有适用于我们今天讨论的话题的更深一层的寓意。那些通过教条主义理论武装的高度专业化的心理学家，往往一叶障目，对那些显而易见的事实却往往一无所知。无论人类追求成功的欲望背后有多少性欲的驱动，这其实是个非常简单的初级水准的问题。

雄性企鹅会把闪闪发光的鹅卵石放在雌性企鹅的面前；正是为了夏娃，亚当才津津有味地吃了苹果。在某种程度上，男人总是被一种欲望驱动，他们梦想着拥有女性，取悦女性、享受女性的表扬、爱情和忠诚。

现代女性不再提供"苹果"，她们享受着堆积如山的龙虾、菲力牛排、橘子黄油薄卷饼和海量的唐·培里侬香槟王。她们也不会满足于只在圣罗兰和卡地亚[①]的橱窗外

[①] 圣罗兰和卡地亚分别是世界著名的时尚品牌和珠宝品牌。译者注。

欣赏商品。

　　生意场上日复一日的压力的确"蚕食"着商人的私人和家庭生活，他们也因此付出了沉重的代价。女性，特别是作为妻子的女性，都希望自己在男人的心目中是第一位的。如果因为别的人或事而降到第二位，她们就会心存芥蒂。女人喜欢被人需要的感觉，嫁给成功商人的女性，这种情感的饥渴和需求很难得到满足。她们的丈夫看起来自给自足、独立自主，他们总是给人一种印象，似乎他们都有自己独立运转的、不受别人支配的个人世界。这种情况下，婚姻中不协调和不和谐的种子就会应运而生。

　　在我看来，与成功相比，女性更容易沉溺于失败的挫折感中。在我说出这个命题之前，我已经意识到了这么说可能承担什么风险。其实在某种程度上这是源于她们的美德。我斗胆猜测，其中部分是她们母性本能的体现，另一部分源于这样一个事实：在困难或拮据的环境中，女性更容易把自己当做完完全全的参与者。在她看来，她是在承担责任，通过承担责任，来作出有价值的贡献。如果嫁给一位成功人士或和一位成功人士交往，女人就很可能担心她只不过是个装饰性的附属品。

　　我婚姻内外的岁月和生活阅历教给我很多东西，唉，可惜都是些迟来的教训。我相信人生让我明白了：作为已婚商人如何避免事业的成功成为婚姻生活中的破坏性因素，以及作为未婚人士如何和异性朋友搞好关系，这是个可逆的公式，需要男女双方的通力配合。道理理解起来没那么难，但的的确确需要夫妻双方本着真诚的态度有意识地经营。

　　下面是我总结的七点，所有的企业家和商业人士都要谨记于心，并身体力行。

　　1.　不论自认为多么开明自由的女性，从骨子里来说还是女人。女人喜欢被关心被呵护，这是她们赖以生存的不二法宝。哪怕是一点点老套的殷勤，她们也会心怀感激的。只有被虐待狂才会喜欢形事草率、大喊大叫的男人。粗暴的态度只能让心理正常的女性心怀怨恨。

　　2.　绝不要让女人感觉她只是个花瓶，是男人的私有财产。这里需要重申一下，女人喜欢被需要的感觉，希望在婚姻双方关系中作出积极的贡献。一个满脑子都充斥着生意、数字和各种各样问题的男人很容易忽略这一点。男人如果真的犯下了这个错误，将对婚姻造成毁灭性的打击。

　　3.　很多商人，特别是我自己，往往抱怨时间不够用，处理不完手头的事情。的确如此，勤奋的商人总感觉没有足够的时间来处理生意上应该做、能够做的事情。但是，不论他怎么日理万机，事业上怎么风光无限，都要抽出时间来陪伴妻子和家人。这不仅能够保证婚姻生活的成功，更好地理解和引导孩子，还能增加个人性格的深度和广度。

4. 我本无意探讨"亲密婚姻手册"的话题，然而，性应该是双方愉悦满意的行为。身心俱疲的商人一回到家，便唐突要求、直奔主题，这是再愚蠢不过了。女人需要她的性伙伴的关注、爱护、耐心和丰富的想象力，而且她们"值得拥有"。就算当天下午一个百万元的单子落空了，就算明天早上需要签署至关重要的企业并购文件，商人都需要铭记这一点，不可造次。

5. 企业家习惯于助手接受他的各种情绪。而在家庭生活中，他如果希望妻子和助手一样唯命是从，那就会酿成灾难了。妻子不是助手，她有权控诉自己的不满。如果总是把妻子当下属对待，她很可能会尝试去做一点点的兼职，甚至一走了之。

6. 一般说来，大部分女性喜欢男人在两性关系中占据主导地位，至少是表面的主导地位。即便如此，如果一个男人长期对妻子颐指气使，剥夺她的个性，纵然是最有魅力的男人，也不会得到妻子长久的热爱和尊重。男人在生活中占主导地位是一码事，专横跋扈又是另一码事，这会毁了一段感情。

7. 我想每个男人都会经历这么一段过程，他们用数量来衡量性生活，骄傲地数着征服的次数，随着数量的增加他也开始心潮澎湃起来。最终，这种态度通过细腻的观察和感情而发生改变。而性爱的质量，不仅仅体现了对生理欢愉的追求，更体现了情感的升华和理性的满足，因此性爱的质量应该取代数量成为性生活的标准。

以上是我对待此事的一个方面的看法，同时我也有幸具备大量的机会看到问题的另一面。有一个古老的格言，虽年代久远却依然未失其内涵，它是这么说的：婚姻是个"60－40"的命题，夫妻双方各投入60，拿走40，重叠的部分保证了婚姻的安全系数。我发现，这一点尤其适用于丈夫是个成功的商人，或者是追求成功的商人的情况。没有人可以通过单方面的努力，获得一份天长地久的婚姻。男人需要妻子大量的帮助和配合。所有真诚地希望成为成功人士的配偶、并与其成功地生活下去的女性，能够考虑以下几点建议。

1. 女性朋友们千万不要被成功人士表面表现出的过度自信给误导了。有一条放之四海而皆准的定律：高处不胜寒。男人越接近高峰，其内心的孤独感就越强烈。商业伙伴和助手无法给他提供他需要的那种根植于心的温暖，只有他在意并且深爱的女人才能够给予，而且这个女人要同样在意他，深爱他，并且还要理解他。

2. 和成功人士一起生活，耐心是必不可少的。在办公室里他已习惯了别人对他唯命是从，有时候他会忘记他是在家里，会像在办公室一样发号施令。事后他也会感到后悔，可是因为俗务缠身，也可能是因为每天必须在办公室待上十多个小时，态度和方式一时转变不过来，不能及时道歉、改正。

3. 女性不要因为不去参加董事会议，就认为自己不能作出积极的贡献。女人对男人的恩爱、关心、理解和耐心都是至关重要的贡献，平静的、有建设意义的、合理化的建议同样如此。女人有着惊人的直觉，常常能够看到或者预见到男人看不到的东西。问题的关键是提建议的方式，一定要避免唠里唠叨。

4. "商人的妻子大都无所事事，百无聊赖"早已成为腐旧的想法。当今时代，头脑聪明，却找不到合适的事情做的女性，都是在为自己的懒惰开脱。整天吹毛求疵地抱怨"我无聊死了"的女人和精力旺盛、大脑飞速运转的男人是无法匹配的。

5. 如果丈夫不能准时回家吃饭，或者没有像她希望的那样，有足够多的时间陪伴她，妻子就烦恼抱怨，这是非常愚蠢的行为。相信我，商人开会开到半夜，往往是不得已而为之。他们更愿意待在家里，休息放松，陪妻子用餐。当然，每个男人都有自己的忍耐限度。如果妻子对丈夫总是控诉、百般指责，丈夫或许决定也可以尝试一下游戏婚姻，这也无可厚非。

6. 女人应该意识到，成功的商人本质上是创造性的人才，和所有创造性的人才一样，商人有时候也会情绪化。从这方面来说，我一直都弄不明白，为什么有些女人可以膜拜一个将来有可能成为画家的人，接受他的粗暴无礼、乱发脾气，却无法接受银行家、建筑承包商偶尔的小脾气，非要闹个鸡犬不宁呢？

社会心理学家约翰·汉姆菲尔(John K. Hemphill)宣称："领导是个人引导群体活动以达到共同目标的行为。"

斯普洛特教授(W. J. H. Sprott)这样写道："每个人都对食物、饮水、自我保护和性满足有生理需求，并渴望这些需求能得到满足，或者渴望获得一种能满足上述需求的方式。"

上述两位的言论总结了一个理性的"经济人"的成功与性冲动背后的真实因素，这令我印象尤为深刻。无论弗洛伊德式的观点如何争论，任何成功的商人都并非异类，而是一个个有血有肉、实实在在的人。

15 我的孩子。

在别人眼里，丘吉尔的儿子伦道夫(Randolph)是个性格粗暴、落落寡合的人。作为他的朋友，我却从来没有这样的感觉。我每次见到他，他都谦谦有礼、和蔼可亲。可是，他自己也承认，作为伟人的儿子，他的人生注定多了几许坎坷。

有一次，伦道夫无比沮丧地告诉我："我认为恩里科·卡鲁索的儿子是优秀的男高音，大家都知道卡鲁索是历史上最伟大的男高音，于是总习惯拿儿子和父亲相比较。很自然，无论儿子唱得多么好，都无法和父亲媲美。我们是同命相怜人。"

我也面临着同样的窘境，只不过程度不及前者。我的父亲老乔治·盖蒂虽然不是(也未寻求过成为)高官，亦非名人，可在美国的石油领域却获得了极大的尊重和令人羡慕的名望。在我开拓事业的前20年，我深切感觉到石油领域的人总是拿我和我父亲相比，而不是根据我的品行进行判断。

的确，这对我起到了促进作用。达到乔治·盖蒂的标准成为我人生的动力和目标。我母亲去世后，我在日记中这样写道：

要配得上这两位优秀的父母是多么艰巨的任务。我已经尽力了，可是我还要百尺竿头，更进一步。

我在前文强调过父亲的影响和榜样对我的性格塑造起着至关重要的作用，然而，我对我儿子的生活却没有起到同等的作用和影响。当然，问题根源在于我失败的婚姻。离婚法庭在本质上在全世界并无二致。在五次离婚诉讼中，我的妻子们都是原告，她们满肚子苦水，于是法庭把儿子的监护权无一例外地判给了他们的母亲。我必须感谢为我生育过孩子的四个妻子，她们很大方，给了我充分的探视权。可是仅仅通过探视，在一起待几天，就想让成长中的孩子接受父亲的影响是远远不够的。

　　如果我努力把我和儿子的关系，经营成我父亲和我之间的关系一样，情况也许会大大不同。无论过去还是现在，我和儿子之间有着太多的事情，每当回忆起我和儿子之间发生的事情时，我总是心如刀绞。可我为什么偏偏选择去回忆呢？我想只有这么做，我才能澄清事实，把被媒体歪曲的版本还原成真相。对和我一样遇到类似问题的父母来说，应该也有一定借鉴意义。

　　我的长子乔治·盖蒂二世是我和我的第一任妻子珍妮特·德蒙特结婚不到一年的时候生的。当乔治还是婴儿的时候，我们就分道扬镳了。

　　我的第二任妻子艾琳·阿什比，没有给我生下一子半嗣。

　　我的第三任妻子艾道芬·芬妮·海姆尔，生下了我的第二个儿子罗纳德，我们叫他罗尼。

　　和芬妮离婚后，我迎娶了安·洛克。安为我生了两个儿子，一个叫尤金·保罗，即"帕比"(Pabby)，另一个叫戈登。

　　我和第五任妻子的婚姻，比前四位都要长久，结婚七年后，我的第五个儿子蒂莫西出生了，我们喜欢叫他蒂米。那年我已53岁。

　　从我的每个儿子出生的那一刻起，我就深爱着他们。

　　也许有人会认为一个离过五次婚、83岁的耄耋老人说出这样的话，是为了自我辩护，自我开脱，甚至有点虚情假意，我也预计到会面对这样的风险，但我还是要说出来。这些评价不能抹杀我说这些话的真诚，丝毫不能消减我这些发自肺腑的真实的感情，这是一个父亲的告白。

　　自然界有一个原则叫"补偿原则"——此处有所得，别处必有所失。人生亦是如此，总是得之东隅，失之桑榆。我是个恪守感情的人，长久以来从不轻易流露感情。这对我从事的生意和其他领域有很大帮助。可是这一点放在个人感情上，就是大大的失职了，这在我和前四个儿子的关系上表现得淋漓尽致。我感觉我特别难向我的儿子敞开心扉，给他们引导、示范，我总是感觉，探视结束后，他们又完全回到母亲的照顾和监护中了。

　　我在日记里则能够比较随意地表达和记录我的感情和感想。下面节选出来的琐碎片段，都是我个人感情的真情流露，我没有因为担心感情太过流露或者公开而有意克制自己的语言。总体而言，透过这些文字，读者也许能窥见一个父亲的真实感情、舐犊之爱。

1939年5月20日(洛杉矶)：我见到了乔治，他已经从翩翩少年长大成人。他高1.75米，重65公斤。

1939年7月8日(日内瓦)：我驱车到了罗尼的学校。学校位于科佩特附近，距离日内瓦有20公里。罗尼状态不错，看上去很开心，很喜欢学校生活，老师对他评价也很好，他们告诉我罗尼很聪明，性格也好。我带罗尼和芬妮去了博格斯酒店用午餐，随后去了夏蒙尼。

这次我和罗尼及他的母亲待了一周，7月14日才离开。几个月后，"二战"爆发了，他们离开欧洲，来到美国，在南加州定居下来。

1939年10月10日(洛杉矶)：我去了安的住处(安·洛克是我的第四任妻子，1935年和我离婚)，见到了帕比和戈登。感谢上帝，帕比和戈登都是很棒的孩子。

1939年10月23日(洛杉矶)：我在罗宾逊玩具店见到了安和孩子们，我们看到穿着唐老鸭服装的企鹅走来走去。帕比和戈登很开心，我给他们买了玩具。

1939年10月25日(洛杉矶)：我母亲在客厅里装饰着可爱的圣诞树和各种各样的礼物。我的四个儿子都过来看我了，我为他们骄傲。

1940年9月6日(洛杉矶)：我拜访了芬妮和罗尼，他还是那么聪明可爱。

1940年9月7日(洛杉矶)：下午6点的时候，去看了帕比。那天是他的8岁生日，他是个如此可爱的男孩。

1940年9月27日(洛杉矶)：我和安及我的两个亲爱的儿子一起用餐。

1940年12月1号(墨西哥城)：给洛杉矶打了电话，我四个亲爱的儿子一切都好。

1941年5月29日(洛杉矶)：我去了加利福尼亚军事学院，与帕比、戈登一起用餐后，我把他们带回家。莫兹戈上校是学校的校长，他对帕比和戈登给予了高度评价，我听了不禁心花怒放。

1941年6月27日(旧金山)：不知道为什么，我莫名地担心罗尼，就给芬妮打了电话。我和芬妮、罗尼通了话，他们一切都好。感谢上帝！

1941 年 9 月 13 日(洛杉矶)：我带帕比和戈登去看马戏表演。

1941 年 9 月 15 日(洛杉矶)：昨晚乔治来看我并和我度过了一晚。他告诉我他想做一名律师，我表示赞同。乔治非常成熟，才智出众，品格优秀。他是个很棒的年轻人，我希望他能够到家族企业工作。

1941 年 11 月 20 日(洛杉矶)：我带乔治到了雅典油田，在这个油田里，我开发了大量的产油井。我想这是去年 9 月的一个未了心愿，那时我决心引导乔治，看他有没有兴趣投身石油产业。

1943 年 1 月 25 日(塔尔萨)：我见到了乔治，和他待了很长时间。他没有辜负我的期望。我难以相信他已经 20 岁了。乔治急切地想投入到和轴心国的战斗中。他现在是陆战队的预备役士兵了，2 月 8 日后就要应征入伍。他大概要接受 13 周的基本训练，13 周的军校学习。他热爱并且擅长英语、历史和语言学习，我爱他，祈祷他能够平平安安。

1943 年 4 月 16 日(塔尔萨)：我见到了保罗和戈登。戈登创作了一首赞美黑人的诗歌，背诵给我听。保罗已经 11 岁了，重 40 公斤；戈登 10 岁，重 35 公斤。我的儿子们都是上天给我最大的恩赐。

1943 年 2 月乔治应征入伍，并被派往海外服役，担任步兵军官。对日战争胜利后，他又被安排到战争罪起诉团队工作，在部队里继续服务了将近两年。

"对那些发动罪恶战争、犯下恐怖暴行的人们必须追捕到案，严加惩罚。"乔治写信给我说，"不把这些恶人绳之以法，接受公正的审判，我不会考虑回家过平静的平民生活！"

1939 年，我在罗马迎娶了我的第五任妻子泰蒂·林奇。在前文，我已经讲过墨索里尼的法西斯分子怀疑泰蒂是间谍，将其逮捕，直到 1942 年才遣返到美国的事情。1946 年 6 月 6 日，泰蒂生下了我的第五个儿子蒂莫西，她住在我们在加利福尼亚的家里。那时正是史巴特飞行公司恢复和平时期生产的关键时期，所以我住在塔尔萨。我的日记有如下记载。

昨天早上 9 点，亲爱的泰蒂为我生下了儿子。他是七个月的早产儿，重 2.2 公斤。她生产的时候，我没能陪在她身边，心里特别愧疚。但她的预产期是 8 月，没想到早产了。和她通了话，我非常兴奋，送去了一大束玫瑰。

接着我乘火车火速赶往洛杉矶。四年前乘飞机从圣地安娜到塔尔萨惨痛的飞行经历，至今仍让我心有余悸，从此我便对飞行产生了一种深深的非理性的恐惧感，自那以后我就再也不敢乘飞机了。

到了洛杉矶后，泰蒂的医生告诉我一个令人无比心碎的消息：我的刚出生的儿子蒂莫西身体非常虚弱，并伴有其他并发症。我在日记中这样写道：

7月8日：我到医院去看我儿子。蒂莫西现在2.7公斤了，但患有贫血症，他的红血球数只有65。可怜的小人儿啊，他要度过一段艰难的时光。

7月10日：蒂莫西回到家里，他有两个护士。

7月13日：我陪泰蒂和蒂莫西回到医院，给蒂莫西输血。他的红血球数下降到47了。输完血后，蒂莫西脱离了危险，我们悬着的心才安定下来。

一个53岁的男人，又获得了一个新生命，真可谓是老蚌生珠。孩子的健康状况堪忧，这时我作为父亲的天性和保护欲被彻底地激发出来。有人说，蒂莫西是我的掌上明珠，我非常赞同，不过这并不会减少我对另外几个儿子的爱。也许泰蒂是对的，她说："直到蒂米出生，保罗才真正理解了父亲这个角色。"我们都对蒂米的健康状况感到担心和忧虑，但谁也未曾预见到12年后的那场悲剧。

我不止一次说过，我人生中很多重要的教训都是后来才参透的，其中不乏一些最基本的亦是我早就应该意识到的基本道理。做父亲的一定不要因为他是你儿子，就高估他的能力或对他期望过高。另外，父亲也不要要求儿子必须遵照自己的模式行事。

作为父亲，有必要对儿子进行客观现实的评估，如果儿子不能达到父亲的标准，父亲也要泰然处之。我想，我总是对生活中的这些事实视而不见，或者刻意逃避这些事实。我总是希望我的儿子们能够像我继承我父亲的事业一样，进入家族产业工作。如果你说我希望我的家族产业能够世代相传乃至千秋万代也无所谓，但我的确总是幻想着把我一手创建的事业传给我的儿子。这需要时间的考验，在我意识到我不能决定我儿子的事业和人生的方向这个道理之前，我经历了种种沮丧和失望。

我再一次回到了原点。如果我能够做到和我的儿子维持一种更亲近的关系，事情可能会大大不同。

那他们会怎样呢？

我偶尔会想，有时候我的妻子们可能也是屈服于一时的冲动，人非圣贤，这倒也无可厚非。我在前文讲过，她们对于我对事业的关注表现出强烈的不满和妒忌，这造成了我们之间的不和，并最终导致了离婚。很显然，我不知道也无从知道我的儿子对母亲离婚后的所感所想。然而，我按如下方式，猜测她们对我们婚姻的分析评价，应该能行得通：

"我知道保罗做起生意来是什么样子，我还知道他对生意的过分关注给他个人、我们和我们的婚姻都带来了什么！我不希望我的儿子成为他那样的人。"

我绝不是在控告或指责她们。我只是注意到很多离异的妻子竭力抚养和教育自己的孩子，想把孩子塑造成为完全不同于他们父亲的人。但这样的推测毫无意义。我最好还是只将范围控制在我了解的事实，以及哪怕是有一点证据支撑的情况内。

16 丧子之痛。

我要感谢我母亲敏锐的远见,我的儿子们都各得其所、各有所获,这甚至超过了我给他们提供的巨额资金。在我母亲的坚持下,我们共同创立的信托基金保证了他们的生活需要,我的儿子们也因此可以根据自己的爱好和倾向选择职业。

我的四个大一点的儿子都曾经尝试过进入家族产业,有两个儿子不久就放弃了。罗尼是个很好的商人,在他带领下,盖蒂公司德国分公司成绩斐然,这也很好地证明了他的能力,而他最终却选择了他钟爱的电影产业。几年前他去了好莱坞,积极投身于电影拍摄。戈登很真诚地尝试在石油产业找到一席之地,却意识到这不是他的兴趣所在,于是选择了追求艺术和学术之路。他创作音乐,是个造诣很深的钢琴家,现在他又在创作一本经济理论方面的书。我承认,我对于罗尼和戈登没有进入家族产业工作深感失望,可是他们的选择却丝毫没有改变我对他们的热爱。他们找到了自己擅长的领域,并从工作中获得了最大的满足感。当我意识到父亲必须以客观、现实的标准判断自己的儿子时,我的心也变得欣慰起来,随他们去吧!

至于我的另外三个儿子乔治、蒂莫西、尤金·保罗,我感觉很难下笔。谈起他们,总能唤起痛苦的记忆,内心满是苦涩。我宁愿避开不谈,可是这样明显的回避只能造成更深的误解、无端的猜测和各种稀奇古怪的谣言。

我的长子乔治·盖蒂离开美国军队后,在普林斯顿大学上了一年的速成班,随即进入了家族产业,这让我非常开心。他从底层干起,很快显示出经商的天赋,在石油领域表现得尤其出色。不久盖蒂基金会在中立区获得了沙特阿拉伯石油的开采特许

权,作为我的私人代表,乔治去了那里。1954年,我参观了沙特阿拉伯和中立区,我很骄傲地在日记里这样写道:

3月9日(利雅得):我的儿子乔治在这里似乎很受欢迎。

乔治充满活力,很明显,他将来会成为生意的中流砥柱。长子的观念根深蒂固地存在于人类的集体潜意识中,毫不奇怪,看到了乔治的能力和潜力,我很自然地把乔治看做我的继承人,培养他成为盖蒂家族产业的领袖。

沙特阿拉伯的国王沙特批准了盖蒂基金会在中立区的石油开采权,这给我的生意和个人生活带来了根本性的变化,盖蒂公司成为真正的全球性企业。1951年,我去了欧洲,刚开始我认为我只会在那里待几个月,至多也就一年。谁料到我一待待了25年,将近四分之一个世纪,接近我生命的三分之一的时间!

和通常意义的公司实体不同,盖蒂公司的股权不是分散的。很多大公司的真正有影响的人所占的公司股份仅仅为10%,甚至只有2%。盖蒂家族控制着盖蒂公司大部分资产,而我,作为家族的领袖,被称为企业家,亦不会感到任何不安。

对于商业活动横跨东西半球的企业家来说,欧洲和欧洲国家的首都,比如说巴黎、罗马和伦敦都是理想的公司总部所在地。美国的业务是由资深的优秀的管理人才负责,我完全放心。而欧洲和中东部分,则需要建造或购买管道、油槽车、炼油厂,新的市场渠道也有待开拓。除此之外,还有一千零一个项目需要我亲自监督。

1951年,我的妻子泰蒂和儿子蒂米跟随我来到了伦敦。很快,他们就回到了美国。1952年岁末,我和助手正在巴黎商议在法国的船坞建造油轮队,我归心似箭,却又无可奈何,无法离开。

1952年12月25日:今天是圣诞节。我收到了朋友的礼物,可我更希望和我的儿子们一起欢度佳节。

尤金•保罗,即帕比,第二年参军了。9月,他被派往日本。

1953年9月7日:今天是帕比21岁生日,他正乘着一艘运兵船前往日本,这让我回忆起1913年12月15日我度过的21岁生日。机缘巧合,那天我也在海上,乘着载重3000吨的罗马尼亚大船从雅典前往亚历山大港,路上我们遇到了大风暴,担心船能不能安然脱险。今天我一直在思念着我的儿子，为他祈祷。

1955年泰蒂和蒂米又来到了欧洲，陪我待在伦敦和巴黎。老实说，泰蒂和我都希望把婚姻维持下去。我在前面说过，泰蒂希望我回到美国，可是忙于生意的我又脱不开身。于是她和蒂米离开了。两年后，泰蒂意识到让我回到美国，和她夫妻团聚的梦想遥遥无期，于是提出了离婚诉讼。

乔治·盖蒂二世在家族产业中的地位扶摇直上，这不是因为他是我的儿子，而要归功于他的出色表现。从中东回到美国后，他在史巴特飞行公司、斯凯利格石油公司、潮水石油公司的职位不断上升。他的优秀表现获得了大家的一致认可，潮水公司的董事们认为他完全可以胜任公司总裁的职务。

乔治绝对不是没有主见的傀儡或者印章总裁，一般来说我们英雄所见略同，意见相左时，他会毫不犹豫地说出自己的想法，往往他会胜出一筹。下面是我在巴黎的日记，我们的关系可见一斑。

1958年2月24日：乔治过来了，讨论生意上的事情。

接下来的三天日记都是同样的内容："一整天都在和乔治讨论事务。"这样的讨论每天要持续12~14个小时。

2月28日：今天大部分时间都和乔治待在一起。我向乔治强调了潮水公司领导职务的重要性，建议他去担任辛烷燃料业务的领导。晚上乔治乘飞机前往纽约。

请注意我的措辞，我是用的"建议他"，我没有进一步给他意见，需要最后作决定的是乔治本人。我知道他肯定会作出明智的判断并采取有效的行动。乔治是个优秀的管理者，继承了他的祖父的许多宝贵品质。主管和雇员们都很喜欢他，尊重他。他对整个团队很忠诚，并激发带动出团队强烈的忠诚感。

1958年，我的第三个儿子尤金·保罗即将过26岁生日。在部队服完役后，在家族产业里尝试了多个岗位。他迎娶了旧金山地区法官乔治·哈里斯的女儿盖尔·哈里斯。帕比和盖尔的儿子叫保罗，是我的长孙。不过，这不是我的第一个孙辈孩子，乔治和他的妻子格罗瑞娅已经有了个女儿。

帕比、盖尔和他们的儿子住在欧洲，和我一起去看布鲁塞尔博览会。这时，恰好中立区开采了源源不断的石油，欧洲大陆的炼油设备亟待加强。我听说意大利和瑞士控股的企业刚刚在位于那不勒斯南部的加埃塔建造了一个新的炼油厂，可是炼油厂一直处于亏损状态，控股方决定拍卖"海湾公司"和炼油厂。得知这个消息，我决定和他们初步沟通一下。

6月初，尤金·保罗提出一个请求。

6月6日：几天前帕比想把自己的名字从尤金改成吉恩，他征求了我的意见，这让我非常开心。他现在的名字是小保罗·盖蒂。

他正式更改了名字，以后我们叫他小保罗·盖蒂好了，他的儿子也就成了保罗·盖蒂三世。

小保罗和盖尔告诉我他们很喜欢意大利，他希望能够参与"海湾公司"项目，尤其是如果盖蒂集团最终能够收购它的话。我同意了他的请求，于是他们和儿子搬到了米兰，租了房子住下来。米兰是海湾公司的行政总部所在地。

7月底，我穿梭于米兰和瑞士的卢加诺之间，复杂的"海湾"项目谈判终于有了分晓。

8月1日(米兰)：我去了保罗和盖尔位于杜斯广场1号的公寓，去看望我的亲人们。盖尔出来迎接我，我看到保罗宝宝俯卧在小床上。8点钟保罗从办公室回来了，我为我的小家深深自豪。米兰的报纸专题报道了最近令人无法忍受的酷热天气，尽管他们的公寓没有空调，但保罗和盖尔都很开心，毫无怨言。

8月3日：陪保罗宝宝玩耍……

因为生意的原因，我又去了卢加诺，住在斯普兰迪德酒店。大量的工作需要完成。8月10日(周日)我在日记里这样写道：

我在房间里待了整整一天。下午7点，终于处理完了桌面的事情。虽然我比这个世纪还要年长七岁，我仍然孜孜不倦地工作。

剩下的六天我也没有松懈。不过，我必须追溯一下。我的小儿子蒂莫西为了摘除脑瘤，做了多次手术。他勇敢地接受了这一切，毫无怨言。纽约的霍恩博士是脑部手术的专家，几个月前就宣布蒂莫西已经治愈了。不过，蒂米的前额留了几处伤疤和凹点。霍恩博士和几位顾问建议通过整形手术进一步治疗。泰蒂在纽约陪着蒂米。他们告诉泰蒂,并通过越洋电话告诉我,这只是一个很小的手术,危险系数很小。我和泰蒂都万万没有想到手术的严重后果。

蒂米经历了前几次手术的严酷考验,表现得非常勇敢。8月14日他被送进了医院。三天后,我的世界轰然倒塌。

8月17日:凌晨3点泰蒂从纽约打来电话。周四我们的蒂米做了前额整形手术。做完手术后,他一直活蹦乱跳的,可是到了周六早上,他突然倒下了,病得很厉害。听了这个消息,我心烦意乱。我告诉泰蒂有什么事情给我打电话。我为蒂米祈祷,辗转反侧无法入眠,后来我处理了一些报告和信件,企图来分散注意力。

8月18日:凌晨4点,泰蒂打来电话,这里正打雷下雨,加之泰蒂悲痛得语无伦次,我很难听清她的话。我亲爱的蒂米,我最棒最勇敢的儿子蒂米,一个真正高贵的人,于两个小时之前离开了人世。说什么都没有用了。如果霍恩博士不向我保证这是个小手术,我肯定要赶到纽约去,毕竟这不是个十万火急的手术。亲爱的泰蒂,她多么勇敢!亲爱的蒂米,失去你,我的世界黯然失色,我内心一片苍凉!

蒂米去世时12岁。他是个如此可爱温馨的孩子,很聪明,对周围的事物有着令人惊讶的浓厚兴趣。他经常给我写信,信中表现出来的深度和早熟,完全超出他这个年龄段的孩子。他笃信上帝,至今我还保存着他写的一首感人的小诗,他把这首小诗寄给了我。

上帝保佑我穿过黑夜/上帝保佑我战胜病魔/我知道上帝与我同在/相信上帝我就不会惊慌失措/相信上帝我就不会迷失方向

我不会抱怨上帝和诸神没有保佑蒂米打赢最后的战役,可是蒂米的离去在我的心中留下了永远无法修补的伤口!

回到米兰后,小保罗、盖尔和保罗三世给了我莫大的安慰。我仍然无法摆脱蒂米的离去带给我的悲恸欲绝,但从小保罗的家庭生活中我得到了些许慰藉。

8月27日:我乘坐出租车,随小保罗到他的公寓吃午饭。保罗宝宝到客厅迎接我们。他活泼可爱,还不会说话。盖尔给我们做了精美的午餐。

9月14日：盖尔带保罗宝宝来看我。他非常可爱，活泼开朗。

9月17日：保罗宝宝发烧了。我很担心，给伦敦的儿科专家打电话征求意见。

9月18日：宝宝好多了。

9月19日：保罗小宝贝康复了。

我失去了蒂米，就把感情转移到保罗宝宝身上，我成了典型的溺爱型祖父，甚至变得有点不可理喻。

很快，我们在罗马建立"海湾"公司新的办公基地，公司易名为盖蒂石油意大利公司。

看到小保罗几个月来的出色表现，我相信他可以独当一面了。恰好他和盖尔也喜欢住在罗马，我们好好地聊了聊。

"我要把你留在这儿，我想你能处理好的。"我告诉小保罗。

"我会竭尽全力。"他说。

对我来说，这再好不过了。

17 一家人。

以后的几年我经常见到小保罗和盖尔,他们又生了三个孩子。保罗不是那种一鸣惊人型的商人,不过综合考虑各方面因素,他在罗马工作得非常出色,他和盖尔的婚姻生活也非常幸福美满。

似乎一夜之间,所有的事情都不对头了。小保罗对盖蒂石油意大利公司完全失去了兴趣。多亏了萨拉·盖蒂基金会的资助,他不需要靠薪水养活自己,只靠基金会分配的钱,他和他的兄弟们就无生活之虞了。

下面的事情我无须赘述。媒体称小保罗·盖蒂为"世界上最富有的人的同名儿子",这个称呼世人皆知。罗马的狗仔队偷拍了小保罗留着长发、蓄着大胡子的照片,全球很多揭露丑闻的杂志都刊登了这张照片。美国合众国际社在图片下面的说明文字是:"小保罗的扎染的天鹅绒外套,足以让所有真正的嬉皮士嫉妒得两眼发红。"

小保罗退出了家族产业,他和盖尔分居了,并于1966年离婚,孩子们的监护权判给了盖尔。我不知道他们分手的原因,我也从来没有过问。我本人离过五次婚,去打探这些事情真的不合适。不管怎样,他们都是成年人,完全知道自己在干什么,知道自己想要什么。

我只能自己去猜测。我怀疑,可能部分原因在我身上。小保罗和盖尔结婚时都很年轻,不谙世故。据我观察,很多年后他们依然如此。罗马是世界上最颓废的城市之一,这或许对旅行者、饱经世故之人,以及长期居住在这里的人的生活方式不会有明显的影响,可是对于像小保罗和盖尔这样没有生活经验、生活在保护伞下的人来说,影响非常恶劣。如果真的如此，我让小保罗留在罗马工作真是大错特错了。

离婚后，保罗再婚了；不久，盖尔也结婚了。保罗的第二任妻子塔丽莎·波尔(Talitha Pol)是位来自荷兰的明星，她是荷兰艺术家威廉·波尔(William Pol)的女儿，著名英国画家奥古斯都·约翰(Augustus John)的外孙女。1971年7月，塔丽莎死于服用过量药剂。盖尔嫁给了一位住在罗马的美国演员，但是不幸最终仍以分手而告终。此后盖尔和四个孩子继续住在罗马。

1967年，盖蒂石油公司并购了潮水石油公司。这两个大公司各有成千上万个股东，只有真正参与两大公司并购的人，才能体会到工作的艰巨。两个公司众多的高管和雇员为并购成功作出了突出贡献。这里，我要特别提到两个至关重要的人物，他们是这项并购的发起者和主要推动者。

大卫·赫克特数十年间一直是我的律师、密友和得力助手。1959年他去世时，我在日记里写道："大卫的作用永远不可替代。"在此我还要感谢兰辛·海斯(C. Lansing Hays)，当然这并不会影响大卫·赫克特在我心中的地位。1967年，兰辛·海斯接管了大卫·赫克特一手创办的律师事务所，至今他还担任着领导者的职务。海斯同样是个很棒的律师，也是位忠诚的朋友，他和我相交甚笃，是这次并购的幕后法律智囊。

我的儿子乔治·盖蒂二世制定并执行了并购方案。他跟进了整个过程，负责监督协调工作。乔治在时刻关注每一个细节的同时，又不失统领全局的眼光和气魄。通过这项工作，乔治的商业生涯赢得了新的突破，他获得了新的职务，即盖蒂石油公司的执行副总裁和首席运营官。

乔治担任首席运营官期间，盖蒂公司扩大了业务范围，并实现了巨大的跨越式发展。我为他取得的成就感到无比自豪，对他充满了信心。我坚信由我父亲开创，并由我进一步拓展的事业将最终会交到最出色最有能力的人手中。

可是，1973年，我的世界又一次轰然倒塌。

6月6日，我参加了多年的好友阿盖尔(Argyll)公爵夫人玛格利特(Margaret)举行的派对。在席间我被突然叫走，被告知我的行政助理芭芭拉·华莱士夫人和她的丈夫艾尔过来了，要求和我单独见面。艾尔当时负责盖蒂公司在北海钻井油田的业务。我非常迷惑，去了一间小会客室，他们正在那里等我。我看到他们皱着眉头，表情严肃。

"斯图尔特·埃维(Stuart Evey)从洛杉矶打电话来，一直在找你。"芭芭拉说。

埃维是盖蒂石油公司的副总裁。他那个时间段给我打电话非常令人意外，芭芭拉和他的丈夫艾尔·华莱士(Al Wallace)从科巴姆的家乡赶到伦敦,专程来告诉我这个消息,更是令人捉摸不透。

"芭芭拉会安排把电话立即接过来,她只需要通知一下接线员就好了。"艾尔如是说,他又温和地补充道,"您一定要挺住,盖蒂先生。"

我不记得等待电话接通的时间里,脑海里都浮现了什么。我听到了斯图尔特·埃维紧张颤抖的声音,只记得几个关键词。

"……乔治中风发作了……他在医院里,不省人事……"

我所能做的只是告诉埃维时刻和我保持联系。不到两个小时后,他又和我通话了。

"乔治几分钟前刚刚去世……"

我无法再忆起当时的心情和反应。我记得过了不久,我忠实的朋友和律师兰辛·海斯从纽约打来电话,他和我一样沉浸在悲痛之中。他和乔治是很好的朋友,在商场上并肩作战多年。兰辛在危难之际担起重任,迅速采取了必要的行动。他整晚上一直和我保持联系,可是我当时浑浑噩噩,什么也记不清了。后来大家告诉我玛格利特·阿盖尔(Margaret Argyll)、佩内洛普·基特森(Penelope Kitson,我的好友,后文会提到)和她的女儿杰西卡,芭芭拉和她的丈夫艾尔·华莱士,还有其他好朋友都过来看望我,安慰我。我坐了几个小时,两眼望着天空发呆,一言不发。我整个人被击碎了,脑子里一直盘旋着一个想法:这不是真的,根本不可能。我一直坚信我的儿子乔治至少要比我多活35年。兰辛·海斯和我上文提到的好朋友给了我无限的帮助和安慰,我永远心怀感激。

第二天,我从报纸、电视和广播中得知斯图尔特·埃维刻意没有告诉我的一些事情。乔治不是死于中风,而是死于巴比妥类药物和酒精混合在一起产生的致命效果。不,他绝对不是死于醉酒,从各方面来看都不是。

根据洛杉矶的死因鉴定官托马斯·野口(Thomas Noguchi)的说法,乔治血液中的酒精浓度为 0.06%,而一个人只有血液中的酒精含量达到 0.10% 时,才能从法律上判断这个人醉酒,这几乎是乔治的检查结果的两倍。不幸的是,乔治还服用了巴比妥类药物,有时候,这种药物即使加上少量的酒,也会置人于死地。就像法医野口告诉媒体的那样,"这样的混合再糟糕不过了,越来越多的人因此而命丧黄泉"。

在美国等国家,医生可以随意给病人开巴比妥类药物,用作镇定剂和"减压剂"。药品制造厂警告过医生,饮酒的状态下服用巴比妥类药物是非常危险的。可以设想,医生把这样的警告同样传达给了病人,可是很多人压力过大、疲劳过度的时候就会忘记这些叮嘱。

诺里斯·布拉姆莱特(Norris Bramlett)是我的总会计师,也是我最亲密、最信任的助手。他当时正在洛杉矶。我请求他对乔治的死因做了独立调查。

通过详尽的调查,诺里斯宣布:"毫无疑问,我认为乔治的死纯属意外。"30多年来,他告诉我什么我都相信,这次我也选择了相信他。

1973年6月9日,我在日记中这样写道:

上午10点至下午6点,乔治的葬礼在加州的马里布举行。英国时间6点,我去了教堂,为我最亲爱的儿子祈祷……

在我的有生之年,有一个问题一直侵蚀着我的内心。我回忆起我和伦道夫·丘吉尔的对话。我知道很多生意人和管理人员晚上会喝一些酒,并服用巴比妥类药物,来缓解工作上的压力和紧张感。难道是乔治为了达到他祖父和我的标准而殚精竭虑,经历了生命中不能承受之重?

乔治去世还不到一个月,盖蒂家族又一次遭受了沉重打击。

7月2日:我从戈登处得知小保罗给我的消息,保罗三世被绑架了。

7月13日:保罗三世被绑架的消息上了报纸头条。但愿这不是真的,我希望他只是出去玩了,忘了告诉妈妈,他很快就会回来的。

自从盖尔和保罗离婚后,我就很少和保罗三世的母亲盖尔联系。不知不觉间,我的长孙保罗·盖蒂三世已经从1958年和我玩耍的红头发小孩长大成为一个17岁的个性少年。意大利等地报纸描述他为"黄金嬉皮士"和"罗马嬉皮士王国的小可爱"。我没有权利干预或者批评他,虽然我曾经想这么做。盖尔拥有她和我的儿子保罗所生的三个儿子的全部监护权,另外她已经再婚了。不管怎么说,保罗三世是我的孙子。

几天过去,事情没有任何明确的进展。接着:

7月26日:吉尔福德的警察从罗马的警察处得到消息,歹徒问我是否愿意为保罗三世出赎金。

基于两点考虑,我拒绝了他们的要求。首先,我还有14个孙子孙女。如果我马上同意为一个孙子出赎金,就很自然地将其他的孩子置于被绑架的危险境地中。我尤其担心盖尔另外三个和她一起住在罗马的孩子。1960~1973年，意大利报道的绑架案就有320起。有消息称，没有报警的绑架案是公开数量的两倍还多，受害人的家人偷偷地和绑匪交涉，交付了赎金。我拒绝的第二个原因是基于更深层次的考虑，我认为如果对罪犯和恐怖分子妥协，只能使得他们无视法律的暴力行为更加猖狂，而当今社会普遍存在的诸如恐怖性轰炸、劫机、屠杀人质等暴行势必会进一步蔓延、扩散。

我对住在罗马的孙儿们的担心，后来被我的朋友吉安尼·阿涅利(Gianni Agnelli)间接证实了。吉安尼·阿涅利是意大利菲亚特公司的总裁，在接受《新闻周刊》采访时，他这么说：

采访者的问题："我听很多人说意大利的治安很混乱，违法事件层出不穷，出现了诸如绑票等事件。真的有这么严重吗？"

吉安尼的回答："是非常严重，而且形势还在不断恶化。"

媒体广泛报道了我拒绝付赎金的事情，而且，基本上都是负面报道。很奇怪，基本上没有媒体宣传意大利内政部部长路易吉·桂(Luigi Gui)先生在同一时间段给出的建议。桂先生建议通过立法，阻止绑票者获得赎金。他说意大利政府应该有权力冻结被害人家庭的账户，以避免他们筹集资金来满足绑票者的要求。

关于保罗三世被绑架的事情，我还有很多话要说。很遗憾，我不能这样做。有几个参与绑架的人已经被逮捕，正在等待审判。我写这本书的时候，他们还处于待审状态。如果透露太多消息，我将会犯下试图影响或干涉审判程序的罪名。如果因为我的文字泄露了某些细节，影响了司法审判，或者使罪犯接受不了公正的审判而被释放，这将是莫大的讽刺。

不过，我可以引用一下已公开的事实。绑架者把保罗三世劫持了接近四个月后，将他的右耳割掉，寄送给了罗马的报纸。这时，已经没有必要再和绑架者消耗时间了，也没有必要期望能吓退他们。罪犯能残忍地伤害受害人的身体，就会毫不犹豫地杀死他。

我和我的儿子小保罗、罗尼、戈登召开了家庭会议。罪犯要了一大笔赎金，相比实际赎金，大多数媒体猜测、公开的数目都不靠谱。盖蒂家族的人紧紧地团结在一起，通知绑票者会偿付赎金。

和绑票者建立直接联系并安排实际付款，这需要更多的时间。在漫长的等待中，盖蒂家族的每个人都经历了最痛苦的折磨。最终，我们把赎金交给了他们。1973年

12月15日，绑架者释放了保罗三世。机缘巧合，那天是我83岁的生日。这是我有生以来收到的最好最精彩的生日礼物。

我还要补充一下。

被歹徒释放后不久，保罗三世和玛蒂娜·扎克(Martine Zacher)小姐结婚了，并搬到加利福尼亚。现在他们有了一个儿子，取名保罗·盖蒂四世。在被绑架的几个月里，保罗三世深受创伤性休克之苦，歹徒割掉了他的耳朵，也使他惊吓过度，留下了后遗症。他的外祖父，美国地区法官乔治·哈里斯，认为在保罗完全从被绑架的阴影中走出来之前，应该采取法律措施来保护保罗三世的利益。很自然，我听从了哈里斯的建议。

保罗三世如今在加利福尼亚的佩珀代因大学读书。得知他展示出了在绘画方面的天赋，我非常开心。他展出了一些帆布油画，大量的评论家认为通过他的作品，可以看出他是个很有前途的画家。

我的儿子小保罗和盖尔生的另外三个孩子，随他们的母亲生活在英格兰。1975年夏天，三个年轻人，15岁的艾琳、14岁的马克和13岁的阿丽雅德妮来到萨顿宫，和我一起生活了几周。同一个夏天，我的另外几个孙儿也都过来了，我开心极了。我的儿子罗尼和戈登，也带着他们的妻子来了。乔治的前妻格罗瑞娅也带来了他们的三个女儿。

那个夏天，是祖父保罗·盖蒂最欣慰的夏天。它证实了无论发生了什么，无论富贵、贫穷、离异、灾难，抑或其他种种艰辛、磨难，盖蒂家族始终是一家人，现在是，将来也是。这不是夸夸其谈，这是令人无比骄傲的事实。

18 民主政府的影响力。

我孙子保罗三世被绑架和摧残一事,揭示出一种病态的征兆,而这种病毒正不断侵蚀着西方文明的根基。从 20 世纪 30 年代后期起,我看到犯罪和暴力行为呈不断上升的趋势,我对此深感忧虑和不安。人们对法律和秩序的基本原则失去了应有的尊重,开始对其肆意践踏。

起初疾病的腐蚀是缓慢而细微的。以纠正滥用职权行为和社会不公为幌子,一场自发的颠覆社会秩序的活动开始了。不可否认,社会中有众多滥用职权和不公正的现象,需要进一步矫正。可是,这样做最终的结果不但没有实现更高水平、更完美无瑕的自由公正,反而使社会变得放任自流。

人们逐渐将经过上千年检验的观念和原则弃置一边。思维混乱的社会理论家和多愁善感的空想社会改良家逐渐渗入了执法部门和司法系统的领地。这一现象愈演愈烈,警察被束缚了手脚,法官和法院事实上形同虚设,很多国家情况都是如此,在美国这种现象表现得尤其明显。

我注意到了 20 世纪 60 年代中期,人们对惩罚罪犯的法律的解释和执行发生了翻天覆地的改变。罪犯,甚至是惯犯,成了同情和怜悯的对象,狂热的乌托邦社会心理学家、精神病学家和社会义工竞相为他们争取免除罪责。人们很可能会认为,受害者应该是罪责方,正是受害者的存在,刺激了罪犯对其进行抢劫、攻击和谋杀。

自由主义者的启蒙观点是这样的:无论罪犯有什么故事,是否犯过前科,犯罪程度有多重,都应该对他再教育,帮助他改过自新,进行心理治疗。简而言之,社会应该为他做一切事情，就是不能惩罚他。

改良主义的兄弟联合会，当然也包括妇女联合会，他们的口号是"惩罚手段起不到威慑作用！"

这个口号有着神奇的魔力，吸引了众多的追随者。于是，惩罚越来越少，犯罪活动却日益猖獗。

1968~1973年，美国每10万人中的杀人犯罪率上升了34.8%。1973年，是我获得的官方数据的最近的一年，美国共发生了19510起杀人案件，平均每天要发生50多起。这还只是恐怖画面的冰山一角，从下表就可见一斑。

犯罪类型	1973年的案件数量
杀人罪	19510
强奸	51000
抢劫	382680
袭击	416270
入室行窃	254000
盗窃	4304000
汽车偷窃	923600
总计	8637060

相比美国人，英国人更加遵纪守法。可是1973年，英国的联邦警察发布了一份报告，内容令人触目惊心：

有案可查的犯罪记录已经从"二战"前每年25万起，迅速飙升到去年（1973年）的200万起。

和美国一样，其他西方国家也面临着同样尖锐的问题。"法律和秩序"被嘲弄为"法律没秩序"，成了人们不愿启齿的肮脏字眼。

自由主义者的心灵为那些杀手、强奸犯、持枪抢劫者、行凶强奸者滴血，对他们充满了同情。对这样的"自由主义者"，恐怕我很难以一种宽容的心态来看待。在我看来，对多次谋杀犯和狂热的强奸犯实行"喝茶加理疗"的处理方法是完全不可接受的。我注意到，对罪犯采取宽容和谅解的态度，和左翼政治主张有着密切关系。这对不偏不倚的观察者来说，真可谓是一种具有讽刺意义的消遣。

西方民主国家的自由主义者通常采取左翼态度，对生活有一种扭曲的看法，奇怪的是，人民民主国家的法院却认识到这么一点：人们厌恶惩罚，为避免受到惩罚，他们会竭尽全力遵守法律。

人民民主国家的法院会对触犯法律的人严加惩罚，毫不留情。因此，人民民主国家的犯罪率相应地低很多。在人民代表统治的地区，对惩罚的畏惧感是对犯罪行为最有力的震慑。我听说在人民民主国家的人民法庭上，充满迂腐之气的精神病医生和热情的社会工作者会教导法庭的工作人员对罪犯采取何种惩罚方式。

1975年7月，美国副总统纳尔逊·洛克菲勒到萨顿宫拜访我，陪他前来的有一个排的秘密警察。

"我有36个警察，这样可以保证至少有九个人每时每刻不离我左右。"副总统洛克菲勒告诉我。

除此之外，英国执法部门派去了两辆警车，四个带警犬的警卫人员来补充纳尔逊的警备力量，纳尔逊对此也没有表示异议。36个人是能够保证总统安全的最低人数，英国当然也不敢掉以轻心。

总统需要如此庞大的警备力量是个有力的论据。需要指出的是，副总统洛克菲勒的来访是在美国总统福特遭遇两次暗杀企图之前发生的事情。西方民主国家的许多领导人必须时刻保持警惕，来躲避政治极端分子和精神病患者的刺杀。

如今政治刺客、恐怖爆炸者、劫机者、绑架杀害人质的极端分子，到处掠夺人质，并经常置人于死地，在各种暴力事件中频频现身。然而，西方国家并没有表现出以恶制恶的明显意愿。

"二战"期间，面对人类历史上最大的阴谋——轴心国的威胁，富兰克林·罗斯福毫不犹豫地采取了强硬的立场。

"我们要以强制强，以恶制恶！"他向世人宣告。

这是歹徒唯一能听懂的语言，也是唯一令他们心存畏忌，或者让他们认真考虑后果的行为。除非那些掌握权力的人重新正视现实，并采取相应行动，否则犯罪和暴力行为飙升的趋势将无法改变。

媒体关于我的安全防范措施，尤其是对萨顿宫的警备力量一直大肆报道，谣言喧嚣尘上。有人说，萨顿宫事实上就是个机关重重的堡垒，这简直荒唐至极。

庄园的围栏还是昔日萨瑟兰公爵(Duke of Sutherland)时期的，甚至和更早的诺斯克里夫勋爵(Lord Northcliffe)时期相比，都无甚差异。庄园里有两个主要的入口，安装的都是网状小口的大门。靠近大路的一边安装的是木门，靠近吉尔福德一侧的是装饰性铁门。没有任何一边是密不透风的铜墙铁壁。

一般来说，一天中大部分时间门都是开着的。有几十个在利比瑞亚操作公司工作的英国人，在靠近主楼的办公楼办公，他们开车进进出出，早上过来上班，中午出去吃饭返回，下班后离开。工作日的时候，看门人会把电动门打开，不需要任何手续，也不会拖延时间。庄园的旁边是教堂，周日和平时宗教活动的时候，大门都会为礼拜者打开。

当然，萨顿宫有安保人员，有精心制作的防火和防盗系统。可是，安保人员不是禁卫军，他们的部分任务是保护我个人的安全，可这不是唯一任务，甚至不是主要任务。庄园里有无数的艺术珍宝，有绘画、挂毯、手织东方式地毯、古董家具、银器。这些珍宝价值连城，必须加以保护。有了安保人员，珍宝的保险费会少很多，节省下来的钱会用来支付他们的工资。

很显然，报道我的"私人保安"的记者，没有意识到工业谍报活动是非常大、利润非常高的产业。萨顿宫的资料柜里有各种报告、文件、油田调查地图等材料，不道德的竞争者会非常乐意花大价钱购买的。

萨顿宫的警卫力量中包含几条阿尔萨斯犬，外界在这一点上找到了有力的支撑，大肆报道，他们对萨顿宫豢养着的狮子更是津津乐道、大肆渲染。殊不知任何人想进入狮子的领地，都要带着乙炔焊炬把狮笼周围的铁丝栅栏锯开。

根据民意调查，47.8%的人坚决反对对罪犯实施死刑。如果调查的数据是可靠的，我下面说的话将会点燃47.8%的读者的愤怒之火。不过我更倾向于怀疑这个数据的真实性。我甚至认为相比较调查的数据，更多的人欢迎死刑的回归，至少需要对一些谋杀案件实施死刑。不过，这都无关紧要。在很多问题上，我都因为无法和大部分人的观点保持一致而成为孤家寡人。

我是个老古董，如果你愿意的话，你也可以说我是一个保守主义者。我认为死刑是唯一能够威慑谋杀罪和其他滔天罪行的有效手段，至少是手段之一。我注意到支持死刑和主张废除死刑的两派就这一话题展开了多年的如火如荼的讨论。双方各执一词，至今尚无定论，无论哪一方都拿不出有力的证据来支撑他们各自的观点。很遗憾，我发现唯一能让人信服的证据是反面证据。每当死刑被废除的时候，哪怕是不从法律条文中删除，只是在实际操作中不使用死刑，杀人犯罪的比例均会大幅度上升，甚至经常直线飙升。以纽约为例，当悬在潜在杀人者上方的"坐电椅"的恐惧彻底消失时，每年谋杀罪的比例上升到原来的三倍还多。

曾有人要求乔治·伯纳德·萧在废除死刑的请愿书上签字。他回答说："如果你让杀人犯先签字，我就会签字。"

如今在大部分西方国家，从法律上或事实上，对杀人犯不再施行死刑。一般来说，最严重的惩罚是终生监禁，而在大多数情况下，这最终都成为一场滑稽闹剧。在美国，被判终生监禁的犯人一般可以获得假释，或在狱中服刑 8~10 年后获得减刑。当然，也不能想当然地认为犯人一离开监狱就会再次杀人。

让我们从现实的角度看待问题。如果对杀人犯施以死刑，这会让潜在的杀手心有所惧，不敢造次。再一次想想那些负面证据，当人们对被判死刑的恐惧不复存在时，谋杀罪比例就会急速上升。至多 8~10 年的监禁，不会也不可能起到同等的效果。

依我之见，以下谋杀罪，需要重新引入死刑，并强制执行。只有这样，对遵纪守法的公民来说，我们的西方社会才会变得更加美好、更加安全。

1. 谋杀正在执勤的执法人员或狱警。
2. 实施抢劫或进行其他重大犯罪行为时谋杀他人。
3. 施行强奸行为时，杀害被强奸女性。
4. 犯有多重谋杀罪，罪犯有精神病的情况除外。
5. 施行绑架、劫机，或进行带有政治目的恐怖活动时，造成人员死亡。
6. 恐怖分子实施诸如引爆炸弹、不分青红皂白地胡乱射击、机关枪扫射等类似的暴力行为时，造成人员死亡。

当我写下这些文字时，碰巧看到了一家英国的主流报纸所做的民意调查。调查表明，英国多达 75% 的年轻人赞成对一些犯罪，尤其是实施政治恐怖行为的杀人犯，恢复死刑。想到也许我不是不可救药的老古董，没有和现代社会和现代观点脱节，我感觉无比欣慰。

我为社会的安全保障，为社会的明天深感忧虑。仅仅十年间，美国就经历了若干刺杀事件，其中包括总统约翰·肯尼迪（John F. Kennedy）、黑人民族主义者马尔科姆·艾克斯(Malcolm X)、牧师马丁·路德·金(Martin Luther King Jr.)、参议员罗伯特·肯尼迪(Robert F. Kennedy)、在一次刺杀未遂事故中中弹而终生残疾的阿拉巴马州州长乔治·华莱士(George C. Wallace)。1964~1973年，高达858名美国执法人员在执勤的过程中惨遭杀害。另外，还有无数的集体屠杀，四年之间，仅仅加州就发生了六起集体屠杀事件，其中包括查尔斯·曼森"杀人家族"①，以及住在洛迪市附近的沃尔特·帕金(Walter Parkin)一家九人被杀案。在德克萨斯州，两个年轻人承认他们在1973年被逮捕之前，三年之间共杀害了27人。而在这一年，美国共发生了19510起谋杀案。

根据近期公布的报告，1974年9月到1975年9月，仅仅伦敦地区就发生了20起谋杀案件。英国的爆炸暴力事件夺去了50多人的生命。据英国警方联合会的报告，1974年度，每10名警察中，就有一人在执勤过程中遭到袭击。报告还称：

罪犯使用枪械实施谋杀、伤害、袭击、抢劫犯罪行为，已成为每天都在上演的事情。公共秩序所受的威胁，丝毫没有减退。

遵纪守法的公民必须发出自己的声音，让准备谅解、宽恕违法行为的当局和社区领导，意识到现在是作出改变的时候了！

美国总统西奥多·罗斯福②曾经说过："警察手中的警棍要比纽约的法律文书更具法律效力。"

听起来可能会令人伤感，可是生活处处证明泰迪的正确性。只有还警察和执法人员应有的权力和尊重，暴力和犯罪的浪潮才会退去。如果我们的司法部门，不能清醒地认识到软言细语无法击退强硬的犯罪分子这个简单的事实，暴力和犯罪的浪潮会一浪高过一浪。只有严厉的惩罚，才能让犯罪分子心怀畏惧，起到有效的威慑作用。

如果美国人不能扭转乾坤、无法改变目前趋势，也许我们只能采取最后的非常手段，起草实施严厉乃至苛刻的刑法典，甚至需要借鉴令人压抑、反感的"街区督察员"的做法。我当然不希望看到这种局面。我看到人们对法律和秩序越来越缺乏尊重，而犯罪和暴力活动却在不断增加，在美国每年有超过860万起的犯罪活动，其中谋杀案

---

① 查尔斯·曼森(Charles Manson)：美国历史上最著名的杀人魔王，他拥有众多的信徒，这些人也甘愿成为他的杀人工具。这里的曼森家族是指一群仰慕他的追随者所组成的杀人集团。译者注。
② 西奥多·罗斯福(Theodore Roosevelt)：美国第26任总统，又称"老罗斯福"，昵称"泰迪"；其远房堂弟富兰克林·罗斯福后来当选为美国第31、第32任总统，在中文环境里常称其为"小罗斯福"。译者注。

件高达 19500 起。如果任由这种趋势自由发展，势必会造成社会秩序混乱和无政府主义以及社会体系的崩溃，没有一个人会是最后的赢家。很悲哀，西方文明迅速走上了一条不归路，届时个人的生存将成为唯一亟待解决的问题。

1975 年 10 月，享有盛誉的巴黎《费加罗报》对此作出总结。法国是现阶段执行死刑的少数西方国家之一。最近一个残暴的年轻杀手被送上了断头台，法国公众没有表示任何异议。《费加罗报》就此发表了头条社论：

就个人和团体来说，我们正迈入一个暴力时代，因为祖国母亲和政府业已进入了疲软时代。在一个谋杀横行的时代，我们不得不再次迎来死刑时代！

我的一生中有充足的机会去见证我们的民主国家政府变得日益虚弱的进程。表面上，政府越来越强大，对我们的生活影响越来越大，渗透到我们生活的方方面面。讽刺的是，政府实质上却越来越软弱，越来越没有影响力。这一现象值得每个人深思。

1. 位于洛杉矶附近克莱佛租约地的油井。1926年盖蒂以8000美元购得地块租约，凭借在此发现的石油获得80万美元

2. 位于俄克拉荷马州的盖蒂的一座"喷油井"

3. 位于纽约第5大道和第61街的盖蒂大厦，耗资1400万美元

4. 位于俄克拉荷马州塔尔萨的史巴特飞机制造厂

5. 位于洛杉矶威尔希大道的油公司大楼，这里是盖蒂集团企业运营的全球总部

6. "二战"胜利后，史巴特飞机制造厂在和平时代生产的移动车内景

19 "自由主义"的假象。

"二战"后,西方民主国家的一个显著特点就是社会结构严重恶化,人们变得几乎难以管制。和很多人一样,我担心如果不对统治者和被统治者已确立的行为模式作出重大改变,甚至是根本性转变,政府的民主形式就难以取得最终的胜利。

民主政府可以模糊定义为需要大部分人同意的政府,可是大部分人同意,并不能保证民主长存。只有得到人民的充分配合,民主政府才能发挥作用。反过来说,只有具有卓越的领导力、体现出大无畏的力量和勇气的政府,才能得到人民的配合。

如今,大政府的时代隆隆而来。庞大的政府结构,并不意味着它自然而然地具备勇气、力量和领导力,相反,政府的膨胀、结构的臃肿,常常意味着会弱化这些优秀的品质。恫吓和夸夸其谈不能代替勇气。滥用权利和言行不仅不能体现出力量,这恰恰从根本上体现了他们的软弱。事必躬亲、对生活中的方方面面都要插手过问的政府是不具备领导力的政府。

南希•阿斯特子爵夫人[①],1919~1945年在议会供职,以言辞犀利睿智著称。20世纪50年代早期,我和她聊天的时候,她告诉我脱离了主流政治令她非常开心。

她说:"我从来都不擅长那些社交把戏,如今的政治已经落入那些会利用'运动即行动'的幻想来欺骗群众的戏法佬手中。"

事实证明,南希•阿斯特的观点千真万确。

[①] 南希•阿斯特(Nancy Astor):出身美国商人家庭,离婚后远赴英国,是英国议会第一位女性议员。译者注。

在美国，联邦政府有接近 300 万名在编公务员。仅仅纽约，就有 32 万名市政员工，有接近 100 万接受永久福利救济的人。在英国，接近 60% 的国民收入用于公共事业支出。

这就是运动。

如今美国在经济衰退的大潮中苦苦挣扎。纽约市如履薄冰，处在濒临破产的边缘。英国的通货膨胀率在西方世界独占鳌头。

这就是行动。更确切地说，这是缺乏行动的体现。

阿帕德·普勒什(Arpad Plesch)曾经不遗余力地给我讲述他看过的一个恐怖科幻片。影片讲述了从外太空进入地球的一团神秘的有机物质，开始这团有机物质很小，后来慢慢变大。地球上的人类费尽心机想毁灭它，却失败了。神秘物质向各个方向蔓延，吞并了整个城市，所有的生物囚禁在其中无法呼吸。

"老掉牙的科幻片。"我无动于衷地说。

"不是的，"阿帕德反驳道，"这是一则伟大的寓言。看看从各个方向渗透出来的官僚主义，简直让人窒息。"

如今，如果说以前的渗入是涓涓细流的话，现在早已演变为滔滔巨浪。

我已至耄耋之年，如今依然清晰地记得公务员制度和公务员保持本义的那些年代。那时公务员制度和公务员的存在，就是为了服务于公民和纳税人。最近几十年来，就连低薪的公务员手中的权力，都可以和中世纪的贵族、波斯总督的权力相提并论了。纳税人必须卑躬屈膝地来到公务员面前，对他们点头哈腰。在大政府时代，只有公务员才有权决定公民是否可以在某一块土地上建造房屋、开街边杂货店，或在自己的土地上是种韭菜还是种大豆。

牛以草为天，鸟以虫为天。在民主国家，政治家的生存则完全寄希望于选票。曾几何时，寡廉鲜耻的政治家面临着选票短缺的危机时，会花钱拉拢选民，购买选票。对现代的政治家来说，这种愚钝的行为早已过时了，精明的候选人开始大规模地批发购买选票，不过买选票的钱可不是他们自己的，是纳税人的。

候选人承诺，会赞成在沿海城市疏通港口，这样无甚益处的举动，就要花掉联邦政府 50 万美元。之所以如此，是因为这会为作出承诺的国会议员赢来上千张选票。如果参议员候选人庄严宣布为选民争取 10 亿美元的福利，将会大大收买人心。这样做将保证 10 万以上，甚至 50 万以上靠福利救济为生的人为他投上一票。

谁不喜欢买便宜货啊？

如果我们把社会的腐败问题都归咎于政治家，这是不公平的。西奥多·罗斯福曾经说过："成功的政客是用最大的声音，说出每个人心里最想说的话的人。"

政府机构的候选人自然要讨好选民，迎合绝大多数人的想法，来为自己捞取最大的利益。候选人在讲台上振臂高呼，给人造成领导者的幻觉。其实，他只是在随波逐流。敏锐的直觉告诉他大众想要听什么、想要什么。

法律和秩序问题是个恰当的例子。在我看来，公众对法律和秩序表现出越来越漠然的态度，不能把原罪都归在政治家身上。有力的证据表明问题很有可能首先在家庭中出现，它根源于完全可以理解的人类感情反应。

在大萧条时期，数百万的人体验了生活的艰辛和物质的匮乏。他们决心让自己的孩子过上更好的生活，于是给了孩子更多的自由和特权。有些人认为学校和教学方法过于僵化、严厉、苛刻，决定推行渐进式教育改革。他们认为，孩子们应该在玩耍中学习，即使孩子们没有学到知识和正确的价值观，至少他们过得很开心！

后来上述理论被斯伯克①的"宽容政策"发扬光大。家长和学校不仅不能对孩子使用大棒，连温柔的规劝都使不得。约翰尼可以任意毁坏他的玩具，打破窗户，摔坏家里最好的瓷器，可是成人不能压抑约翰尼"正常的健康的攻击性"。

纪律成了语言中最令人憎恶的词汇之一。

正如我的朋友阿帕德·普勒什所说的一样，"自由主义政策"从象牙塔中"渗透"出来，流入家庭、学校甚至法院。政治家们敏锐地感受到了大众的心声，他们使出浑身解数，用最大的声音说出了大众心里最想说的话，并往立法机器里灌输了无限的自由主义启蒙思想。

突然之间大家似乎达成了共识，这个世界上再也没有坏男孩和坏女孩了。一夜之间，所有18岁以下的小偷、街头暴徒、残暴的杀手都成了不适应环境的少年。耐心地对其进行循循善诱，开设编花篮、皮革手艺和戏剧课程等成了解决青少年问题的万能良药。

正如大家所预见的那样，超过18岁的人群开始抗议，认为自己是受害者，受到了歧视，要求和18岁以下的少年享有同样的权利，要求把他们看作不适应环境者，

---

① 本杰明·斯伯克(Benjamin Spock)：儿科医生，社会活动家。他认为父母应尽力帮助孩子发展个性、潜能，让孩子自由地决定该学什么，其思想在世界范围内一度引起很大反响。译者注。

而不是作奸犯科者。

美国"自夸"每年有高达 860 万起的严重犯罪事件。愤世嫉俗的人可能会争辩说罪犯或者潜在的罪犯，代表了相当规模的选票池，再进一步讲，一些超级愤世嫉俗者会做出推论，这足以解释为什么那些主张极端自由主义的政治家，会一再努力地争取放松法律法规限制。显然，这个理论毫无根据，但是，从各方面来看，如今的法律确实变得越来越宽松，而法院也似乎对如何有效地推进执法保持缄默。

大学学生发生暴动，打伤教职员工，毁坏整座建筑。大学的管理人员和元凶坐在一起，诚惶诚恐地答应了他们的请求。联邦政府、州政府、市政府各级政府委派社工充当联络人和协调员，去和曾经犯过杀人罪、故意伤害罪和无数其他罪行的街区黑帮暴徒进行斡旋。监狱罪犯袭击看守、放火焚烧监狱大楼，而庄严的陪审委员会却被召集起来，耐心倾听罪犯的满腹委屈。

美国联邦调查局的神枪手击毙了一名威胁要炸掉飞机和乘客的全副武装的劫机者，舆论却攻击执法部门和神枪手"反应过火"。纽约州州长尼尔森·洛克菲勒(Nelson Rockfeller)拒绝超越宪法赋予的权力去介入阿提卡监狱骚乱，而由现场的官员进行处理，他因此受到了自由媒体和狂热的改良者的大肆批评。警察在拥挤的人行道上追捕抢劫犯或杀手，却有可能遭遇被投掷垃圾的危险，和所谓的遵纪守法的良民的人身攻击。

为了便于从外星球来的人对此有更好的理解，我还是做一个简单总结：在开明的美国社会，执法人员就是猪的代名词，罪犯则是社会不公的牺牲品。普通公民平常时候是为政府缴纳税收的无足轻重的人物，到了大选的时候，就完全被那些玩政治魔术的政客所俘获，变成了他们如痴如醉的观众。至于商人……

是的，还有商人。

盖蒂集团和阿莫德·哈默博士(Armand Hammer)领导的美国西方石油公司、汤姆森爵士的汤姆森苏格兰联合公司以及联合化学公司共同合作，致力于北海石油开发和钻井项目。不久前，我和阿莫德博士、汤姆森爵士参加了在伦敦举行的会议。一起参加会议的还有一位知名的美国商人，由于显而易见的原因，我不方便透露他的名字。他是一个手下有上万人的企业家，来伦敦开会之前在华盛顿待了两周。有人问他如何评价美国的商业环境，他皱起了眉头，满脸通红。

"先生们，我只能这样说。上帝保佑，如果美国的商人跑出来，公开反对在大街上吐痰，那么，一周后，美国的国会就会颁布法律，严禁在除了大街以外的任何场所吐痰。"

有人在笑，可笑里却含着不安和辛酸。这个形象的夸张说法太一针见血了，令人甚感欣慰。

几周后，一个年轻有为的记者来到萨顿宫采访我。

"您比老约翰·洛克菲勒(John D. Rockfeller Sr.)和巴希尔·扎哈罗夫(Basil Zaharoff)还要富有。拥有这么多权利，您是什么感受呢？"

"权利"，我反问道，"您是说我有什么权利？"

"怎么了？当然是政治权利。"

我只能哂然一笑。"让我想想，我的公司有1.2万名员工，我只拥有1/12000的权利。纽约市有100万享受福利的人口，我只拥有百万分之一的权利。我拥有……"

"您别逗了，盖蒂先生。"

"我有吗？"我反驳道，我告诉他作为联邦政府和加州的合法公民，每次大选时我投的都是缺席选票①。确切地说，我只有一张选票。我的公司有1.2万名员工，总计1.2万张选票。纽约州有100万人享受福利，可以推测总计有100万张选票。

"可是大选时您可以捐钱啊？"

"你要记住游戏规则。商人在大选时捐钱，通常会发现事与愿违。"

"我不明白。"

"商人把钱捐给候选人，可一旦候选人走马上任，就会颁布法律，增加商业税收。或者是通过立法，让商人的企业利润降低，更加难以为继。"

我想采访者最终满腹狐疑地走了。作为英国人，他从来没有为美国大选捐过钱，也没有在美国大选中投过票。更重要的是，他根本不是商人。

---

① 缺席选票是指那些未能或不愿去投票站进行投票的选民通过邮寄或代理等方式投下的选票。参加缺席者投票，有的需要一个有效理由，有的则不需要。

20 面对还是逃避?

1940 年,米格尔·阿莱曼(Miguel Aleman)和我成为朋友,当时他在墨西哥总统曼努埃尔·卡马乔(Manuel Camacho)政府担任部长。1946~1952 年,阿莱曼担任墨西哥总统。1941 年,阿莱曼来到洛杉矶,我们在一起度过了很多美好的时光。阿莱曼还是位非常棒的律师和法官,他曾经在墨西哥联邦上诉法院担任法官,同时他也是一位颇具修养、情趣高雅之人。

12:30 我见到米格尔·阿莱曼,在维斯塔阿罗约酒店用了午餐,然后去了亨延顿艺术收藏中心(Huntington Collection)。他对艺术的了解和鉴赏力让我和陪同我们的馆长甚为惊叹。随后我们在莫卡姆堡酒店用了晚餐。

我之所以提到这些,是因为我回忆起了我们吃饭时的谈话内容。阿莱曼爆料说,卡马乔总统刚刚黜免了一位重要的政治家,结束了他的政治生涯。这个人的过失在于他的部门支出超过了预算的近 50%。

"他有没有挪用公款,或者把这个钱拿来私用?"我问。

"没有,这些钱都用于部门支出了。"他回答说。

"那是什么促使他采取如此果断的行动?"我追问道。

他引用了英国对约翰·宾将军[①]处以极刑时,伏尔泰的原话回答:"是为了谋求杀

[①] 约翰·宾(John Byng):18 世纪英国皇家海军将领。在英法七年战争期间梅诺卡岛一役中,因未能"竭尽全力"去击败法军而被处以极刑。译者注。

鸡儆猴之效。"

也许无情地黜免政府部门的领导，是鼓励他人将公共支出控制在预算范围之内的唯一有效方法。政府部门的习惯性超支早已让纳税人痛心疾首。除此之外，我不晓得其他有效的手段。

政府结构越来越庞大，相应的支出和免费赠送方案也越来越多，规模也越来越大。现实主义者总是能够敏锐地感受到这股强劲的趋势。

为了保住职位，在任的官员毫不吝惜纳税人的钱。他们的对手深谙大选的游戏规则，向选民承诺，一旦当选，就会增加投入。这个怪圈什么时候停止，没有人知道，也没有人在乎。

1900年，美国联邦政府的年度开支还不到5亿美元，50年后，增加了数百倍，高达500亿美元。到了1974年，竟然达到了3000亿美元，是世纪之初政府支出的600倍。

美国在反抗英国国王乔治三世的统治时期，设计了早期的国旗。其中有一面国旗是由克里斯托弗·哥斯登(Christopher Gadsden)陆军上校设计的，他是美国独立战争时期的大陆会议的成员之一。国旗表面绣着一个准备起义的响尾蛇，国旗下方的文字是"不要践踏我"。如果我们当时没有采用星条旗方案，而采用了这个方案，那么如今国旗上的响尾蛇就应该是卷成一个圈的样子，嘴里含着尾巴，吞噬着自己。

这是对我们美国的大政府的所作所为的形象比喻。糟糕的是，美国人不但允许这样做，还坚持这样做。美国联邦政府、州政府和地方政府的疯狂超支，正无情地吞噬着我们国家的未来。

我的已故好朋友伊恩·康斯坦博·麦斯威尔(Ian Constable Maxwell)是个很棒的人，他是伦敦克莱蒙特私人俱乐部的创始人之一，深谙赌博游戏的精髓。伊恩常常提到："如果不对赌注限额，世界上的赌场就会全部破产、倒闭！"

很显然，不管输得多惨，只要不对赌注限额，赌徒就会成倍增加赌注，直到赢钱为止。

政府应该从赌博游戏中汲取教训，可是他们没有这么做。他们仍旧成倍、再成倍地增加支出，对飙升的财政赤字视而不见。1974年年底，美国联邦政府的财政赤字达到4750亿美元，各级州政府的赤字共计600亿美元。是的，国会曾经偶尔对债券设置了上限，不过这毫无意义。国债上限额在不断地提高。

美国政府天文数字般的赤字令人望而生畏。而政府投入如此巨量资金来执行的一些项目或方案，大都扼杀了人们的生产积极性，使人们的士气受挫，从而间接补贴了那些慵懒和逃避责任之人。政府投入的令人瞠目结舌的巨款，钱当然都来自纳税人，买来的却是无数美国人创造力、自立能力的缺失，更糟糕的是，这种行为使无数美国人失去了自尊。"二战"后的几十年间，数百万的人习惯性地认为，他们无论需要什么，想要什么，政府都应慷慨解囊，予以满足。

两年前，我认识的一名作家受一家主流杂志之托，正在写一篇文章，内容涉及福利制度对接受者及其家人的心理影响。编辑给了这名作家一批领取福利的人的名字和地址。他从第一个名字开始，顺着地址找到了这家人。给他开门的是一个大约40岁上下体格健壮的白人妇女，她介绍说她已经靠领取救济金生活了12年。她从来没有工作过，也没有出去找过工作。她有一个19岁的儿子和一个18岁的女儿，两个孩子也都没有工作。她还有一个13岁的小儿子，凑巧小男孩也在家。于是作家问他：

"你长大了想做什么啊？"

"我要得到自己的救济金支票。"小儿子如是回答。

如果报纸的报道是可信的话，其实早在几年前，这种极度荒唐的现象就已经出现了。美国一所大城市的福利救济对象开始罢工，他们威胁说如果不增加福利救济的金额，就待在家里，不去将救济金的支票换成现金。他们还专门成立了罢工委员会，委员会的名字叫"忍饥受饿"。男人、女人、孩子们只需要待在家里，等待政府满足他们的要求。

据说城市的官员不到48小时就屈服了。根据报道，社工乘着装甲车四处登门拜访，一手拿着现金，一手拿着市议会形成的紧急决议文件，文件承诺按照罢工要求条件给罢工者增加救济金额。

我的好朋友梅尔维尔·杰克·弗洛斯特(Melville Jack Forrester)出生的年代似乎离我们很远，久远得几乎令人忘却，那个时代有很多像他这样出身卑微的人。杰克出生在纽约被叫做"盗匪出没地"的贫民窟里(指美国纽约市曼哈顿区西部)，10岁时父亲就遗弃了他和母亲，他成了半个孤儿。母亲弗洛斯特夫人去工作，小杰克就在街头巷尾跳踢踏舞赚取微薄的收入补贴家用。高中之前，他一直半工半读，高中毕业后，他就不得不结束了他的正规教育。

杰克·弗洛斯特很有跳踢踏舞的天赋，他在"禁酒令时代"的夜总会找到了一份工作。莫里斯•切瓦力亚(Maurice Chevalier)访问美国时，看到了弗洛斯特的表演，邀请这个不满 20 岁的美国青年到法国的巴黎赌场滑稽剧团登台演出。杰克不会说法语，可他抓住了这个机遇，大获成功。经济大萧条时期，剧团被迫关闭，他不得不离开了。

后来杰克和法国著名的拳击手乔治斯•卡朋特伊(Georges Carpentier)合作，在欧洲和南美的夜总会做歌曲舞蹈及拳击巡回演出。20 世纪 30 年代中期，他们回到了法国。弗洛斯特建立了自己的电影制作公司，拍了很多著名的电影，其中包括哈利•鲍尔(Harry Bauer)主演的《伦勃朗之我控诉》(J'Accuse)。他的公司曾经签下了玛琳•迪特里希(Marlene Dietrich)。

后来纳粹征服了法国，杰克变得一无所有。他身无分文地回到了美国，做了一段时间的临时工，这些工作都很卑微。美国加入"二战"后，他首当其冲，是首批申请加入战略情报局①的人员之一，后被派往已被纳粹占领的欧洲大陆。在比利牛斯山脉的基地中，他以大无畏的勇气和卓越的才能组织领导了一支抵抗部队。

战争结束后，弗洛斯特发现自己一切又回到了原点。他曾经为托马斯•福琼•瑞安(Thomas Fortune Ryan)的孙子瑞安兄弟工作，在欧洲和亚洲寻找商业投资的机会。积累了可观的资本后，杰克独自鏖战商海。很快，他成为法国世界贸易公司的总裁。1963年，他溘然长逝。在此之前很长时间，他就已经是百万富翁了。

"乔治斯•卡朋特伊说他从来没有被生活打倒在地，因为他知道他迟早会东山再起的！"杰克这样告诉我，"我也总是这么想！"

杰克•弗洛斯特和他的母亲取得了成功。他们没有去找"家庭咨询服务中心"和社工求助，也没有去要求领取救济金和失业补偿金。没有更好的工作可做的时候，杰克从来没有认为做"低层次"工作有损身份、有失体面，更不会认为那是湮灭自我。

坚持不懈、白手起家、失败后又能东山再起的血统或者精神，在当前的主流社会和政治力量影响下，恐怕变得越来越稀缺了。

我认识的另外一个人与杰克形成鲜明对照，我们暂且叫他沃伦•布莱尔(Warren Blair)吧。如今社会上这种人越来越多，在某种意义上说可谓当今社会的典型。他比杰克•弗洛斯特晚出生 25 年，属于另一代人，人生观、态度都和杰克•弗洛斯特相差一光年。

① 战略情报局(Office of Strategic Services, O.S.S.)：美国在"二战"期间成立的情报组织，中央情报局的前身。译者注。

两年前，沃伦·布莱尔是位收入不菲的管理人员，挣得最多的时候年收入可以达到五万美元。后来公司倒闭了。尽管他有老婆，有孩子，有沉重的房子抵押贷款，还欠了一屁股债，但他从此之后却再也没有工作过。其实，原来的公司一倒闭，他就应该能够找到工作，只是职位和薪水不如上一份工作。有人曾给他提供年薪三万美元的工作，他断然拒绝了。

后来布莱尔问我能不能给他提供一个"合适的职位"。他向我解释："我需要考虑自己的名誉和地位。"

我告诉他很遗憾，我没有合适的工作可以提供给他。我强忍着没有告诉他：我不会花一分钱，去雇用一个被惯坏的、自命清高、贪图享受的员工。

在我们的身边、在社会的各个阶层，像沃伦·布莱尔这样的人无处不在。我们的社会制度一意孤行，催生了一大批惯坏了的骄奢之人。他们毫无自律性，不愿意为自己的生活承担应有的责任。

美国的失业率高达7%以上。我看到的最新统计数据表明，英国有150万的失业人口。

每个国家能听到的最大的政治呼声就是要求政府采取行动——主要是增加投入。他们敦促政府增加公共就业项目，增加其他刺激经济的政府投资。

大西洋两岸的工会领导按照惯例发表声明，对商业进行谴责，并要求政府采取行动，增加投入。他们呼吁政府提供就业岗位，甚至单纯地为了就业而创造工作机会。

英美两国的商人则要求政府采取行动，放松对用工方面的常规限制，并呼吁联邦政府为他们的公司提供大规模贷款和资助。

几年前，爱丁堡公爵菲利普王子(H. R. H Philip)因为自己的言论而被推上了风口浪尖，遭致媒体和公众的强烈谴责。他说，只要英国人"不再懈怠，开始努力工作，英国经济的大部分病症都能解决"。我也会给我的同胞们同样的建议，无论是政治家、工会领导人，还是商人。与其在政府施舍的柜台前排队，倒不如从现在就开始努力工作，行动一定要快，而且不再奢求山姆大叔会帮助自己。

毫无疑问，美国、英国和很多西方国家的失业问题非常严重。不过我敢打赌，那些叫得最起劲儿的人从来没有雇过家政人员，也没有雇过粉刷围墙或清理空地的人。他们更不会去数一数有多么海量的工作机会，因为没人应聘而只能求着人去做。

《纽约时报》周日版将广告信息分门别类。上面有如云的招工信息，一页连着一页。全国各地的职业介绍所也说他们面临招不到工人的问题。调查表明，很多失业的人根本不想去工作，或者只接受能够满足他们的要求和怪诞想法的工作。

"在用完失业补偿金之前，我不会急着去找工作。"

"除非这个工作和我的上一份工作相当，我才会考虑。"

"什么？每天上班的路上要花半个小时？我要找个待遇优厚而且离家近的工作。"

我面前放着一份1975年10月17日出版的报纸。这期报纸至少包括1375条雇主招聘雇工的展示公告和分类公告。从周薪35英镑（大约70美元）的初级职员职位，到年薪高达8000英镑（超过1.6万美元）的管理职位，应有尽有。

我定期会读这家报纸，我注意到每周都有大量的招聘广告。难以让人置信，英国有150万失业人口，却招不到足够的人去填补这些工作空缺。如果不是偶尔浮现的只言片语的解释，这个自相矛盾的现象真的让人丈二和尚摸不着头脑。

看看1975年夏初伦敦《每日电邮报》(Daily Telegraph)对此作出的解释吧：

因为失业救济金和其他短期国民保险金都是免税的，每周收入55英镑(约112美元)的已婚男人，如果失业超过14周，会得到更多的可支配收入。

收入40英镑(约82美元)的单身男子，失业后收入反而会更高些。需要抚养孩子的已婚男子，即使每周收入高达60英镑(约123美元)，也倾向于短时间的失业。

这些事实来源于详细的议会答复……

我不认识杰拉尔德·福特(Gerald Ford)总统本人，不过我有幸结识了尼尔森·洛克菲勒(Nelson Rockfeller)副总统，我毫不怀疑现任美国政府希望终结衰退、提高就业率的强烈愿望。

在英国，我很愉快地见到了时任英国首相的哈罗德·威尔逊(Harold Wilson)和财政大臣丹尼斯·希利(Denis Healey)，这是我莫大的荣幸。做客英国，为了对我的主人表示尊重，我没有对英国的政治系统、政党和开展项目的是非曲直作任何评价。我没有说好，也没有说坏，亦没有采取中立态度。

威尔逊首相非常有个人魅力，集智慧和能力于一身，我这样说并不违背我的礼貌原则，希利也是个风度翩翩、冰雪聪明的人。这些英国的主要领导人显然决心振兴他们的民族和经济。

然而，福特总统、洛克菲勒副总统、威尔逊首相、希利财务大臣不可能在一夜之间创造奇迹。他们不应该为困扰各自国家的社会和经济问题承担责任,受到无端的指责。问题的根源产生于过去,识别问题的根源也许能为这些问题的解决提供些许启示。

21 税收的本义。

和很多人一样,我也会阶段性地经历心理的低潮,1952年,我的日记这样记载:

4月11日:我思索资本主义的意义,很多人说资本主义会消失,我逐渐倾向于赞同这个观点。当今的资本家不能左右任何事情,甚至包括自己的生意。

4月12日:我不知道为什么我还在汲汲经营,也许是多年的习惯使然。如果我把公司卖掉,去购买免税债券,我将会过上相当富裕的生活。

这种坏情绪总是转瞬即逝。至少,几年前是这样的。我不得不承认,最近我越来越难摆脱这种坏情绪的干扰,但我相信这和生理年龄无关。

我手头恰好有字典,字典中对"存在主义"是这样定义的:

"任何认为哲学的目的就是对具体存在进行分析和描述的学说,都可称为存在主义。存在是一种自由行为,并通过坚持自我而构建了自由本身。"

根据存在主义的定义,企业家是真正的存在主义者。我自认为自己是一个企业家。

然而这其中还是存在矛盾之处。

对我们周围的"具体存在"进行的任何分析和描述表明,留给企业家施展才华的空间变得越来越狭窄。企业家对经济的健康发展、社会力量的增强所作的贡献,正遭受那些主张废除资本主义人士的不断诋毁。惩罚性税收、政府税收、林林总总的政府法规和限制就像一件件紧身衣束缚在企业家身上,使得他们无法自由施展拳脚,无法动弹,直至偃旗息鼓,消亡殆尽。人们普遍认为企业家具有扩张性,可到目前为止,没有人能够提出一个切实可行的替代方案,来取代企业家的位置。

在我的商业生涯中,和众多伟大的企业家有过往来,并和他们成为朋友。他们无一例外地把所有的精力和心血都倾注到了企业上,努力使自己的企业保持活力和生产力。他们集中精力,努力使企业不断发展壮大、不断提高企业效率,力争为更多的人提供更多更好的商品和服务。企业家的特征之一就是将企业创造的大部分利润投入到新的再生产中,由此,他们创造了越来越多的工作机会,并为社会积累了越来越多的财富。当然,在这个过程中,企业家总是亲力亲为、贯穿始终。

亚里士多德·奥纳西斯是个非常棒的例子。我们相交甚笃,看他工作真是莫大的享受。我们经常一起讨论商业问题。开会时,我通常带着助手、主管、律师和工程师,阿里却只身前往。对于讨论的问题,阿里总是能泰然处之,轻松地表达出自己的观点和立场。他拥有或管理的企业都是真正意义上的"个人"企业,阿里就是商业的化身,商业就是阿里,无人能和阿里相提并论。

我想起阿里的第一任妻子蒂娜·奥纳西斯(Tina Onassis),还没有和阿里分居离婚之前,她向我讲述的对阿里的评价:

"阿里总是往大处着想。如果他不是商人,是个艺术家,他只会画一面一望无涯的壁画。"

似乎所有的企业家都有一种与生俱来的能力,他们总是"怀有大梦想",从大处着想已成为他们的共性之一。我认识的很多朋友都是此类人物的代表,其中有阿莫德·哈默博士(Armand Hammer)、保罗·路易斯·威勒(Paul Louis Weiller)、大卫·洛克菲勒(David Rockefeller)、比弗布鲁克爵士(Lord Beaverbrook)、汤姆森勋爵(Thomson of Fleet)、朱尔斯·斯坦(Jules Stein)、查尔斯·海登(Charles Hayden)、查尔斯·克洛尔(Sir Charles Clore)、埃米尔·巴斯塔尼(Emil Bustani)、埃萨克·沃弗森(Sir Issac Wolfson)。如果没有篇幅限制,我还能列举出好多好多人。

从经商之初,这些企业家就怀有大梦想,一心想把蛋糕做大做强,他们还具有丰富的想象力和强烈的进取心。企业家的另外一个特征便是敢于承担巨大的风险,有时候甚至会孤注一掷,小商人对待风险却唯恐避之不及。

汤姆森勋爵是个非常好的例子。1955年,他得知苏格兰独立电视运营状况很不好——"我被告知,没有人愿意接手这个烂摊子。"汤姆森勋爵曾经如是说。

这需要大量的投资。汤姆森勋爵向几十个人发出了邀请,希望能够募集资金。只有很少数人作出了积极的反应，大部分人则认为过于冒险。他没有和我联系，如果他和我联系的话，我一定会赞同的。我对他的敏锐的商业嗅觉佩服得五体投地。1957年，汤姆森勋爵拿下了合同，个人投入了80%的资金。他曾公开说，当时募集的资金，每100英镑后来都升值到2.2万英镑，他本人的利润高达数百万英镑。

汤姆森做好了承担风险的准备。他具有深刻的洞察力，集勇气与勤奋于一身。这些可观的利润是对其超凡能力的合法奖励。有一点我们还需要铭记于心，他创立的公司为成千上万的人提供了就业岗位，为上百万人提供了娱乐资源。

几年前的一天晚上，我接到一个越洋电话。一个接线员小心翼翼地问我是保罗·盖蒂吗？确认后问我是否愿意和一个铁幕国家的电台主持通话。由于个人的原因，我不能进一步透露相关信息。我让接线员接通了电话，很快，电话那端的人接了进来。他的英语说得非常好，略带一点点口音，他问我是否愿意为了人民民主国家的听众，回答几个问题。我说可以。

"盖蒂先生，这是我们的第一个问题。您认为百万富翁对国家有益吗？"

我回答说，我认为好的企业对任何国家都是有益的，无一例外，好的企业都会产生百万富翁。

接下来的问题是："您认为50年后，还会有百万富翁吗？"

这次我没有管住自己的嘴巴，我说："鉴于目前不断上涨的税收和政府对企业的过多干预，我认为50年后任何地方的任何人都不会成为百万富翁。"

电话那端一片死寂。过了几秒钟，主持人无力地说："谢谢您，盖蒂先生。"

采访戛然而止。很显然，我的回答并不是采访者或者电台的最高长官愿意听到的内容。

大脑正常的人都不会认为税收会被取缔。然而稍稍有常识的人都会意识到，西方世界的税收体系和结构亟需进行一次彻底的改革，并且已经到了刻不容缓的地步。

首当其冲的，应该是政府对税收和税款用途的基本理念。

以政治家为代表的政府喜欢过高估计私营企业的力量和他们的经济实力。他们似乎感觉企业是个取之不尽、用之不竭的聚宝盆。

人类创造生产力、社会的正常运作需要动机的驱动。工人期望得到薪酬，并渴望晋升，这是他们的动力源泉。商人和企业家拿着资金去投资，去承担风险，同样有动机的驱动，那就是期望获得合理的利润。

高税收消减了利润,企业家失去了动力,不愿意再进行投资。失去了投资,工商业成了无源之水,迟早会消亡。当然,政府可以接管工商业。可是这样做只有一个结果,即政府的接管根本无法使企业再焕发新机。政府在管理经营国有化企业和产业方面,实在是捉襟见肘,表现平平。政府经营的企业,不但不会有多少盈利,还经常会损失惨重。这时,政府不得不变本加厉地征税,而增加税收的最大受害者莫过于那些拼命工作却只能勉强度日的工人。

政府忘记了税收的本义。为了贯彻实施宪法规定的政府的基本职能,需要一定的资金,而税收的目的亦在于此。长久以来,美国政府打破了宪法的基本框架,不加选择地把触角伸向每个角落,对社会的每个领域、每个产业都要插手过问,而这根本不是政府的职责范围所在,与开国元勋们的初衷背道而驰。

最近十来年,越来越多的联邦政府(包括州政府和地方政府)的支出被用于社会性计划,这些社会性计划不仅毫无生产性可言,很多时候还阻碍生产力的发展。比如说,不管人民是否需要,政府都会定期地向上百万人发放福利。政府亦没有考虑过这些人是否"值得拥有",以至于,在美国产生了一个新的"亚种",这个种族的成员认为无限期地领取福利是其不可剥夺的权利。他们压根不去工作,甚至不会去找工作。很显然,做了最初的申请后,他们就可以一劳永逸了。一旦通过了政府的重重审核,申请材料被盖章、密封后,申请人就得到一辈子的许可证,永远依赖纳税人为生了。

如果我没有弄错的话,有些福利部门的社工手册严格规定,一旦申请人被认证合格,社会工人不可以询问福利接受者为什么不去工作。按照手册说明,这些问题是对接受者来说"有损其尊严"。当然这本手册对于辛勤工作的人们的权利和特权只字未提。正是这些人的税收资助了政府提供的 57 种或者 557 种"社会福利"服务,其中很多福利项目是对纳税人金钱的恣意挥霍。

税收,税收,多如牛毛的税收。

不幸的是,国家机器早已步入一种失衡状态。如今不论政府征多少税,都无法跟得上政府狂热的援助支出的步伐。这些钱被拿来用于福利、宠物美容师的职业培训、慢性累犯的心理治疗以及其他林林总总的社会工程和项目,名目之多令人瞠目。

执行日常管理职能的政府部门大手大脚的花钱习惯,进一步加剧了税收亏空。作为一个经商 60 多年的老商人,我非常在意合同,尊重合同的约束力。如果我做了一笔买卖赔了钱,我会非常沮丧。我会咽下失败的苦果,竭力将损失从另一桩买卖中找回来。今天，我们的政府工作人员签订的合同支出往往要比预算超支 50%、100%，甚至 200%。我很好奇负责这些事务的官员批准多余的费用领取支票之前，有没有瞥一眼合同？

我在前文已经说过，美国国债高达 4750 亿美元，真是令人触目惊心。我看过有关报道，根据现在的估算，到 1975 年，联邦政府的财政赤字将高达 800 亿~1000 亿美元，这使得国债也越来越多，就连九岁的霍屯督[①]小男孩都会意识到苗头不对，有些地方可能出现了严重错误，浪费现象严重，联邦政府则亟需瘦身，不必要的预算仿佛堆积如山的赘肉，必须消减。

然而，很遗憾，美国政府不是由九岁的霍屯督男孩管理的，它是由对选票如饥似渴的政治家和毫无责任心的官僚组成。不像商人和工人，他们不会担心政府收支不平衡。只要政府有控制印钞机的权力，一按按钮，就会炮制出排山倒海般的纸币。没有其他货币的支持，印刷的纸币数量越多，购买力越差。

每当谈及"恶性通货膨胀"这个问题时，有些人纵然听完解释，仍然迷惑不解，这让我非常震惊。这些人看到通货膨胀造成自己的薪金大幅缩水，国民经济疲软，却不明白背后的始作俑者是谁。他们吞吞吐吐地说，这种现象的元凶也许是劳动力需求过旺，或者是消费者消费过剩，造成了恶性通货膨胀。

这纯属无稽之谈。最近，米尔顿·弗里德曼博士[②]指出我们不能把通货膨胀的原因归结于劳动力和家庭主妇身上。博士还指出，我们正在经历的通货膨胀是由过度印刷纸币造成的。这群大手大脚的"山姆大叔"们用完现金，波托马克[③]银行的人只须轻轻按动按钮，顷刻间印钞机就会飞速运转起来，轻松吐出几十亿美元来。

曾几何时，美元是和黄金挂钩的。公民除了拥有投票权之外，还拥有财政权力。如果公民不同意现任政府的行为，他可以到任何一家银行去，将其纸币兑换成黄金。在某种意义上，公民的这种权力对政府是一种威胁，可以对政府形成约束力，联邦政府不得不小心翼翼地花钱。政府清醒地意识到，公民可以将纸币兑换成黄金，来表达自己的不满，这样政府的黄金储备就会减少，国际信用也会随之降低。后来，事情发生了变化，美元不再和黄金白银挂钩，美国公民失去了控制政府支出的能力。如果他

① 是第一批欧洲探险者在非洲南部偏远内地发现的居民，这一称谓在今天含有贬义。译者注。
② 米尔顿·弗里德曼（Milton Friedman）：美国经济学家，诺贝尔经济学奖获得者。译者注。
③ 波托马克河是美国中东部最重要的河流，流经首都华盛顿，这里用以指代联邦政府。译者注。

拿了一张20美元或其他面额的纸币到美国财务部要求兑换，他只能换得另一张纸币。

理论上讲，联邦政府是在借用印刷厂凭空印刷的纸币。实际操作上，政府的确也在为此偿付利息，可是理论永远只是虚幻的空中楼阁。现在美国的财政赤字已经接近5000亿美元，很快还会超过这个数字，大脑清醒的人都会明白美国政府根本无法偿还这个天文数字。

几年前有一首歌非常流行，歌名叫做"我们的花儿到哪里去了？"

恰巧，这是一首反对越南战争的歌曲。也许我们可以把这首歌曲的名字改作"我们的钱到哪里去了？"问题的答案是钱进入了无数的无底洞里，越南战争就是其中的一个。战争已逝，疯狂的超支依然在继续。

我的态度并不乐观。我认为若干年后，事情会变得更加糟糕。也许再过个十年二十年，连政府中那些对公共资金挥霍无度、目光最短浅的人也会看到末日就要到了。

我们倒不如让思绪自由地驰骋一番。我很认真(但绝谈不上快乐)地预测，届时采取的行动将把先前所有的民主惯例撕得粉碎，用"严峻"这个词来形容那时的形势，都将是一种温和的表达。很可能最初需要采取的行动之一，就是对人口进行强制性的重新分配，将不具备生产力的城市人口强制赶到一个地方。职业的政府福利接受者将从城市赶到人口密度很低的农村地区，那里有专门为他们建立的社区。政府会为他们提供住所、土地、基本的工具、种子和化肥。在那里，每个具有劳动能力的个人都需要自食其力。只有通过行动证明愿意工作并且能够自食其力的个人，才能脱离强制的农业劳动和家庭式手工业生产，从这里毕业。

下一步，将是通过强制立法，保证人口的零增长，这也可以和第一步同步进行。虽然在我的有生之年可能看不到了，可是我完全可以预见到有那么一天，人们在生孩子之前，需要得到政府的许可，获得政府的许可证书。毫无疑问，只有满足一定标准的人，才有资格获得许可，父母双方必须具有良好的劳动记录。曾经以领取政府福利或有可能靠领取政府福利才能生活的个人，将不会获得许可。同时，政府应该建立配套的立法，所有不经过政府的许可就怀孕的妇女需要强制流产。

这些不是我大脑昏昏沉沉时候的突发奇想。虽然没有公开宣布，美国政府已经对此进行了大量研究，并制定了初步的应变方案。最近，我和一位在美国主要智囊团组织工作的著名科学家交谈。他闷闷不乐地向我透露，按照现在的趋势，我们的大城市、经济和工业中心，在10~20年之内将成为无源之水，无本之木，成为懒汉、寄生虫、罪犯的滋生地。我们要为将来无政府的混乱状态付出的成本，将是现在国债的两三倍。

也许，只有通过借鉴苏联的做法，民主国家才能力挽狂澜。苏联政府不会像美国那样慷慨大方，对具有劳动能力却拒绝劳动的人，政府将剥夺他们的住房和食物。在苏联，劳动者创造得越多，得到的报酬和荣誉就越多。过去正是凭借这些原则，资本主义民主系统才得以发展壮大。如今，也只有借助这些原则才能使资本主义体系重新焕发生机和活力。

22 "客观"的美国人：对几任总统的看法。

我在国外生活了25年，很多人经常问我一个问题：我是否仍把自己看作一个美国人。问这个问题的人大部分是美国人。

我当然是美国人。

我自出生起就是美国公民，并一直保留着美国公民身份，也从来没想过放弃美国国籍。我是加州的永久性居民，就像我前几章提及的一样，我按时参加美国的所有大选投票，投的都是"缺席选票"。

不过，我认为自己是一个不偏不倚、客观公正的美国人。我对我的祖国充满忠诚和挚爱，可这不并意味着我是一个盲目的沙文主义者。在充分看到祖国的美好和力量的同时，我也清醒地看到它的缺陷和不足。如果我没有对《公民学》里的内容理解错误的话，在我意识里这不仅是每个公民的权利，还是每个公民的义务。

作为一名客观的观察者，我发现美国政坛就如一杯西梅汁，其真正纯度已经达到令人难以置信的程度。比如说，美国国会看到了美国对全世界没有管辖权这个事实，却无法接受这个事实。受到某些总统任期内的行政部门的教唆和误导，国会认为美国就是全世界的救世主和世界警察。怪不得我们美国人认为我们是上帝的选民，要比其他民族更智慧、更正直。

我们的民族有一种根深蒂固的思维模式——美国的民主体系和民主形式，就像底特律①的汽车和大急流城②的家具一样，可以包装起来，运往地球的各个角落。可是，令人难以置信的是，对我们出口的特殊商品，当地的人们并没有欢呼雀跃地夹道欢迎，亦没有表现出立即采纳的意愿，这让我们感到很愤慨。接受者显然是"忘恩负义"，不过我们仍会再给他们一些机会。很惭愧，我不得不说，我们企图通过收买、贿赂、恐吓、威逼利诱等种种手段胁迫别的民族"变得和我们一样"。

这是我们民族犯下的最糟糕、最昂贵的错误。

美国不应该试图改变别国的政府及其形式。所有的民族都是独特的。并不是所有的国家都像瑞士、瑞典、美国一样，也不想变得和这些国家一样。每个国家都有选择自己的政府模式的权力，别国无权干涉。有些国家只适合享受部分民主。每个国家都应该按照自己的发展水平选择自己的发展道路。

在前面的章节，我表达了对伍德罗·威尔逊总统的个人看法。他是个理论上的理想主义者，但缺乏将理论转化为现实的能力，他的国内政策也因此饱受诟病，导致矛盾重重。1918年"一战"结束后他的外交政策简直是场灾难。巴黎和会与凡尔赛会议上各方妥协达成的和平最后却得而复失，威尔逊有着不可推卸的责任。

对于他的继任者沃伦·盖玛利尔·哈定(Warren Gamaliel Harding)，人们除了谈及他的完全不称职以外，就没什么好说的了。在我看来，与其说他是个恶人，不如说他是个受害者。卡尔文·柯立芝(Calvin Coolidge)实际上要比大部分历史学家评价的精明，可是他没有跟上时代的步伐，缺乏闪光点。但我们应该记住一点，沉默的卡尔③实际上是最后一位真正做出努力、试图扭转美元单方面流入国外的总统。当顾问建议他取消欧洲的战争债务时，惜字如金的他只说了一句非常有历史意义的话："他们借了钱，不是吗？"

我认识赫伯特·胡佛(Herbert Hoover)总统本人，在我看来，他是个谨言慎行的总统，人也不错，但说不上是一位成功的政治家。他也是美国现代历史上饱受不公平诋毁的总统之一。传统的观点普遍认为，始于1929年的经济危机是赫伯特·胡佛的错误所致。同样，当看到人们认为杰拉尔德·福特总统应该为当今世界大多数国家普遍存在的经济问题负责时，也就不足为怪了。

① 美国密歇根州最大的城市，世界传统汽车中心和音乐之都。译者注。
② 美国密歇根州第二大城市，19世纪末成为美国家具制造中心之一。译者注。
③ 美国第30位总统卡尔文·柯立芝少言寡语，人送绰号"沉默的卡尔"。译者注。

早在赫伯特·胡佛总统就任之前，经济危机的萌芽就已经产生了。看看 20 世纪 20 年代的各大流行报刊每日刊登的股票市场报道，大家就会明白其中的端倪。联邦政府几乎没有能力来应对局势的发展。股票崩盘之后，胡佛总统遵循的原则不乏可取之处。他认为在关键的历史时刻，政府应该避免过分的干预。这一原则根源于"患病的经济会自我修复"的理论。这一理论从来没有得到公正的对待，在近代更是不可能得到人们认同。最终，经济得到复苏，而政府的干预只能加重经济弊病，延缓治疗的速度。

富兰克林·德拉诺·罗斯福(Franklin Delano Roosevelt)持不同观点，他希望"立即行动"，而且他基本上做到了。罗斯福总统才华横溢，处处散发着无穷的个人魅力，同时他也是一位杰出的政治家，是那个时代的精英。能够认识他，并得到他的小小信任，让我感觉到莫大的荣幸。额外补充一点，我是他忠实的支持者之一，在他参加的四次总统大选中，我都投了赞成票。

1939 年，欧洲陷入战争，自那时起，我对罗斯福总统的崇拜达到了顶点。下面是我随机选取的 1941 年的日记。

5 月 10 日：和某某见面，他请求我为第一届美国委员会[①]捐钱，我礼貌地拒绝了，没有给他们一个子儿。我是我们的总统罗斯福的忠实跟随者，第一届美国委员会不会从我这里得到任何东西。

罗斯福认识我，并且对我很信任。在他的指示下，韦恩·约翰逊(Wayne Johnson)给我打来电话。

5 月 26 日：韦恩·约翰逊从纽约打电话给我，问我是否愿意到华盛顿担任公职。

后来，这件事情前功尽弃，需要我去任职的委员会没有成立起来。

1914 年珍珠港事件后，罗斯福总统发表广播演讲，表达了美国保护公海里美国船只的决心。我给他发去了下面的电报：

---

① 第一届美国委员会是一个臭名昭著的奉行孤立主义的集团，其成立目的是为了阻止美国参加"二战"。事实表明，该委员会的很多成员都是亲纳粹分子。为了避免尴尬，盖蒂先生没有提及请求他捐钱的人的名字。编辑注。

您今晚的演讲将成为美国历史上伟大的文献资料之一。如果轴心国的潜水艇继续发动突袭，继续任意妄为，战争将不可避免……如果他们继续侵略行为，全国人民将齐心协力，随时等候您宣战的召唤。愿上帝保佑您，赐予您力量，完成您的伟大使命。

当然，我无法保证罗斯福本人看到电报；演讲结束后，他一定接到了成千上万的电报。几天后，我着实吃了一惊。我接到了杰夫特·欧·康纳(Jefty O'Connor)的电话。他是我和罗斯福总统共同的好朋友。我还接到了民主党全国委员会主席艾德·弗林(Ed Flynn)的电话。罗斯福总统让他们转达了他本人对我的谢意。在战争时代，我有幸见过罗斯福总统两次，他总是那么亲切友好，容光焕发。罗斯福去世时，和全世界无数的人一样，我非常悲痛，感觉失去了一个至亲至爱的好朋友。

我从来没有见过哈利·杜鲁门本人，不过我对他非常尊重。我记得杰夫特·欧·康纳向我展示了一封罗斯福去世当天杜鲁门写给他的信，杜鲁门第二天早晨才将这封信寄出。在信的结尾，他仓促地写下了下面令人感伤的话语：

"昨晚，世界落在了我的肩上"。

很遗憾，对于另一位将军，杜鲁门总统的继任者德怀特·大卫·艾森豪威尔总统(Dwight David Eisenhower)，我却没有太多的话可说。艾森豪威尔总统和他的"豪斯上校"——其精英幕僚约翰·福斯特·杜勒斯①推行的"边缘政策"严重威胁了世界的和平稳定。正是在艾森豪威尔和杜勒斯统治期间，美国对别国内政无休止的干预达到了顶峰。想想杜勒斯急匆匆地奔波于世界各地，披着自我标榜为正义的斗篷，如福音传道士一般不厌其烦地推销"美国方式"，就令人顿感压抑沮丧。

我见过并认识肯尼迪家族的很多成员，有些人给我留下了良好的印象，有些人则不然。约翰·肯尼迪(John F Kennedy)风度翩翩，魅力无人可挡。他讨好观众的技巧达到炉火纯青的地步，简直是前无古人，后无来者。不过，按照都伯林的雷恩斯特公爵酒店风格建造的白宫，是否能够改建成卡米洛特宫殿，我本人持保留意见。②

人们对被称为美国"首席执行官"的林登·约翰逊总统(Lyndon B. Johnson)念念不忘，

---

① 约翰·福斯特·杜勒斯(John Foster Dulles)：曾任美国国务卿，冷战初期美国外交政策的主要制定者。译者注。
② 卡米洛特是英国传说中亚瑟王的宫殿，其充满着骑士时代特有的英雄主义激荡情怀和高贵典雅的迷人魅力，这也正是美国人心目中的肯尼迪形象。在这里作者可能暗批当时的肯尼迪。译者注。

这让我非常惊讶,他在很多方面都执行了错误的判断。他的"伟大社会"①计划大部分是明目张胆地讨好选民的权宜之计。这一计划也大大破坏了美国的经济,并开创了政府费用大幅增加的恶性先河,政府开支一旦大幅增加,就会不可避免地愈演愈烈,因为对公共资金的胃口一旦打开,只会愈发贪婪、越来越大。

不过,约翰逊最大的失误是使美国深深卷入了越南战争的泥潭。过去我这么讲,现在依然这么讲。这不仅仅局限于私人谈话,我和认识的议会议员谈话时也这样说。在我看来,他们都是非常智慧、理性的人。

首先美国不应该卷入越南战争。美国介入越南事务是最糟糕、最可怕、最愚蠢的错误。一旦作出了疯狂的决定,就不应该踌躇不决,这也没有后路可言。无休无止的战争只能使无数的人献出无辜的生命,美国的声望和信誉也会一落千丈。

世人可能不大喜欢当今世界的"既定事实",但人们学会理解并尊重它。而那些不能履行自己的使命、不能实现既定目标的国家(尤其是那些自我标榜为超级大国的国家),往往会遭受世人的唾弃。

理查德·尼克松总统(Richard M. Nixon)是我最了解的美国总统。我发现,谴责嘲笑尼克松总统俨然成为当下的潮流,我拒绝随波逐流。这不仅仅是因为他是我的朋友,更因为我认为他是一名优秀的总统。

听起来也许有些荒谬,在我看来尼克松是可以和罗斯福相提并论的总统。虽然在基本的政治哲学和追求的政策方面二者相去甚远,他们都是适应各自所处时代要求的恰当人选。我坚信终有一天,历史会还尼克松以清白。世人会忘却他所谓的过错,指控、谩骂、谣言的阴霾不会再笼罩在尼克松身上,他的真正、持久的功勋将会受到世人公正的评价。

当然,我认为媒体的恶意中伤在很大程度上造成了公众对尼克松的恶劣印象。我和尼克松相交数年,在我看来,他是一个开朗愉快的人,爱开玩笑,爱弹钢琴,爱和朋友聊天。很多媒体声称尼克松迟钝、阴沉,在他的诸多品质之中我却从来没有见到过他表现出这一面。我和他交谈时,他总是思维敏捷、头脑清晰,在错综复杂的国际事务方面有着精深的造诣。

由于前任们的过失,美国一度失去世界的尊重,而尼克松总统力挽狂澜,使美国

---

① 美国总统林登·约翰逊所实施的当代美国最为雄心勃勃的社会经济改革纲领。包括福利计划、反贫困计划、保障民权的举措以及税制改革、城市更新和环境保护等方面的行动。译者注。

重新赢得了国际社会的尊重。他讲话时，外国的首脑们总是洗耳恭听。他对世界和平作出诸多贡献，意义深远。

那么水门事件呢？

欧洲人对美国人对此次事件的过激反应感到难以置信，这简直是小题大做。他们嘲笑我们天真。该说的都说了，该做的都做了，因为一件微乎其微的政治丑闻，就不惜撕裂我们的国家，这点亦让欧洲人百思不得其解。每届政府都会出现这样的丑闻，事后都会烟消云散。确切地说，尼克松政府绝对不是第一个使用窃听器和电子窃听装置的政府。

那些希望惩罚羞辱我的人请自便吧，我依然会保持对尼克松的尊重和爱戴。无论什么时候他到我家去做客，都会受到热烈的欢迎。

我们很难预见未来美国的政治发展道路。经历了越南战争和水门事件的重创后，整个民族仍处于恢复愈合期。国内和国际的经济情况是非常重要的因素，可是现阶段还是不可预知的。

微弱的迹象表明，我们国家的经济有可能再次好转，这会解决众多迫在眉睫的问题。重塑一个丧失了诸多价值标准、摒弃了诸多基本原则的国家，这是一个漫长的过程，需要强大而有魄力的领导。

作为一个客观的美国人和一个现实主义者，我不期望一夜之间会发生奇迹。在我看来，除了要承担每位总统必须承担的正常职责之外，杰拉尔德·福特总统还从历史上继承了诸多重担。1976年的国家大选将甚为关键，也许比美国和平时期的任何大选都要重要。

然而，在我写这些文字时，我还没看到强有力的民主党候选人的出现。但这并不意味着在本书出版之前，不会有人出现。

谁会是共和党的候选人呢？人选迄今为止还没有确定。如果他们选择杰拉尔德·福特或者尼尔森·洛克菲勒，都会得到我的缺席选票。作为领导人，他们头脑聪明、精力充沛，深谙政府及管理艺术，在海内外享有盛誉。这些都是在1977年1月20日问鼎总统宝座的人选的突出和不可或缺的素质。今后的四年，将是决定美国社会、经济、政治走向最关键的四年。成败在此一举。

23

我不是卓别林的情敌。

我宣称自己是一个"客观"的美国人，但又意识到这点必须加以修正和限制。回首在美国的岁月，我无法假装淡定，想起一些个人生活，太多的感受和情绪涌上心头，可谓百感交集。迄今为止，大部分的回忆都是温馨愉快的，自然，逝去的岁月总会给记忆中的人和事蒙上一层瑰丽的色彩。

战争年代我在南加州逗留了很久，那时正值 1919~1939 年。加州的石油商人和好莱坞的影视业人士经常接触碰面，有着大量的交集。

这其中有着诸多原因。首要的是，除了农业以外，石油和影视业是南加州的两大支柱产业，该地区的富人也主要源于这两个领域。成功的石油大亨和影视人士买得起高档的住宅区，去得起最好的俱乐部，消费得起最好的饭店，因此，大家有着共同的熟人和朋友圈子，就不足为奇了。另外，事业成功的石油商人和举足轻重的影视人士有着重要的共同特征：工作时，他们会集中精力好好地工作。一旦有机会去玩，他们也会集中精力好好地玩。

另外，还有一个至关重要的共同点：两个领域的人们的命运都被飘忽不定而又难以捉摸的未来操纵着，无法预见。

一位穷困潦倒、几乎身无分文的石油商人，只因他开采的某一口井突然汩汩地喷出石油来，一觉醒来，忽然发现自己成了一位百万富翁，这种情况屡见不鲜。有些人，周三还是百万富翁，只因自己宏大的钻井工程最后宣告失败，周四发现自己已经破产、不值一文，这种情况同样也是司空见惯。

与此相似，默默无闻一文不名的临时演员会一夜成名，获得高薪。杂牌工作室①的制片人只需乘上幸运之神的列车，就会转瞬成为影视大亨。反之，功成名就的明星们也都明白，一次惨淡的票房收入就有可能使他们失业，从此没有人会再找他们拍戏。制片人和导演清楚，业内报纸对他们最近电影的负面评论有可能立即结束他们宝贵的职业生涯。

他们都是敢于承担巨大风险的勇士。无论是面对几百米深的钻井，还是几百米长的电影胶片，石油商人和影视人士敢于押上重金，甚至是倾其所有，只为一搏！对这些人，我总怀着一股深深的同志情谊。

一天下午，一帮影视界人士在我海滨别墅的沙滩上晒太阳，妮塔•纳尔迪②说了一句令人深省的话：

"对我们所有人来说，我们要么"扑"地一声一飞冲天，要么"噗"地一声从高空轰然坠地，我们再无任何依靠，我们会粉身碎骨。"

约翰•吉尔伯特③对于影视界命运的变幻无常也有颇多感触。

"千万千万不要对看门人无礼，对任何看门人都不要无礼。"他苦口婆心地给出忠告，"有一天你有可能被踢出门外。除了看门人，还有谁会把你从大街上捡回来？"

鲁道夫•瓦伦蒂诺④英年早逝，他在人世间只停留了31年，他的短暂生命充分折射出变幻莫测的影视界，以及能被幸运之神垂青并不断取得进步的变化无常的影视界人士的命运。

我很早的时候就和瓦伦蒂诺成为朋友了，那时他在夜总会做舞者，每周的收入大约有50美元。他是我的好朋友、好同伴，我们相处得很愉快，经常一起出入各种派对。然而，生活中的鲁道夫•瓦伦蒂诺和他在荧屏中的表现完全不同，这也许会使他的女粉丝大为诧异，甚至感到幻灭吧。

鲁迪(鲁道夫的昵称)和女性交往时非常腼腆，甚至有些害羞。鲁迪成荧屏上的伟大情人和最性感的男人，这让他的男性朋友包括我在内感觉非常震惊。我们记得，鲁迪

---

① 杂牌工作室(Poverty Row)：指出现于20世纪30年代前后的一批小制片厂或工作室，它们与好莱坞当时的八大电影制片厂不同，规模较小，请不起大明星，专门制作低成本影片。大制片厂就戏称其为"杂牌工作室"。译者注。
② 妮塔•纳尔迪(Nita Naldi)：20世纪20年代名噪一时的美国影星。译者注。
③ 约翰•吉尔伯特(John Gilbert)：20世纪20年代著名的银幕偶像。译者注。
④ 鲁道夫•瓦伦蒂诺(Rudolph Valentino)：美国无声片时代最为风靡的银幕情人。译者注。

需要被我们连推带揉，他才敢去和他在派对上看到的心仪的女孩说话。

鲁道夫·瓦伦蒂诺并没有被成功冲昏头脑，他还是老样子，态度谦逊，性格温和，对老朋友依旧忠诚，依然保持着健康的生活观，还有一贯的幽默。

影片《碧血黄沙》打破了所有的票房记录时，我问他，"你现在成了享誉世界的国际巨星了，你有什么感觉啊？"

"太油腻了，"鲁迪扮了个鬼脸说，他将手穿过头发里，然后摊开手掌，全是滑溜溜的头油，"制片厂的人要给我用上几夸脱这种玩意儿，我讨厌这东西。"

当然，这其中也有骗子。有些不厚道的石油推销商，企图游说富有的电影制片人、导演、明星拿出大笔的钱，作为"投资"投入他们那些根本不靠谱、甚至虚假的石油项目。当然，也有些电影制片人，认为成功的石油商是很容易得手的猎物。他们锁定成功的石油商人，游说、引诱他们投资自己的电影。一般来说，靠掠夺为生的物种通常都不会走得太远。

有时，也有截然相反的情况，我也会成为被拖下水的倒霉鬼。1920 年，一群富人告诉我他们想"投身于石油热潮，赚大钱"，其中有些是电影制片人，我没有同意。虽然那时原油价格很高，可我已预见到泡沫随时破裂的可能。无奈他们很坚持，尽管我有更好的意见，还是被说服了。我们成立了投资资本高达 500 万美元的公司，开始在加利福尼亚和俄克拉马荷州开发油田，并取得一定成功。可是我的伙伴对石油一窍不通，他们看到没有像梦想的那样周进百万甚至日进百万，而渐生芥蒂。我对他们失去了耐心，购买了公司 99% 的股份，随后解散了公司。我郑重宣誓，再也不和石油业以外的门外汉合作。直到今天我一直坚守这条誓言。

大部分好莱坞顶级的制片人和电影公司的高管对电影产业有着同样的感受。他们同样是在业界寻找成熟的电影人作为商业合作伙伴。约瑟夫·申克(Joseph Schenck)就是这么做的。他是我的朋友，还是我的邻居，他的豪宅和我家离得不远。申克和道格拉斯·费尔班克斯(Douglas Fairbanks)、玛丽·毕克馥(Mary Pickford)、查理·卓别林(Charles Chaplin)成立了联美公司，这三个人也都是我的朋友。后来乔(Joe)和达瑞尔·扎努克(Darryl Zanuck)也加入了进来，联美公司如虎添翼，在电影界取得了令人瞩目的成就。

20 世纪二三十年代，杰西·拉斯基[①]是我特别要好的朋友之一。我们是在圣塔莫

---

① 杰西·拉斯基(Jesse L. Lasky)：好莱坞电影制片人，派拉蒙电影公司的主要创办者之一。译者注。

尼卡海滩俱乐部认识的,那时我们都是这家俱乐部的会员,我们一见如故。在我看来,他是一个学识渊博、擅长讽刺幽默的人。作为电影界的早期开拓者之一,他总是能编织出一些电影界的闲情轶事,毫不保留地与别人分享每一件事情,从不顾忌这会给自己招惹什么麻烦。

克拉拉·鲍①是我的另外一个好朋友。正是通过她我认识了制片人兼导演山姆·洛克(Sam Rork)。后来,山姆·洛克的女儿安成了我的第四任妻子。

克拉拉·鲍的幽默感总让人觉得有点超脱凡尘,天马行空。有一次,我在长滩监督钻井,工地里突然出现了一列耀眼的豪华车队。克拉拉心血来潮,想组织一次野炊,同时能让她及我们共同的几个朋友,开开眼界,参观一下石油开采的过程。

克拉拉、波琳·弗雷德里克(Pauline Frederick)、约翰·吉尔伯特(John Gilbert)、多萝西·吉许(Dorothy Gish)、大卫·麦德凡尼(David Mdivani)等一大群好莱坞明星从豪华轿车里下来。穿着制服的司机从车上搬下来一篮篮的食物、饮料,以及精美的野炊炊具。

野炊很成功,可是我的参观者都没有看到石油开采的过程。我的员工非常善解人意,很快停止了工作,开始,他们只是在一边傻傻地看着,后来克拉拉邀请他们参加派对,消灭堆成小山般的食物。工人们享用了食物,还得到了一大堆亲笔签名。我的一名钻井工人应该获得最佳创意奖,他是克拉拉的超级粉丝。

"鲍小姐,您能在我的车上签名吗?"他问。

"乐意之至,"克拉拉笑道,"不过一下雨就会冲没的。"

"不,不会的,"钻井工人说,说着他拿出一把锋利的凿子,"您只需要将您的大名刻在引擎罩上,靠近驾驶员一侧的挡风玻璃的位置,这样我开车时可以随时看到您的芳名。"

克拉拉拿起凿子,刻上了自己的名字。后来的故事是这样的,钻井工人将克拉拉刻在漆上的名字喷了一层电镀,即使在尘土中看上去也熠熠闪光。

我还和很多其他的好莱坞名人建立了持久的友谊,度过了许多美好的时光。我认识的女性朋友有波拉·尼格丽(Pola Negri)、珍妮特·盖纳(Janet Gaynor)、诺尔玛·希勒(Norma Shearer)、格洛丽亚·斯旺森(Gloria Swanson)、琼·克劳馥(Joan Crawford)、薇薇安·利(Vivian Leigh)、珍·哈露(Jean Harlow)、玛丽·毕克馥(Mary Pickford)的妹妹洛蒂(Lottie),她们是我

---

① 克拉拉·鲍(Clara Bow):好莱坞影星,其主演的影片《翼》(Wings, 1927)获第一届奥斯卡最佳影片金像奖。译者注。

见过的最可爱、最迷人的女性。我认识的男性朋友有鲁迪·瓦利(Rudy Vallee)、路易斯·梅耶(Louis B. Mayer)、塞西尔·德米尔(Cecil B. Demille)、山姆·戈德文(Sam Goldwyn)、道格拉斯·费尔班克斯、布鲁斯·卡伯特(Bruce Cabot)、加里·格兰特(Cary Grant)以及泰隆·鲍华(Tyrone Power)。这些制片厂的大亨和主演头脑精明，精力充沛，彼此之间经常往来做客。我和他们建立了深厚的友谊，这让我受益匪浅。

作曲家伊戈尔·斯特拉温斯基和画家阿瑟·鲁宾斯坦(Arthur Rubinstein)是好莱坞的一道风景线，他们个性鲜明独特，即使是在好莱坞这样的地方他们也算有个性之人。斯特拉温斯基喜欢在家里举办豪华派对，他有着与众不同的性格——聪明、豪爽、极端情绪化，没有人知道他下一步将要做什么。有一次在聚会上，一位男演员喝得有点儿多，犯下大错——将高脚杯放在了伊戈尔的钢琴上。

"农民！"斯特拉温斯基咆哮道，他很快跑到屋子外面，拿出一个灭火器来，往闯了祸的演员身上一阵猛喷。

有一次，伊戈尔告诉我，他感觉很遗憾，没有人能够创作一首以石油勘探开发为主题的歌曲。

"因为很难找到适合创作石油歌曲的纸张，"他眨着眼睛说，"如果不能把谱子写在1000美元一张的纸币上，即使是贝多芬也会感觉江郎才尽，无法产生灵感。"

很少有已婚夫妇会像阿瑟和他的妻子内拉·鲁宾斯坦(Nella Rubinstein)那样热情好客，夫妻之间那么相濡以沫。有一次，阿瑟给我们透露了一个在没告诉我之前，绝对是不为人知的秘密。故事大概是这样的：战争前，他去了华沙，并举办了一场音乐会。在那里，他认识了华沙歌剧院的指挥的女儿，并坠入了爱河。

"我向她求婚，她同意了。我们打算在华沙歌剧院举办一场盛大的婚礼，并做好了一切准备。到了那天，所有的人都到了——除了我之外。我坐上了离开波兰的火车，我得了恐婚症，临阵脱逃了。如果再见到我，华沙歌剧院指挥肯定要杀了我。"

我敢肯定，剩下的故事呢，大家都非常熟悉了。几年后，华沙歌剧院指挥的女儿内拉和阿瑟再次相遇，这次他们真的结婚了。

"我终于不再害怕了。"鲁宾斯坦这样总结他的故事。

阿瑟讲述这些故事时，内拉一直在一旁静静地听着。

"并不完全是这样，"她说，"我们结婚的那天晚上，他还在害怕。阿瑟不记得了，我可没忘！"

在 20 世纪二三十年代，好莱坞有一种特别流行的恶作剧方式，那就是一帮人突然闯入朋友的家里，而且最好是在看似根本不可能的时间里，好看朋友的笑话。大约凌晨三四点的时候，刚从派对散场的客人感觉意犹未尽，有时会突发奇想，盘点一下在影视城中的朋友，此时谁应该会在家里睡大觉。所有的人挤进汽车里，开车跑到"受害者"的家里，使劲地按门铃，直到主人或者佣人过来开门方肯罢休，然后这群人就会蜂拥到房间里。

这时就会有人很愉快地走出来，告诉睡眼惺忪、哈欠连天的主人："我们就是过来喝点东西。"

这种"不速之客"的游戏还有很多流行的版本。最常见的方式是请一个乐队过来，最好是演奏铜管乐器的乐队。大家会把乐队带到"受害者"的家中，一打开门，乐队就会冲进来，列队走到房间里，演奏"星条旗永不落""第十二街拉格"等振聋发聩的歌曲。

不用说，被夜间突袭的人应该沉着应对，最好表现出泰然自若的样子，可是并不是所有的人都能做到这一点。下面我将讲述一个真实的例子，虽然这件事我没有亲身参与其中。有一个 15 人组成的乐队和另外 40 多人冲进一位已婚女明星家里，凑巧她的丈夫去了纽约，她的情夫是个已婚的男明星，听到这群搞恶作剧的人冲进来，他吓得屁滚尿流，赶紧从楼上卧室的窗户跳了出去，结果不幸扭伤了脚踝。

我的朋友菲尔·康纳斯(Phil Connors)和大卫·麦德凡尼曾经组织了一群人，突袭我的马里布滨海别墅。那时大约凌晨 4 点，幸运的是，卧室里只有我自己，仆人迈克也非常聪明，他听到门铃响个不停，没有马上开门。这样，我才有几分钟的时间穿好衣服，不过打领带的时间是没有了，我拿起领带，从后门溜了出去。嘈杂的人群如潮水般涌进了屋子，在菲尔·康纳斯的带领下，雇来的乐队径直走进了我的卧室。

我系上领带，在外面等了 5~10 分钟。这段时间足以让入侵者充分品尝一下失望的滋味，他们看到没有打扰我的美梦，肯定心灰意懒。我感觉时候差不多了，就吹着口哨、闲庭信步地踱到了门口。

我走进来，突然停住，凝视着转向我的一张张脸。

"哦，上帝！"我大声叫嚷着，充分调动我的脸部肌肉，故意装出大惊失色的样子，"我一定是把日期搞错了，我以为派对是在明天晚上。"

菲尔·康纳斯后来点评道，如果总分按照 10 分计算的话，我的表现可以打五分，不好也不坏。有一位著名的欧洲导演面对突袭者，一丝不挂地镇定走下楼，无动于衷地吸着巨大的哈瓦那雪茄。还有华纳兄弟公司的经理，任由这群人折腾了一小时，而他却一直在打纸牌，目光压根就没有从纸牌上移开，没有抬头看他们一眼。第二天，他给每个突袭者都发了同样的电报，电报内容是：好久不见，什么时候能一起吃顿早餐啊？他们的表现属于一流，应该打高分。

我和查理·卓别林的关系，一直是很多花边新闻的主题，借此机会，我要澄清一下事实，至少提供一下我自己的版本。

我和查理第一次见面，大约是在1918年或1919年。他是位理想的朋友，我非常乐于和他交往。可是查理总怀疑我和他的几个女性朋友的关系不清不白。这一切都起源于埃德娜·普文斯(Edna Purviance)，她是卓别林早期喜剧的女主角，卓别林怀疑她对我暗送秋波。后来在20世纪30年代的时候，面对罗琳(Lorraine，我只记得好像是这个名字)以及琼·巴里(Joan Barry)、宝莲·戈达德(Paulette Goddard)这三个姑娘，我们又产生了同样的问题。

现在，我和宝莲(Paulette)成了很好的朋友，写下这些文字的前几周，我还收到了她的信件。当然，我和她已故的丈夫——生于德国的伟大小说家埃里希·马里亚·雷马克(Erich Maria Remarque)也是很好的朋友。不过，至于琼·巴里，情况就不同了，正是因为她，我和卓别林的友谊才一波三折，30多年都没有和解。

巴里小姐是位非常有前途的女演员。她曾经是我的女朋友，我们短暂交往了一段时间，我必须承认，那是段干柴烈火般的恋情。后来，她把注意力转向了卓别林，卓别林在自传里生动而具体地描述了他和琼·巴里相处时遇到的种种困难，在这里我无须赘述。

然而，后来的事情闹得沸沸扬扬，媒体进行了大肆报道。巴里怀孕了，产下了一个孩子，她宣称这个孩子是卓别林的，并启动了生父确认诉讼程序，后来这个案件得到了庭外和解。后来，因为琼·巴里事件的继续发酵，卓别林再次受到了联邦刑事起诉，在我看来，这是一场肮脏的、毫无根据的官司。法庭给我发来传票，要求我去作证。我别无选择，只能站在证人席上回答向我提出的问题。这些问题琐碎之至，我根本不明白法庭为什么决定传我作证。

后来陪审团澄清了所有对卓别林的指控，我感觉非常开心，认为正义终于得到了申张。可是后来情况却发生了变化，这场诉讼使我和卓别林的关系彻底破裂了，这让我很遗憾，也无法理解。巴里诉讼案重新开庭，虽然血液测试结果表明卓别林不可能是孩子的生父，法庭还是对他进行了裁决。同许多人的感觉一样，这个结果令我惊诧莫名。

直到1971年，我和卓别林才冰释前嫌。那时候，我们同时接到邀请，到伦敦参加一个派对。我们很友好地互相打了招呼，有机会独处时，我们相约走到了一个角落里，谈话内容无须赘述，您只需知道这点就足够了。

那时查理83岁，我也79岁了。我们感觉像我们这把年纪的人，还为了30多年前认识的女人，为了曾经的醋海情波而对对方怨恨于心，实在是太荒谬了。我们握手言欢，查理摆出了他的招牌式笑容，我顿时感觉释然了。我只希望查理·卓别林先生也能和我有同样的感觉，为我们的见面和和解由衷地感到愉悦。

24　旅居的生活。

我在前文已经讲过，从 1927 年起我就养成了固定的旅居习惯，这个习惯一直保持到 1939 年。在这些年里，每年我都会在美国待七个月，在欧洲生活五个月。1940 年，我中断了这种生活方式，直到 1949 年的晚春，我乘船去了纽约，这个习惯才又恢复起来。在伦敦待了几周后，我去了法国。在一篇日记中我这样写道：

我去看了我位于圣迪迪埃 12 号的住所。无数记忆在脑海里蔓延，逝去的岁月(1927~1928 年的时光)如此美好！和彼时相比，巴黎乃至全世界发生的变化是如此之巨大！

查尔斯·孟德尔(Charles Mendl)及其夫人埃尔希·孟德尔[①]夫妇每年会在好莱坞的家中住一段时间，然后跑到凡尔赛的家中住一段时间。他们两个都是我的最亲密的朋友，我非常喜欢他们的为人。1949 年夏天，他们住在法国，在那里我们一起度过了很多美妙的时光。不知道为什么，只要和孟德尔夫妇待在一起，我就会遇到很多光怪陆离的事情，我经常会发现自己处于一种匪夷所思的情形中，做出莫名其妙的事情。

仅仅 1949 年的夏天就发生了好几起诡异的事情。讲述这些事情之前，我必须讲一下埃尔希告诉我的她和查尔斯爵士的婚姻轶事，我们还是先从他俩订婚的经过讲起吧。

当时，埃尔希可谓成功人士，相当富有，而查尔斯·孟德尔只是英国驻外事务处

[①] 埃尔希·孟德尔(Elsie Mendl)：演员和室内设计师。她是美国室内装饰第一人，她的装饰思想影响了好几代美国室内装饰设计师。《纽约人》曾评价："室内设计这个职业是由艾尔西·德·沃尔菲所发明。"译者注。

新闻部门的官员。20 世纪 20 年代时，他们都住在巴黎，交情不错。埃尔希比查尔斯大上几岁，查尔斯遇到问题时经常去征求埃尔希的意见。1926 年，他们和一群人一起，到法国北部海边的多维尔去度周末。

到了多维尔的第一天晚上，查尔斯问埃尔希，他能否找她谈谈心，于是他们沿着海滩边走边聊。

"我在考虑结婚的事情，我感觉我是应该找个人结婚了。"查尔斯说，然后他说出了他准备求婚的年轻姑娘的名字。

"不可能！"埃尔希大声嚷道，"她根本不适合你！"

听到埃尔希的话，查尔斯大吃一惊，他吞吞吐吐地说："为什么，埃尔希，你很了解女人，你认为谁更合适啊？"

"我啊。"埃尔希语气平缓地说道。

查尔斯顿时吓得定在了原地。他盯着她，说："我……我从来没有考虑过你，埃尔希。"

"为什么不呢？"

"因为你很富有，你知道我赚得很少。"当时查尔斯的年收入大约为 1.1 万美元。

"如果我不介意，那么你也不应介意，查尔斯。"

埃尔希告诉我，就这样他们订婚了。后来又发生了下面的故事。

他们的订婚简直是万众瞩目。定好了结婚的日子，请帖也发出去了，可是举行婚礼前的一周，查尔斯来找埃尔希。

"有件事情我必须告诉你。"

"什么事情，查尔斯？"

"嗯，嗯，坦白说，是这么回事，我有几个情妇，我不想和她们分手。"

埃尔希告诉我时，我笑着问她："你怎么回答的？"

"我能说什么啊，请帖都已经发出去了，也不能因为几个情妇，就突然取消婚礼吧！"她轻松地一挥手，在空中划过一道优美的弧线，"再者，其中一两个女孩子都是很好的姑娘，我批准了查尔斯的做法。"

……

现在让我们回到 1949 年的法国，谈谈我拜访查尔斯夫妇的几次经历。

一天晚上，我带了两个女孩到查尔斯夫妇位于凡尔赛的别墅用餐。吃完晚饭，埃尔希和查尔斯在他们的私人放映室给大家放电影。我之前看过这部电影，再者，我连着熬了三个晚上的夜，疲惫之至。

埃尔希在她的别墅里特别给我安排了一个房间，任何时候我都可以享用。我认定放映电影的时间是溜掉眯上一两个小时的绝好机会，于是，我从放映室溜出来，去了楼上我认为正确的房间，躺在了床上，很快就酣然入睡了，醒来已是第二天早上。

埃尔希劈头盖脸地把我训了一顿。

"电影结束后，我们才发现你不见了。"她说，"没人知道你去哪里了，你带来的女孩子怒不可遏，我也是火冒三丈，更不用提伊恩·坎贝尔(Ian Campbell)了。"

必须有人送女孩子回家，于是埃尔希把这个光荣的任务交给了一名男性客人伊恩·坎贝尔，她知道伊恩是我的朋友。伊恩就是后来的阿盖尔公爵。

"伊恩，你送保罗带来的女孩回家。"埃尔希用她那一贯不容置疑的语气命令道。

听说她把这项任务强加给了伊恩，我心里很是忐忑。一个女孩住在巴黎以北30公里外，另一个女孩住在南城，距离更远。伊恩必须开两个小时的车才能把她们送回家。后来这两个女孩和我冷战了很长时间，而伊恩只要一有机会就把这件事情端出来奚落我一番。

两周后，我又到了查尔斯夫妇凡尔赛的家中。凑巧，我在好莱坞非常熟悉的一个朋友葛丽泰·嘉宝也在场。嘉宝和朋友在一起的时候，一点都没有报纸和电影杂志描述的那种"难以琢磨的害羞"。恰恰相反，她非常热情有趣，喜欢开玩笑，是个性格外向的人。

一天早上，嘉宝和我躺在查尔斯家靠近游泳池的折叠式躺椅上。我没有刮胡子，面容憔悴，一派邋遢相。我正在喋喋不休地和嘉宝聊得起兴，突然埃尔希出现在游泳池边。

"保罗！"她声色俱厉地说，"我真为你感到羞耻！你怎么能这个样子，和嘉宝坐在一起呢？"

我顿时羞得面红耳赤，而嘉宝只是抬了抬眉毛。

"埃尔希，你今早穿的什么衣服啊，颜色太恐怖了。"她喃喃说道。在艾尔西·德·沃尔菲的一生中，这大概是为数极少的和人斗嘴败下阵的时候。她看都没看我一眼，匆忙撤退了。到了中午，她就不与我和嘉宝计较了。

我还要补充一下。

几天后，嘉宝说她要回纽约，问我是否可以帮她在皮埃尔宾馆预订一个套房。皮埃尔宾馆是盖蒂集团旗下的资产，我向她保证我会帮她办妥的。我给皮埃尔宾馆的经理弗兰克·佩吉特(Frank Paget)发了个电报，请他按照嘉宝到达纽约的日期为她订一个套房。我感觉没有必要再发信件，来确认一下电报的内容。

我在欧洲大陆旅行了几周后，又到英国进行了短期访问，在此期间，有一件事情勾起了我的伤心往事，至今记忆犹新：

10月2日：我到波塔灵顿勋爵家做客，与勋爵及其夫人共进晚餐。他是我在牛津大学时的同学乔治·道森-戴默的哥哥，后来乔治在"一战"中阵亡了。

我们谈起了乔治，这让我回忆起来我和乔治之间亲密的友情，以及在1912~1913年我们度过的美好时光。

回到纽约后，我住在皮埃尔宾馆。很自然，我和弗兰克·佩吉特聊天的时候，顺便问起嘉宝在这住得开不开心。

弗兰克眨了眨眼睛说："您问得真巧，盖蒂先生。嘉宝小姐的确来过，我想大约是在七月底吧。她说她预订过房间，可是我们找不到任何预订记录，恰好所有的房间都订出去了，没有一个空房间。她有点生气，后来去了广场酒店。"

我感觉非常难为情，显然我的电报中途丢失了，这种事情时有发生。我安慰自己，我还有很多时间来寻找一个合适的方式向嘉宝表示我的歉意。我猜想她当时应该已经离开纽约去好莱坞了。

碰巧的是，就在第二天我在第五大道散步时，有一个在人行道走着的人，径直地向我走过来，这个人不是别人，正是嘉宝。我有点惊慌失措，赶紧躲进了一家内衣精品店。

"早安，保罗！"

我顿时呆住了。嘉宝紧随着我走了进来，我无路可逃。毫无疑问，我是唯一刻意躲避葛丽泰·嘉宝的人，而嘉宝的善于"躲避"是世人皆知的。我一再地向嘉宝表明我诚挚的歉意。过了一会，嘉宝的态度有所缓和，她笑着说她原谅我了。

1951年，我在欧洲每年的旅居生活，演变成了长期居住，这一住就住了24年，一直延续到今天。

我已经说过，我滞留欧洲的原因是出于商业的考虑。对于在每个大洲都拥有巨大商业利益的企业家来说，欧洲和英国是最具有战略优势的所在地。早在1938年，盖蒂集团仅仅涉足少量国际业务的时候，我就在考虑这个问题了。那年我在法国，日记中这样记载：

10月16日：我在法国北部的尚蒂伊用了一天的时间参观气势恢宏的乡间别墅。别墅的售价非常合理，或许将成为盖蒂集团海外业务的欧洲总部。

事实上我并没有购买那栋房产。当时，欧洲的政治局势日益恶化，我感觉战争正在不断逼近，有可能一触即发。的确，当时盖蒂集团通过其威力多润滑油销售网络已在欧洲大陆的几个国家站稳了脚跟，而当时我最好的打算就是希望这些成果不要因为战争而付诸东流，拓展欧洲业务的方案只能暂时搁置一边。

到了1951年，情况就大大不同了。那时，盖蒂公司在两个半球的很多国家的业务发展迅速，势头良好。我更加确信我应该待在欧洲，这样我就能亲力亲为，努力扩展国际业务。另外，这里也可作为盖蒂集团全球业务的枢纽站。

接下来的九年，我一直过着不规律的游牧式生活，基于此很多人认为我是个异类也就不足为怪了。我在加利福尼亚、俄克拉荷马州、纽约的房子都很温馨可爱；再购买别的房子，对我来说也是轻而易举。然而，我却辗转于东半球的各个城市之间，住在宾馆里，行李箱里装满了我的私人用品和工作文件。无论在哪里，每当我的秘书或者我打开那装满紧急电报、信件及其他文件的破旧棕色袋子，那里便成了我的办公室。

每一站似乎都是最后一站，或者是倒数第二站，"我必须到慕尼黑去一趟，不过我希望到此为止，然后我就回家，回到美国"。然而，现实中总是出现新的进展、新的机遇，抑或新的危机，我不得不又踏上另一个旅程。

我一天工作12小时的时候并非鲜见，很多时候都要工作14小时甚至更长。即使如此，隔夜后的棕色袋子很少是空的。各色电传、电报、书面文件、信件从世界上各个可以想象的角落源源不断地涌来。另外还有各种电话，有本地电话、国际长途及越洋电话。我还要当面接见盖蒂公司的主管、工程师、会计、律师和其他商人。令我惊奇的是，处理完林林总总的各类事情，我居然还不时地有时间安排我的私人生活。

我从1952年的日记中随意摘选了若干，这就像一幅简约的蒙太奇式的画卷，足以管窥我的工作、生活模式和生活风格，以及时常在我脑海中盘桓的想法、思路等。

罗马：

2月14日：我去看了1939年我和泰蒂举行婚礼的房间。记忆如潮水般涌上心头。

4月12日：我不知道为什么我还在汲汲经营，也许是多年的习惯使然。如果我把公司卖掉，去购买免税债券，我将会过上相当富裕的生活。

4月13日：一整天都在酒店套房里研究各种报告，处理各种信件。接了纽约潮水石油公司的电话，并和吉达(红海港口城市)通了电话，讨论了勘探中出现的问题。明天安排了三个会面。然而，没有处理的信件还是堆积如山，我甚至没有时间打开今天刚来的成堆邮件。

雅典：

5月19日：一整天都在和美国商务专员和希腊政府部长探讨希腊石油问题。

5月20日：昨天又过去了，一直工作到晚上9点，然后阅读信件和报告，直到凌晨3点才睡觉。

科特迪瓦：

8月20日：安德烈·杜邦纳(Andre Dubonnet)是我的好朋友、好同伴。在他的别墅里用了午餐。他的别墅美得恍如梦中仙境，现代、奢华，建于水面之上。此行我必须完成我的工作，这样我才能回家，重回我自己的别墅。

巴黎：

11月6日：在温莎公爵家，与公爵及公爵夫人共进晚餐。大卫的身材看起来非常匀称，他还是一点没变。沃利斯夫人是位完美的女主人，无论从哪方面来看，她都是个完美主义者。

12月15日：今天是我的60岁生日，很显然，我的身体状况还不错。告别50岁，我不禁有些伤感，60岁似乎垂垂老矣，而50岁还年富力强。

1952年12月25日，我对自己郑重承诺：

这是我在外面过的最后一个圣诞节。下一个节日我一定要回到美国。

然而 1953 年 1 月 9 日，我这样写道：

我希望今年能在中立区发现具有商业价值的石油或者天然气。

1 月 9 日的愿望还没有变为现实，这使得我无法兑现 1953 年对自己许下的承诺。1953 年过去不久，我便做好了去沙特阿拉伯和中立区的准备，我将亲自去监管那些运营业务，有些事情是需要老板亲自去推动的！

1. 在中立区特许权谈判期间，盖蒂与沙特国王和其他官员在一起
2. 盖蒂和沙特中立区主管谢赫·穆罕默德·纳赛尔·阿尔·高撒
3. 盖蒂在中东中立区的油田
4. 盖蒂在中东中立区
5. 盖蒂和沙特国王沙特·本·阿卜杜勒阿齐兹·阿尔·沙特

25 在中立区拓展业务。

我在一生的职业生涯中有过不少过失,错过不少机会,有些机会可谓千载难逢。1932年有个绝好机会摆在我面前,我却让它从指缝中白白溜走,成为最大的遗憾之一。当时,我的代理人在伊拉克巴格达进行石油特许权的谈判,谈判到了尾声,就差合同没有签署了,公司将有可能获得一大片区域的石油开采和钻探权。这个项目的初期成本非常有限,充其量几万美元。

然而这时,美国的石油价格骤然下降。东德克萨斯州开发了新的大油田,原油卖到每桶仅仅 10 美分,甚至更低。整个美国的石油业陷入了极度恐慌,我也不可避免地受到这种情绪的感染。在这种情况下,我不愿意继续扩展中东的业务,于是让代理人立即停止了石油特许权的谈判。我的这个仓促决定,究竟使公司丧失了多少收益,已经无法估量!

"二战"即将结束时,我意识到我需要在石油丰富的中东地区争取一席之地。我知道这项任务非常艰巨,基本上每个国家的石油公司都在疯狂地争夺中东地区的石油特许权,有幸获得特许权的公司都是石油巨头,财力是盖蒂集团的数倍之多。到了1948年年底,各方对中东石油特许权的争夺基本上尘埃落定。不过,这些石油大亨忽略了一个极为重要的广袤地区,个中原因我至今都没弄明白。

这就是"中立区",一片位于沙特阿拉伯王国和科威特酋长国之间的 6200 平方公里的不毛之地。根据两国协议约定,沙特阿拉伯和科威特共同拥有该地区的矿产开采权,科威特已经将其拥有的该地区 50% 的石油和天然气特许权授予给美国独立石油公司(AMINOIL)。这个公司是由美国十家石油公司组成的联合体,这样沙特阿拉伯还剩下50％的权利没有分配出去。

我感觉到这是弥补我 1932 年所犯下的错误的绝好机会,于是我让保罗·沃尔顿(Paul Walton)博士到中东地区进行勘察,毫无疑问,他是我知道的最好的地质学家。在对这个地区进行了航空测量后,沃尔顿给我发来了简短的电报:

地质结构表明有油。沃尔顿。

保罗·沃尔顿极少判断失误。他的意见,给了我和沙特阿拉伯政府谈判的足够的理由和底气。事情进展得很迅速,然而以极其低廉的价格获取特许权的时代早已一去不复返了。1949 年 2 月 20 日,法律事务所的资深律师巴纳巴斯·哈德菲尔德(Barnabas Hadfield)在利雅得代表盖蒂集团签署了冗长复杂的协议。西太平洋石油公司,即后来的盖蒂石油公司获得了沙特阿拉伯在中立区拥有的 50％的石油和天然气特许权。按照协议规定,西太平洋石油公司要立即向沙特阿拉伯政府支付 1050 万美元。另外根据协议的其他条款,西太平洋石油公司还需要:

每年向沙特阿拉伯政府支付 100 万美元的特许费预付款,根据协议规定,每生产一桶石油需要支付 55 美分的特许费。

向沙特阿拉伯政府上缴 25％的净利润。

在沙特阿拉伯建造日产量 1.2 万桶的炼油厂和容纳 1.5 万桶成品油的存储设备。

每年向沙特阿拉伯政府上缴 10 万加仑汽油和 5 万加仑煤油。

支付沙特阿拉伯政府的检查员以及参与公司业务的其他人员的薪水,比如警察、海关人员和检疫员。

为公司的沙特阿拉伯雇员提供津贴、退休金、保险等福利,以及免费医疗和医院医疗设施。

为沙特阿拉伯雇员的子女提供教育、职业培训及其他设施。

为员工建造房子和办公室并加以维护,安装电话和电报设施,建造清真寺、道路、邮局及充足的供水系统。

除此以外,还有其他附加条件。根据一些在中东开展业务的石油公司的标准,这些条件过于慷慨大方了,甚至让人"忍无可忍"。公众普遍认为"盖蒂这次太自不量力了，会在中东输得片甲不留"。我没有理会这些断言，在我看来协议内容是公正合理的。沙特阿拉伯政府将其最重要的国家资源授权给了盖蒂集团，他们要求得到回报可谓天经地义。在下一章里，我将进一步阐述为什么我的立场是正确的，以及很多西方国家和企业在和中东或其他产油国打交道的过程中所犯的一些错误。

协议一经签署，就理应开始勘探和开采业务。然而，美国独立石油公司却说他们率先获得了科威特的特许权，是较早进入该区域的公司。后来争执进一步升级，美国独立石油公司高层认为，其公司和西太平洋石油公司单独开展勘探和开采业务，是非常不明智的做法。这样是重复劳动，必然导致两家公司开采成本的大幅增加。

不幸的是，我听信了他们的话，西太平洋石油公司不再独立开展勘探和开采业务，只有少量的公司员工被派往中东地区，执行基本的公司职能。美国独立石油公司开展油田作业，而西太平洋石油公司需要支付一半的成本和开支。

1949 年没有发现石油，1950 年、1951 年、1952 年亦是如此，直到 1953 年才有了新的突破，我们在钻到 1000 米以下时，发现了第一口见油井。我们对这一发现感到欣喜万分，盖蒂公司的管理层、地质学家，包括我本人在内都认为真正重要的产油层应在中立区的其他位置或者更深的地方。

早在 1949 年，我的长子乔治·盖蒂二世就到了中立区，他极力主张要对现行政策进行改革，其中最重要的是要对整个勘探和开采的程序进行彻底的更正。乔治遗传了他的祖父，即我的父亲的基因，当年我父亲身上的某些基因赋予他一种非凡的直觉，他总是能恰当地找到最佳的钻井位置。我想在这方面乔治肯定遗传了他祖父的基因。

"这个地区肯定存在石油，"乔治坚持道，"负责人却在远离目标的区域进行钻井，我喊得嗓子都哑了，却无济于事。"

有一次，乔治给我展示了该地区的地图，他在已经钻探过被证明是干井的地方用小红圈做了标记。在这些干井眼往西大约 1.5 公里的位置，乔治画了个蓝色的叉号。

"我敢肯定，这里有油。"他宣称。

后来，在盖蒂集团独自开展勘探和开采业务时，恰恰是在乔治标注的地区发现了石油，并且这里的产油量创造了新的记录。这一切发生之前，我就下定决心要亲自去看看，去见识一下中立区到底是怎么回事。

中东之行，我做足了准备工作。我曾经在很多国家旅游和生活，学会了说法语、德语、西班牙语和流利的意大利语，这次我把自己锁在宾馆的房间里，集中学习阿拉伯语，虽然达不到阿拉伯人的水平，但至少能够对付大部分的日常会话。1954年2月18日，我离开威尼斯登上了开往伊斯坦布尔的东方快车，剩下的旅程进行得非常轻松，我充分利用这次机会，参观了名胜古迹，欣赏了美丽的乡村风光。直到3月2号才到达科威特。我快速地视察了一下中立区，接着便去了利雅得。

根据协议规定，我需要拜访一下沙特阿拉伯的政府官员。费萨尔(Fasial)王储邀请我去做客，他与国王陛下是同父异母兄弟，后来成为沙特阿拉伯的国王。王储殿下对我的招待远远超出我的预料，卫兵将我引进了宫殿的院子里，30个仆人列队欢迎，每个人的胳膊上都站着一只猎鹰。费萨尔王储本人非常热情、和蔼，他显然是一个思维缜密、睿智之人，这些素质使他后来成了沙特阿拉伯的一代明君。

沙特国王对我的招待，同样令我难以忘怀。我在日记中这样写道：

3月6日：国王陛下身材高大、气质高贵，看上去非常平易近人。简短的谈话后，我们开始用餐。餐厅非常之大，能够容纳60张桌子。我坐在国王右边的第二个座位上，中间坐着土耳其大使。晚餐是欧式的，餐具是叉子、勺子和刀子，侍者带着白色的手套。国王陛下的热情好客让每一位客人如沐春风。这是一顿有八道菜的晚餐，用过餐后，我们进入一间大客厅，一起喝了咖啡。

我用阿拉伯语和国王陛下交谈，他非常开心。他是个很幽默的人，英语说得也非常好。期间他说，他要测试一下我的阿拉伯语知识，他用阿拉伯语问我：

"油在哪？钱在哪？"

我回答说，我坚信发现油田并开采出大量石油的日子将指日可待，到那时，钱就会源源不断地流入沙特阿拉伯。

国王陛下笑了。

"我要祝贺你，"他说，"你已经很好地掌握了阿拉伯的商业用语。"他长久而又友好地注视着我，"你应该知道你们的总统罗斯福先生对我父亲说的话吧？"我点点头，复述了罗斯福的话。当然，这是一段很重要的历史。罗斯福曾告诉伊本·沙特国王："在本质上我是一个生意人，作为生意人，我对沙特阿拉伯非常感兴趣。"

"你也是一个生意人。"沙特国王如是说。很显然，从他的态度可以看出，他给了我很高的赞誉。

他问我如何看待中立区的潜力，我说我认为中立区潜力巨大，并解释了原因。

"你如此高度评价中立区，我想我应该亲自去看看。"国王陛下说。他接着补充道，他正尽量减少外出，因为无论他走到哪里，人们总是"前呼后拥，声势浩大"。

我为国王陛下的坦率、真诚深深感动。虽然受到传统和礼仪限制，他必须表现出王者风范、君主之威，可是，从我内心而言，沙特国王是个近人性、通人情之人。

1956年，我再次参观中立区，在那里待了四个月，我又见到了国王陛下。那时，盖蒂集团已经将中立区的命运牢牢控制在自己手中，独立寻找石油，独立执行勘探和钻井任务。"石油在哪，钱在哪"的问题早已不是问题了。

沙特国王为科威特国王陛下和我举办了一个只有在《一千零一夜》童话中才会出现的派对。派对在由一艘远洋船改造的皇家游艇上举行，助手帮我拿着中立区的地图，和我一同参加了派对。甲板上铺着价值连城的东方地毯，地图在上面徐徐展开，我给大家讲述了石油开发的进展情况并解释了该地区的地质情况。

"看看，"沙特国王对科威特埃米尔说，"他能使用阿拉伯语告诉我们石油在哪里。"

盖蒂石油公司在中立区的业务获得了巨大成功。1974年，公司在该地区的原油日产量高达8.2万桶。这很大程度上归功于盖蒂集团对公正友好的合作方式的孜孜追求。盖蒂公司所有的主管、美国员工对沙特阿拉伯人和科威特人都非常尊重，大家都希望通过努力，使盖蒂石油成为受到当地人民欢迎的一家公司。

这促使我对中东国家以及属于欧佩克石油输出国组织的其他国家进行了细致的研究。最近，对石油输出国组织及其成员国的尖锐批评甚嚣尘上，虽然我是个石油商人，我不得不承认石油输出国组织有自己的观点和立场，我认为大家应该静下心来听听他们的说法，并给予客观公正的评判。

26 对石油价格的个人看法。

由欧佩克成员国推动的石油价格上涨,对单纯依靠石油进口的高度工业化国家造成了巨大冲击。然而,一味对欧佩克的政策大喊大叫的人们却忽略了生活、经济和历史方面的一些基本事实。

欧佩克国家提高原油的价格,是为了迎头赶上与其相当的其他能源的价格。以煤炭为例,一吨煤所产生的能量相当于四桶原油的能量。一吨煤炭的坑口价格为 40 美元,而相应的原油的井口价格应为每桶 10 美元,只有这样才能保证等量的能量具备基本相同的价格。

然而,这只是问题的表面。欧佩克的行为背后还有更深层的原因。

很遗憾,世界石油产业和高度工业化的国家有时就像一对冤家,视对方为劲敌。长久以来,这些工业化国家总是处在一种隐蔽位置,用看不见的大手掌控着绝对的控制权,他们将欧佩克成员国的石油价格控制在一个非常低的水平,而这些工业国家生产的产品的价格却在不断急剧上升。

对大部分欧佩克的成员国来说,石油是主要的甚至是唯一的出口商品,也是财政收入的主要来源。这些国家不可避免地意识到石油资源不是取之不尽、用之不竭的。每从地下采走一桶石油,资源储量就会随之减少一桶。

欧佩克成员国还没有实现工业化,基本上从汽车到拉链所有的东西都需要从国外进口。很自然,他们会根据每桶原油的价格来衡量进口商品的价格。

他们售出的每桶原油的价格基本上保持不变,一直维持在一个较低的价位,而他们购买的商品的价格却在不断地上涨。面对这种局面，欧佩克国家需要提高石油的购买力，就不足为奇了。

然而，此举却招来一片讨伐之声，世界大部分地区为此大声抗议。

这是个奇怪的悖论。

想想过去大约 15 年间，美国、英国、法国、联邦德国、意大利和其他工业国发生的变化。

每当劳动力发现物价上涨造成工资的购买力下降时，他们就会要求增加工资，而且这种要求往往都能得到满足。每当商业公司发现生产成本呈螺旋式上升，利润处于危险线下，就会增加商品和服务的价格。每当国家或当地政府感觉需要增加财政收入时，就会毫不犹豫地提高现有的税收水平或者增加新的税收。

在工业化国家，基本上每个人都曾经历过工资—物价—税收的一轮又一轮的轮番增长，可是人们只是温柔地发一下牢骚也就罢了。毕竟，"在国内"，每个人都生活得很富足，人们能够享受到花钱购物的乐趣，有时价钱高点也无关紧要。

然而当欧佩克成员国提高了原油的价格，境况就大大不同了。从地理位置上讲，欧佩克国家不属于"国内"的范畴，那是一片偏僻、遥远、荒蛮、陌生之地。美国的反应就非常有代表性，要求提高薪资的工人、抬高商品价格的商人和呼吁提高税收的政治家，不约而同地加入了声讨的行列，他们一致谴责欧佩克国家敲诈勒索、漫天要价，他们并没有为自己的行径感到丝毫内疚。

有些人喊道："派出炮舰去。"

阿尔及利亚、厄瓜多尔、印度尼西亚、尼日利亚、沙特阿拉伯、委内瑞拉……世间的愤世嫉俗者无需一一列举欧佩克成员国的名字，就很容易在脑海里形成一个丑恶的猜测。在西方人的潜意识中至今仍然残留着帝国主义倾向，他们到底对欧佩克成员国怀有多少怨恨和愤怒？是不是高度工业化民主国家的文明公民，仍然抱有剥削遥远小国的龌龊想法？

曾几何时，阿尔及利亚是法国的殖民地，印度尼西亚属于荷兰，托马斯•爱德华•劳伦斯是阿拉伯的无冕之王，山姆大叔则轻蔑地把拉美国家看作"香蕉共和国"。里普•万•温克尔和布林普上校①的时代早已一去不复返了。

---

① 里普•万•温克尔（Rip Van Winkle）：美国作家欧文笔下的人物，他在山谷中一睡 20 年，错过了美国独立战争。布林普上校（Colonel Blimp）：一个自命清高的保守分子，对于一切的变革都抱有怀疑和不自信

如今欧佩克国家的人们骄傲而有主见。事实上，今天他们还在为曾经沦为殖民，被视作劣等民族的悲惨往事而暗自神伤。受到良好教育的沙特阿拉伯人和尼日利亚人一点都不逊于受到同样良好教育的美国人、英国人、法国人。有时候，相比而言，他们更有动力，在某些方面要比这些人表现得还要优秀。如今欧佩克成员国正在经历翻天覆地的变化。例如，科威特政府提供免费教育，对于学业优秀的学生，甚至连大学教育和研究生教育都可以免费。

在欧佩克和石油进口国的斗争中，阿拉伯产油国通常扮演主要的反面角色。每当阿拉伯国家对石油实行禁运，就会激起西方国家的强烈不满。

根据从华盛顿流传出来的可靠消息，为了打破石油禁运，确实存在应急预案，在必要的情况下将实行炮舰外交。如果真是这样的话，我们应该庆幸最终理智占了上风。根据我的审慎判断，任何军事行为都会造成不可估量的重大灾难。

如今在西方文明国家，仍有人把军事干预看作解决问题的途径，真是令人痛心。美国和其他一些西方国家，对于是否利用经济压力在国际事务上获得政治目的的做法进行评估和判断时，总是倾向于采取双重标准。较之采取军事干预手段，双重标准的做法要更加普遍，更令人痛心疾首。当"我方"对别国实行经济压榨时，我们会为领导的政治才能鼓掌欢呼。而当"对方"采取对我们不利的经济措施时，我们会大声尖叫着对方"犯规"！

阿拉伯国家并没有为石油禁运感到愧疚。他们为什么要愧疚呢？就像美国和大部分西方国家运用了大量的经济武器来达到自己的目的一样，阿拉伯国家发现了自己拥有的强大经济武器，他们同样也会拿来使用。

几个世纪的传统造就了阿拉伯人强烈的荣誉感，他们感觉以色列国这个国家建在了他们被分割的土地上。无论正确与否，他们害怕以色列人会采取扩张政策，攫取更多属于自己的领土。

谈到石油，他们的感觉和世界上任何认为自己受到欺骗、压榨的种族、宗教、民族的人们毫无二致。阿拉伯人明白，长达一个世纪以来，西方国家随意制定的石油价格，低到不可思议的地步，而这一状态延续了数十载。阿拉伯人还明白，西方世界对石油的需求和依赖日益增加，他们生产的石油完全值得他们给出的报价。

的态度。现在这个名字被固定成习语，用来指代那些"顽固的怀疑论者"。译者注。

无论是欧佩克，还是阿拉伯等其他国家，他们都不是造成世界能源问题的始作俑者。在阿拉伯实行石油禁运，造成"能源危机"加剧的阶段，不断有记者要求采访我，他们认为我在业内积累了大量的经验，手里一定握有"神奇的法宝"。

"这肯定有原因的！"一个记者坚持道，"以前我们一直有充足的石油，世界上的石油不会在一夜之间突然枯竭的！"

对此，我只能一声长叹。记者的问题存在着严重的误解，而类似报道却被人们大肆渲染。他们似乎认为全世界的石油商人狼狈为奸，沆瀣一气，结成一个阴谋集团，关上了地球上的每个石油和天然气矿井的阀门。

根本不存在所谓的阴谋，也不可能存在。石油商人之间的竞争一直非常激烈，大批的石油商人，也许会在高级料理或插花造型方面持有相同意见，却不可能在寻找和生产石油方面达成一致。不过，少数的石油商人为了分担风险、节约企业成本，有时会组成一个联合体。

基本的法律原理"捕获原则"(即优先占有原则)决定了石油商人的本质和态度。按照这个原则，石油资源就像森林里的野生动物一样，在自然状态下，它永远属于第一个捕获它的人，下面我会进一步阐述。

在美国，地下的储油区可以根据油田权属范围的扩大而向外进行扩张。而权属，即该油区不同地块的所有权或租赁权可能归十几个不同的人或公司持有，而且理论上讲，这些个人和公司的数目是任意的。石油在地下是流动的，假如一个石油商人在其拥有或者租赁的土地上打井，发现了出油井，很快会引来其他的人在附近地区疯狂地打井。大家争先恐后所采的石油都来自同一个储油层或"储油池"。在油田枯竭之前，每个人都尽最大努力争取开采尽可能多的原油。

因此，每个石油商人都处于永不停息的激烈竞争中，在这种情况下，很难形成所谓的阴谋集团。

不管怎样，从广义上讲，世界上的石油储量能够满足人类的需求。然而，近年来人们对石油和天然气的需求急速增加，已远远大于供给增加的速度。在过去的20年间，美国对能源的需求增加了一倍，到1985年，很可能还要再翻一番。

总之，在条件允许的情况下，石油工业的表现令人赞叹，满足了人们日益增长的需求。自从1914年我涉足石油工业以来，石油一直处于或多或少的供大于求的状态。直到"二战"初，事情才发生了改变。

"二战"以前，很容易"发现"石油。在距离地表千米以下，就有大量的未开发的油田。可是随着时间的推移，这些油田逐渐被采空。现在我们进行勘探工作时，必须走得更远，钻得更深。

有时，会出现石油短缺的局面，这在市场上会很快反映出来。比如说，1920年在俄克拉荷马州，每桶油的井口售价达到5美元，甚至5.2美元、5.5美元。

1920年美元的购买力应该是现在的三四倍，因此如果油价按照今天的美元来换算，每桶油的售价应该是15~20美元。当然，在这儿我并不是想激起公众对"高油价"的愤怒，也不是为了煽动生产者降低石油价格。

换句话说，早在55年前，美国就曾面临石油短缺的局面，但持续的时间很短，传统的市场动态发挥了作用，高油价刺激着人们去开发更多的油田，石油产量上升后，价格自然就降了下来。

让我们简单地看看石油生产的经济学。1914年，在俄克拉荷马州，我开采并完成一口生产井的成本仅为2500美元。如今，在美国开采一般的陆上石油井的"平均"成本为7.5万美元。和海洋勘探成本相比，这又是小菜一碟了。西方石油公司、美国联合化学公司、汤姆森苏格兰联合公司、盖蒂石油公司共同在英国北海进行的石油勘探和开采项目，每天仅仅操作深海钻井平台就需要五万美元，仅仅一套钻井设备的成本就高达5000万美元。

最近很多媒体报道石油公司"牟取暴利"。恐怕石油大亨约翰尼[①]的传奇和很久之前的哈里·辛克莱蒂波特山丑闻[②]影响了金融撰稿人的观点。的确，有些石油商人赚了钱，可是他们投入了大量的资金、冒着巨大的风险才有了盈利。在未探明的地区，每开采100口油井，只有九口井有产油层；在这九口井中，只有两口井有商业价值。石油商人投资的赔率为50∶1。

1972年，美国前30大石油公司的总收入为1063亿美元，净收益却只有69亿，回报率低至6.5%。也是在这一年，大规模的石油短缺和能源危机初露端倪。石油商人敏锐地嗅到了这一点，他们要求提高石油价格，希望借此获取充足的资金，来阻止

---

① 约翰尼（Johnnie）从一个孤儿成长为石油大亨，后来在一贫如洗中死去。译者注。
② 蒂波特山油田丑闻（Teapot Dome Scandal）是美国20世纪初最大的一起腐败丑闻。美国内战部长福尔收受贿赂，未经公开竞标便将加利福尼亚的埃尔克山油田以及怀俄明州的蒂波特山油田钻井权给了石油大亨爱德华·多赫尼与哈里·辛克莱。译者注。

危机蔓延。然而，在很大程度上他们的警告和呼吁却被置若罔闻。

石油商人的预言最终变成了现实。由于未能及时制定方案、采取措施来应对危机，石油工业备受指责。有时候，人们义愤填膺地慷慨陈词、指责谩骂，却无法证明其所说的是否合理。埃克森公司矿产部总经理小约翰·洛夫蒂斯(John L. Loftis Jr.)苦笑着说："人们不应期望工业本身自己会计划破产。一成不变的产品价格显然应付不了呈指数型增长的成本开支。"

人们还指责石油商人未能建造足够的炼油厂，提供充足的炼油能力，来满足人们日益增加的需求。毫无疑问，美国的炼油厂设备远远滞后，但造成这种局面的原因呢？

一方面，建造炼油厂的成本高得离谱，说它高过云霄也不夸张。我们以1964年建造炼油厂的成本为基数，假设当时成本为100，到了1972年，仅仅原料成本就需要278.2，人力成本为545.7。与之形成鲜明对比的是，在这一阶段炼油厂生产的产品的价格仅仅增加了18%~20%。但成本还不是建造炼油厂的唯一障碍。

和大家一样，我也喜欢清新的空气、清洁的环境，可在我看来，环境主义者的行为有时候未免有些过激。有时候这些极端情绪化的激进分子可谓用心良苦，却往往误入歧途，好心办坏事。他们不仅使炼油厂建设进程放缓，最终还直接造成项目终止。实际上，在美国国土的任何地方，倘若你不经历几年的法律诉讼，不经历公众的游行抗议，不经历各种粗暴的禁止性法规条例的重重障碍，想建造一座炼油厂，那简直是天方夜谭。

不过，我很高兴地说，黑暗中已经出现了曙光，市场首次出现了自我修复的微弱信号。虽然现在原油价格的购买力不能和过去同日而语，却足以促使石油生产者不断扩大业务，过去因无利可图不得不关掉的油井又运营起来。在那些按照过去的价格无法保证钻井作业的地点，钻机又开始作业了。

每个钻机都开动起来，钻机承包商手头上的作业多得忙不过来，不得不放弃其他一些业务。资金回报率的提高，促使公司不断扩展业务，勘探预算增加了数十亿美元。然而通货膨胀正在蚕食这些预算，从其需要购买的原材料和劳动力来说，这些预算的真实价值其实大大缩水。

1974年，盖蒂石油公司的资本支出为4.5亿美元。我和助手们都明白，同对外扩张所需的最大值相比，原油的产量实际下降了。

根据历史经验，以及我个人的直接经验，由产品短缺带来的价格上升将会带来更大规模的勘探和生产，反过来将增加供给，以至于产能过剩，这无疑会在一定程度上降低产品的价格。至于程度如何，则要取决于通货膨胀率的高低。

事实上，能源和石油供给问题是在政府的掌控之中。如果政府需要为人民提供更多的石油或其他能源，就会帮助石油商人扩大再生产，而不是千方百计地抑制生产。石油商人一旦感觉自己的诉求得到响应，并感觉拥有了公平的机会，冒着巨大风险投下的资金能给自己带来合适的收益时，就会闻风而动。石油商人一向如此，并将永远如此，这就是贪婪的本性使然。

然而，如果政府课以重税，通过立法限制等手段，把石油工业当作靶子和替罪羊，未来只会越来越阴霾。有句谚语说，石油商人易恐慌。他们响应号召，投入了数百万甚至数十亿的资金，冒着 50∶1 的赔率风险，在如此大的风险和付出下，却感觉不到政府允许他们获得合理收益的些许诚意，不禁感到惶惶不可终日。这时，他们宁愿把钱存进银行，虽然这样做生产不出一桶石油来，但至少规避了风险，可以高枕无忧了。

27 我的挚友。

1954年的中东之行,使我不得不再一次推迟了我的美国归期。显而易见,中立区蕴藏着巨大的潜力,项目的进展和相关配套工作需要我继续留在欧洲大陆。

我回到了巴黎,在通常住的乔治五世酒店下榻后,便投入到工作之中。从1954年7月1日的日记中,您就可以看出我的一天是怎么度过的,另外您也能从中领会我选择待在欧洲的原因。比起其他地方,欧洲更能给我带来天时地利人和。

我和亚里士多德·奥纳西斯商议有关油轮的事情。中午同石油大亨查尔斯·赖茨曼(Charles Wrightsman)、大通银行总裁珀西·艾博特(Percy Ebbott)一起用餐。

据说亚里士多德·奥纳西斯垄断了整个沙特阿拉伯石油的油运市场,包括中立区内沙特阿拉伯拥有特许权的地区生产的石油。然而,很多石油公司拥有自己的油船船队或者租赁油轮,自然会竭力反对阿里的垄断行为。

基于中立区可预见的巨大的石油产量,盖蒂集团开始致力于大型的油轮建设项目。毫无疑问奥纳西斯的垄断会严重破坏这些项目的进行,并影响到盖蒂集团其他计划的实施。不过我和阿里是好朋友,彼此互相信任,每当我们两个人坐下来聊天时,问题就会迎刃而解。这次我们的谈话相当成功,结束时我们握手庆祝,在阿里眼里,这与达成铁板钉钉的协议并无二致。

那天中午和我一起用餐的还有查尔斯·赖茨曼,他是我多年以来的至交。查尔斯是美国最伟大的独立石油商之一,早在20世纪20年代时,他便秉承了甘于冒险的精神到处勘探钻井。他具有拉伯雷式①的粗俗幽默，同时对文学艺术有着极高的鉴赏力。

多年前，查尔斯就有举行派对的癖好。身为一个亿万富豪，查尔斯举办的派对相当奢华，客人中美女如云。我记得，查尔斯曾经拿着精美的卡片，隆重地递给在场的每位女士。卡片上这样写道：

"查尔斯·赖茨曼向您致以真诚的赞美和祝福。他今天晚上给您说的话纯属戏言，除非他明天向您致函确认。"

当然，查尔斯还以他丰富的艺术收藏而享誉于世。

1954年的那个7月，查尔斯恰好在欧洲。那次午饭后我们达成了联手勘探和开采石油的协议。

和查尔斯相处，总让人感觉时光没有虚掷，他的幽默和活力总是无时无刻地迸发出来，在任何情况下，他都愿意广交朋友，这样宽大的胸襟更是让人难以忘怀。

那天我和亚里·奥纳西斯及查尔斯·赖茨曼济济一堂，共商大事，这对后来的很多事情都产生了深远的影响。如果当时我在别处的话，我们就极有可能不会有此次会面。20世纪50年代的欧洲，套用现在一句很流行的话，"正是国际商人和企业家的舞台"。

既然谈到了巴黎和企业家，我必须偏离一下主题，向我的一位特别的朋友致以崇高的敬意。他就是保罗·路易斯·威勒。长久以来，我把周围的人分成两类，一类是对你生活有帮助的人，从他们那里你能获取信心和力量；另一类是使你偏离正常生活轨道、使生活乐趣减少之人。

很幸运，我结识了很多能给人的生活带来信心之人，并同他们结为朋友，这是我一生巨大的财富，其中很多人的名字在前面我已经提到。在这方面，我感觉基本上没有人能和保罗·路易斯·威勒比肩，他是最当之无愧的成功企业家，最精明的商人，最善良、最善解人意的男人，保罗具有完美无瑕的品味和风度，而且不带有一丝一毫的傲慢和势利。

他非常慷慨大方，而且总是以一种得体的方式表现出来。这点从他对查尔斯·孟德尔爵士和及夫人埃尔希·孟德尔无微不至的关怀，就可见一斑。作为室内设计师，昔日艾尔西·德·沃尔菲在职业生涯中取得了引人注目的成功，她赚了很多钱，但也挥霍无度。"二战"后，她回到巴黎，继续过着欢乐奢华的生活，频频现身于各种场合，

---

① 文艺复兴时期著名的法国作家，代表作《巨人传》。译者注。

她和查尔斯成了欧洲大陆社交圈的头面人物。

后来埃尔希病了，失去了昔日的活力，经济上也开始捉襟见肘。埃尔希珍藏了一串华丽的东方珍珠，过去她花大价钱购买了这串珍珠，可是随着人工培育珍珠的出现，珍珠市场开始崩溃，这串珍珠也变得不值钱了。可是埃尔希当时 90 多岁了，没有意识到这一点，她宣称要把珍珠卖掉，重振家业，而查尔斯和她周围的人都不敢告诉她事情的真相。

保罗•路易斯•威勒获悉埃尔希的窘境，去拜访了她。他装着一副情绪低沉的样子，埃尔希问他发生了什么事情。

"我跑遍了整个巴黎，想为一位特别的女士购买一份特别的礼物，"保罗解释道，"我想买一串真正的东方珍珠，却没有找到合适的。"

埃尔希丝毫都没有怀疑。她拿出了她的珍珠给保罗看，保罗睁大了眼睛。

"太棒了！这正是我想要的珍珠。你能考虑一下把它卖给我吗，埃尔希？"比起埃尔希当时购买的价格，保罗给出的价格要超出很多，更是远远超出了当时珍珠的市场价格。埃尔希接受了他的价格，直到去世，她都不知道这笔交易的真相。

后来据路德维格•波迈尔曼斯[①]说，埃尔希的健康和经济情况进一步恶化时，正是保罗•路易斯•威勒以高价购买了她位于凡尔赛的别墅。这笔钱足够埃尔希继续奢华的生活，在埃尔希去世之前，他们夫妻二人还一直免费住在这座大房子里。

无论我何时去巴黎，保罗•路易斯•威勒总是一位慷慨大方的主人。我都想不起来有多少次，为了照顾我的行程安排，或者是为了满足我顺便提及的愿望，他都把自己的生意推在一边。他拥有好几所豪华的住所，房子的大门总会对我敞开着，就像是我自己的家一样。为了表示对我的敬意，他还举办了盛大的派对和宴会。然而，只有一次，在我的极力邀请下，他才到萨顿宫来做客。

保罗•路易斯•威勒无私地奉献了他的时间、精力、能量和友情，并从中得到了最大的满足感，或许只有这样做，他才能找到自己的存在感。即使是请求别人小小的帮助，或者是给别人增添了一点儿小麻烦，保罗都表现得像个羞涩的大男孩，透露出无穷的人格魅力。

[①] 德维格•波迈尔曼斯（Ludwig Bemmelmans）：奥地利人，国际知名美食家，作家，儿童书籍插图画家。译者注。

海因里希·蒂森①是我的另一位莫逆之交，他是极少数能和保罗·路易斯·威勒相提并论的朋友之一。最初，我们共同的爱好是精美的艺术品。他创建的蒂森美术馆，位于瑞士的卢加诺附近，是欧洲大陆最著名的个人艺术收藏馆，在全世界也首屈一指。

后来，随着我们渐渐熟识，我们发现彼此有着很多共同的朋友，对很多问题有着相似的观点。海涅温文尔雅，待人接物彬彬有礼。他曾经一度被认为是个花花公子，事实上，海涅非常有深度，学富五车。和他在一起，时光总是如白驹过隙。有时他不仅要陪我，还要陪来来往往的一些短期住客，我担心这给他带来很多麻烦。

有一次我又来到海涅的别墅，计划在那住两三天。刚到不久，就出现了一场商业上的危机，这极有可能影响我的商业利益。海涅家的电话铃声此起彼伏，电话从欧洲、美国、中东源源不断地打过来，这自然使我尴尬万分。

"事情可能会变得更糟糕，海涅，"我说道，"我最好赶快离开，找个旅馆去住。"

"我不愿意听到这样的话。"海涅说。

"可是会有很多人从好几个国家乘飞机赶来。"我争辩道，"我需要开会，要开到半夜，这个房子会变得比火车站还要嘈杂。"

"那就顺其自然吧。"他说。

正如我猜测的那样，混乱的景象持续了一个多星期。自始至终，作为主人，海涅都表现得超级有雅量，热情而大方。从来没有人像海涅那样，让我感觉宾至如归，他的热情好客远远超出了友谊的界限，我想我可能永远都无法回报他为朋友所做的一切。我永生也不会忘记，当我失去了我亲爱的儿子乔治，正是海涅马上站出来，愿意提供"一切尽可能的帮助"。他已经准备好，并愿意拿出时间和精力，来满足我可能提出的要求，他对朋友流露出的这份真正的深情厚谊，将永驻我心。如果海涅和保罗·路易斯·威勒读到这些，就会明白我对大家公开说的话和我曾经私下很多次和他们说的话一模一样。正如他们的家给我宾至如归的感觉一样，我的家也是他们的家，这是来自心灵深处的真情实感。

我前面提过，1956年我再次去了中东和中立区，待了四个月。回来后，我开始认真地考虑在欧洲大陆为盖蒂公司建立一个永久的联络中心。

我不打算建立传统意义的公司总部，我需要没有严肃的商业氛围的住宅式的场

---

① 海因里希·蒂森（Heinrich Thyssen）：昵称"海涅"，生于德国，定居匈牙利，企业家，著名收藏家。译者注。

所。联络中心能够给从世界各地赶来的盖蒂公司的主管和商人提供和谐宽松的气氛和舒心的生活环境,大家在这里会面,彼此交换观点和看法,畅所欲言,无需举行正式的会议。

自然,这样的方式会迸发灵感,产生各种计划和方案,而明确落实这些计划和方案、达成协议、签署合同等事宜需要大家离开后,在合适的公司总部进行。我感觉如果拥有一座位于欧洲某个国家的首都附近的大大的乡村别墅,就能如我所愿了。

开始,我想到了意大利。早在1952年2月24日,我就在日记中这样写道:

我对意大利的商业形势进行了研究。与法国相比,意大利商业结构更好,竞争优势明显。从商业发展前景来看,我会把意大利排在德国之后,作为发展未来业务的第二选择。

1959年,盖蒂集团的确购买了一家意大利石油公司和一家炼油厂,但这和我想建立联络中心的构想不甚相干。我在意大利购买的两处房产与此也无关联,这在以后的章节中会提到。

然而,到了1957年,我又倾向于把联络中心的地址定在法国,主要有以下几个理由。首先,巴黎的国际航线要比罗马和米兰更为发达。和我不同,很多生意人还是习惯乘坐飞机。到罗马或米兰距离合适,并且满足我的要求的房子,价格都高得离谱,便宜的房子又大多年久失修。再者,巴黎附近有着众多别墅和城堡待售,规模宏大,距离巴黎不远,价格也相对合理得多。

我的好朋友保罗·路易斯·威勒、杰克·弗洛斯特、佩内洛普·基特森(Penelope Kitson)夫人和玛丽·泰希夫人(Mary Tessier)主动提出帮助。他们帮我四处打探,看到需要出售的合适房子就安排我去看,还不辞辛苦地陪我去看房子。有几次,他们还帮我指出来房子比较严重的缺点或不足,而这些正是我疏忽的。

几个月过去了,我还没有定下来,继续四处搜寻。这时,我感觉巴黎也不是理想的地方。地产商在城外购买了大片的土地,用不了多久,城市就会外扩,住宅建设和工业基地建设会吞噬原有的宁静。1958年5月,法国的政治几近崩溃,整个国家处于战争的边缘,内战一触即发,这场灾难在戴高乐将军出任总统之后才得以避免。9月,戴高乐拟定的宪法扩大了政府的行政权,这一做法为法国大多数选民所接受。聪明而有经验的人士看出法国的政治气候悄然发生了改变,在法国的外国商人已经不像过去那么受欢迎了。

我最小的儿子蒂莫西的离世，给了我沉重的打击，当时我还在意大利。盖蒂集团并购了位于意大利那不勒斯南部加埃塔镇的海湾石油公司及其炼油厂，随后海湾石油公司的总部迁到了罗马，我再次在附近区域寻找合适的联络中心，未果。

我把目光转移到了英国。英国政局稳定，相比较其他欧洲大陆国家，政治体系运行良好。伦敦还是东半球的金融、商业、保险和海运中心。自1912年起，我就对这个国家及其人民相当了解。

现在想想还很神奇。1951年6月我曾拜访英国，6月26日的日记有如下记载。

我独自开车去了萨顿宫，这是一座开放的豪华古堡。萨顿宫富丽堂皇，房屋竟然纵横100多英尺。客厅里悬挂着一幅精美的图画，是霍尔拜的作品。

四年后，我有幸又去了萨顿宫，这次是和米切尔·塞缪尔(Mitchell Samuels)一同前往，萨瑟兰公爵及其夫人邀请我们去共进午餐。一直到1959年，我压根都没有对萨顿宫动过心思。1959年，我离开了罗马，回到伦敦，住在了丽兹酒店。因为商业上的事情，保罗·路易斯·威勒6月碰巧也来到了伦敦。一天，他到丽兹酒店来看我。

"明天晚上萨瑟兰公爵和公爵夫人邀请我们去用餐。"保罗通知我说，"我过来接你。"

下面的日记写于1959年6月27日，这距离我第一次去萨顿宫整整八年多一天。

早上去了我的鞋匠劳勃那里，然后去找我的裁缝乔高、弗伦兹及斯坦波利。晚上保罗·路易斯·威勒用他的劳斯莱斯将我载到了萨瑟兰公爵家，一起用餐的有18个人。公爵告诉我他1917年花了12万英镑购买了萨顿宫，现在准备卖掉。晚饭后，我们在公爵的家庭影院欣赏了精彩的战争电影。看完电影，保罗和我开车回到伦敦。

几天后，我忽然感觉醍醐灌顶，盖蒂集团终于找到了理想的地方。

我做了进一步的问询。乔第·萨瑟兰(Geordie Sutherland)准备出售其富丽堂皇的庄园宅邸，共计72间房屋。这座宅院是现存的都铎式建筑的典型代表。据我保守估计，庄园的价格还不到其重置价值的1/20。另外，报价还包括300公顷的空地。后来通过购买，空地的面积增加到445公顷。

萨顿宫位于距离伦敦50公里的萨里绿化带上。这笔交易非常划算，不仅可以作为完美的联络中心，还是笔不错的投资。

我决定购买萨顿宫，达德利·迪瓦伊(E.Dudley Delevigne)充当了代理人。英国的顶尖律师事务所司力达律师事务所负责购买过程的法律事务，执行具体工作的年轻律师罗宾娜·伦德(Robina Lund)表现得非常出色，后来她成为我的法律顾问，负责英国法律方面的事务。

交易的整个过程非常迅速，简直打破了纪录。在 1959 年年底之前，盖蒂公司终于拥有了东半球的联络中心。从那以后，公司高级主管和商人在这里相聚，交换意见，讨论经济问题和趋势，共同商谈其他林林总总的诸多事宜，安静、舒适、奢华的氛围，总容易碰撞出思想的火花，很多建设性想法也应运而生了。

包括我本人在内，没有人会想到以后的事情——由于业务的发展需要，接下的 16 年我一直住在萨顿宫！

28 乔迁之喜。

在《末日审判书》①中,萨顿宫被称作萨德顿(Sudton)。忏悔者爱德华②曾在这片土地上建造了狩猎小屋,比邻如今的圣爱德华教堂,距离萨顿公园的庄园0.5公里。

1521年,亨利八世将萨顿庄园赐给了宠臣理查德·韦斯顿爵士(Sir Richard Weston),于是理查德立即动工修建萨顿宫,工程历时五年。在以后的四个世纪里,这座庄园的内部装修和外部建设基本上没有大的变动。

萨顿宫是没有任何防御设施、仅用于住宅用途的英国最早期的庄园之一。理查德曾作为英国使节参观过弗兰西斯一世的王宫。1520年,他还陪伴亨利八世到过金缕之地③。很可能正是在法国之旅中,他逐渐熟悉了欧洲大陆的建筑风格,尤其是后来流行的意大利风格。萨顿宫的砖墙并非采用英国传统的石头,而是采用了陶土,这显然是受到了欧洲风格的影响。在都铎王朝时期的英国,使用陶土装饰墙壁还非常罕见,很可能理查德将意大利的工匠请到英国来完成了这项工程。

亨利八世统治时期,理查德·韦斯顿权倾一时。1518年,他被授予巴斯骑士勋章,很快他成为皇家机要室缙绅、王室监护法院院长(Master of Court of Wards)、加来财长

---

① 指英王威廉一世1806年颁的土地志,称《土地赋税调查书》《温彻斯特书》或《最终税册》,是有关英格兰人口、土地和财产的完整的调查报告。由于当时调查员个个如凶神恶煞,调查内容又极细致,使被调查者如履薄冰,好像在接受上帝使者的末日审判一样,所以称调查结果为《末日审判书》书。译者注。
② 1042~1066年英国君主,因为对基督教信仰有无比的虔诚,被称作"忏悔者"。译者注。
③ 金缕之地(Field of the Cloth of Gold):1520年6月英王亨利八世与法王弗兰西斯一世在加来附近的贝林汉召开了一次会议,因两位国王互相攀比,将此地装扮得华丽异常,故有此名。译者注。

(Treasurer of Calais)、英格兰副财务大臣(Under treasurer of England)。庄园建成后，亨利八世成为萨顿宫的常客，据说他就是在这里邂逅了安妮·博里恩(Ann Boleyn)的，1532年，安妮成为他的第二任皇后。在安妮的加冕礼上，理查德大约21岁的儿子弗兰西斯(Francis)，被授予巴斯骑士勋章。没想到四年后，作为安妮的情人之一，弗兰西斯在伦敦塔被斩首，安妮也身首异处。

历史没有记载，理查德唯一的儿子被斩首，作为父亲的他是什么感受。他仍然受到皇帝的恩宠，高高在上。有记载表示，他曾经出席很多重要的皇家典礼，比如亨利的第三任妻子简·西摩尔(Jane Seymour)的葬礼，爱德华五世的洗礼，亨利八世和第四任妻子"克利夫的安妮"的婚宴。

1542年理查德去世，七岁的孙子亨利·韦斯顿(Henry Weston)继承了他的遗产。1559年，亨利迎娶阿伦德尔的托马斯·沃都爵士(Sir Thomas Wardour of Arundel)的女儿，女王伊丽莎白一世的表姐妹多萝西(Dorothy)。

英国宗教改革后，韦斯顿家族一直属于罗马天主教徒，在社会生活中声势渐微。

萨顿宫建造者的曾孙，第三代理查德·韦斯顿爵士(the third Sir Richard Weston)生于1591年，他是位农学家，做了大量的农学日志，在萨顿宫附近的农田做了很多农学实验，他还出版了一本农业书籍，被奉为该领域的经典之作。

直到19世纪末，萨顿宫都在韦斯顿家族及其后人的名下，后来，艾尔费雷德·查尔斯·威廉·哈姆斯沃斯——即诺斯克利夫勋爵(Alfred Charles William Harmsworth, Viscount Northcliffe)租住在萨顿宫。诺斯克利夫勋爵是大名鼎鼎的报业大亨，他是《每日邮报》和《每日镜报》的创始人，后来又并购了《泰晤士报》。1918年，萨瑟兰公爵购买了萨顿宫，1959年，我又从萨瑟兰公爵手里购买了萨顿宫，为公司所用。

为了达到我最初购买萨顿宫的需要和目的，我需要重新装修萨顿宫，这需要大量的工作和资金投入。这座壮丽的庄园，像一颗明珠镶嵌在大片的草坪和整齐的花园上。它有一打多会客室，14个主卧，10个主卫，当然，这还不包括仆人的居住区、厨房、食品储藏室以及各种特殊用途的房间。

我现在面临的主要问题是对萨顿宫进行整建装潢，使其适应现代化的要求。比如说，安装新的现代化的厨房设备及用品。我无暇处理这些事情，我还有大量的工作需要做，我仍然住在丽兹酒店处理我的工作。负责萨顿宫监理工作的重担落在我亲爱的朋友——聪明能干的佩内洛普·基特森身上。多年来我习惯于称呼佩内洛普为佩妮。

佩妮从未接触过工程监理，却天生具有设计和装修的天赋，完成了如此艰巨的任务。她对盖蒂集团建造的油轮和超级油轮上的工作人员和船员宿舍进行了精致的内部设计，为她在造船专家中赢得了极高的声誉。

我不知道在接下来的几个月里，佩妮是怎么处理个人琐事的，又是怎么吃的睡的。我从来没有过问过。如果我问她，她可能连停下来回答我的时间都没有。

我想我根本都没有帮上佩内洛普的忙。我和一群盖蒂集团的高管一起开会，大家一致同意等万事俱备，要为萨顿宫举办乔迁派对。我忘了出于什么原因，我没有和佩妮商议，我只是请秘书确认了承包商的合同承诺。按照合同规定，工程会在1960年4月30日至5月15日之间完工。

"如果我们在6月30日举行派对，那么时间还宽裕得很。"我说道，"我们先确定客人名单吧。"

我们列了一长串名单，邀请了世界各地的共1200多人。等我印好了请帖，写好了收信人的地址，才想起来告诉佩妮。听了我的话，佩妮几近休克。

"噢，不！"她一脸痛苦。

负责某些具体阶段工作的承包商延误了工期。无论佩妮怎么努力要求他们信守承诺，都无济于事。根据供应商的说法，根本无法确定一些订购的商品什么时候能够送达，工期不得不推迟。

"佩妮，你是说在截止日期之前，我们无法完工吗？"我问道。

有那么一瞬间，佩妮似乎没有听到我的问题。"我真想用双手掐死你，保罗。"她咬牙切齿地说。接着她又笑了，"不过，我们总得有个截止日期，是吧？"

最终佩妮和所有参与这项工程的人创造了奇迹。虽然到了6月30日，萨顿宫并不是那么尽善尽美，可也基本就绪，有模有样了。派对取得了巨大成功，我们邀请了2000名客人，来了2500名之多，有些是朋友带来的，有些则是不请自来的不速之客。大家畅饮了无数的香槟、酒水和饮料，吃了数不清的鱼子酱、龙虾、淋上德文郡奶油的英国大草莓。我们还请来了三个管弦乐队，客人们则随着音乐轻舞飞扬。派对一直持续到第二天拂晓时分。

6月30日(周四)，我写下了下面的日记：

我一整天都待在萨顿宫。大家都忙疯了，为派对做最后的准备。8点20分，我打着白色的领结，走到楼下迎接客人。一同走到楼下的还有伊恩·康斯坦博-麦斯威尔和杰克·弗洛斯特。我换衣服时，看到一对穿着晚礼服的夫妇从甬道朝大厅入口走来，原来是艾伦·米德(Alan Mead)和他的妻子，他们看起来真精神。8 点 50 分，客人分别到餐厅和客厅用餐。我负责招待餐厅的客人，共有 54 位客人坐在了桌子旁。伊恩则待在客厅，那里有差不多同样数目的客人，围坐在相对较小的圆桌旁。

我的桌子和边桌上都摆满了盘子。为了向客人展示长条餐桌精美的榆木桌面，我特意没有铺桌布，这起到了非常好的效果。菜单上有鱼子酱、清炖肉汤、烤小牛排、野草莓，夜宵时还上了龙虾。

和我坐在同一桌的客人，右边是委内瑞拉驻英国大使的夫人玛丽，左边是罗克斯堡公爵夫人帕梅拉·蒙巴顿·希克斯(Pamela Mountbatten Hicks)和她的丈夫大卫(David)，另外还有洛伊德(Lloyd)和玛杰丽·吉尔摩(Margery Gilmour)。他们专程从美国飞来参加宴会，明天晚上他们还要在纽约举办自己的派对，一大早就得飞过去。

10 点半，我们用完餐。我和伊恩·康斯坦博-麦斯威尔及他的女儿珍妮特(Jeanette)一起在大厅欢迎参加舞会的客人。我们三个站成一排，在接下来的一个半小时里，我们不停地和数百个人握手，"你好""晚上好"这样的问候语都说了有几百遍。到晚上 11 点半，屋子的人数已经超过 2000 人。

大厅里、楼梯上挤得水泄不通。我想去长廊，都没有挤上去，后来挤上去后，我和罗宾娜·伦德及麦黛勒·黑格拉(Madelle Hegelar)跳舞，后来又和艾瑟儿·勒·韦恩(Ethel Le Vane)跳了舞。跳完舞，我和麦黛勒一道走到游泳池，那里也洋溢着欢乐的气氛，一对对舞伴在游泳池边的舞池里摇曳。游泳池边有个牛奶吧，一只漂亮、温柔的奶牛在游泳池旁边悠闲地走来走去。后来这只友好的奶牛还试探着到大厅里游历了一番，逗得大家非常开心。

从游泳池回到室内，我进了客厅。看到里面挤满了一对对跳舞的人儿。早上 6 点 15 分，一支 14 人的管弦乐队还在呜呜啦啦地演奏着，歌手在长廊里浅吟低唱，意兴阑珊的人们渐渐地散去，有几个客人还在翩然起舞。为了这场派对的成功，佩妮付出了太多太多，为了表示感谢，我和她跳了一支舞，令人难以忘怀的派对就这样落下了帷幕。

我在日志里还有这么一句话：

我正准备上床休息，佩妮从楼下打来电话，餐厅里一件放糖的拉美尔①调味瓶不翼而飞了。

这样的消息真让人懊恼，失踪的调味瓶是拉美尔的经典上乘之作，我花了 14000 英镑买了一对。幸运的是，后来调味瓶又失而复得。一位客人以为这只不过是负责晚宴的餐饮公司提供的不值钱的餐具，当做纪念品拿走了。从报纸上得知了它的真实价值后，他给警察打来了匿名电话，承认了错误，并告诉警察他会把调味瓶放在某一个电话亭内。他真的这么做了，警察在那里找到了失物。除了一个微小的凹痕，调味瓶完好无损，后来我把凹痕也修好了。

派对后的两天，也就是 7 月 2 号，我写下了这样的日志：

我们之前收到了 210 个记者的请求，询问是否能够报导这个舞会，我们接受了 31 个记者外加 10 个摄影师的请求。昨天和今天的报纸上关于派对和舞会的报道铺天盖地，文章和评论充满了溢美之词。

1960 年 7 月 13 日的那期《闲谈者》(Tatler) 杂志尤为令人欣悦，它刊登了许多有关晚宴及舞会的照片，里面有我的诸多朋友，他们看上去玩得都很开心，个个光彩照人。他们包括：维克托·沙逊爵士和沙逊女士(Sir Victor and Lady Sassoon)、格洛斯特的威廉王子(Prince William of Gloucester)、埃里·德·罗斯柴尔德男爵(Baron Elie de Rothschild)、时任英国内阁航空部部长的鹿特兰公爵邓肯·桑迪斯先生②，我的两位多年好友阿盖尔公爵夫人玛格丽特(Margaret, Duchess of Argyll)和查尔斯·史威尼(Charles Sweeney)之子布莱恩·史威尼先生(Brian Sweeney)、亨廷顿·哈特福(Huntington Hartford)，以及无数美女。

坦率地说，"乔迁派对"的费用非常高昂，而且我需要说明一下，这都是我个人负担的。然而，这场派对在世界范围内引起的公众效应让盖蒂集团及其股东受益匪浅。杰克·弗洛斯特对这种事很在行，他的话一语中的：

"你做了一笔很划算的交易，保罗。要买到这么多的广告版面至少要烧掉你公司 5000 万美元。"他说。

① 拉美尔(Paul de Lamerie)：著名的英国银匠，他制作的银器享有盛名。译者注。
② 鹿特兰公爵邓肯·桑迪斯(Duke of Rutland, Duncan Sandys)：英国首相丘吉尔的女婿，曾任英国国防大臣。译者注。

尽管如此，7月3日(周日)，我感觉自己像从舞会归来的灰姑娘：

我打开文件包开始工作。前几天没有来得及处理的文件早已堆积如山。下周还有几个会议要开。我不能再想派对的事了，必须马上投入工作。

29 萨顿宫不是我个人的家。

读了报纸和杂志有关我的文章，我深切地感觉到，外界对萨顿宫、它的所有权以及我对萨顿宫的具体安排，普遍存在着误解。

萨顿宫并不属于我个人。我在前文已经交代过，我购买萨顿宫，是为了用作盖蒂公司的联络中心，供公司管理人员或其他商人使用。这座房产属于盖蒂石油公司的子公司，而我需要按比例支付房子、庭园运营和维护的费用，实际上，我只是个交房租的租客。

我认为我不需要再进一步阐明，我需要支付双份甚至三份的房租。我除了需要按比例支付基本的费用以外，还以个人投资的方式投入大量资金，用于房子的装修布置。

说到这点，盖蒂石油公司投资萨顿宫实属幸运。自从购买萨顿宫后，其价值在这些年中有了大幅度增长，公司从其资产增值中获利颇丰，所有公司的股东也因此受益。

萨顿宫还给盖蒂集团带来其他无数的额外收益。主体建筑的旁边是一座两层的办公小楼，这是解放运营有限公司(英格兰)的总部，解放公司是盖蒂集团的一家子公司，负责油轮调度事宜，它为大约 60 名英国男士和女士提供了全职工作。

萨顿宫给盖蒂集团带来的最有意义最重要的额外收益，是无法用美元或者英镑等金钱来衡量的，它促进了英美两国之间的友好关系。萨顿宫作为英国最伟大、最具历史意义的庄园古堡之一，一家美国私人公司使其重焕生机，并用最高的水准对它整修维护，这还没有动用两个国家或纳税人的一分钱。另外，萨顿宫成了众多组织为慈善事业或其他有价值的活动募集善款的场所。

有时候，主办单位通过将房子和庭院向游人开放，收取门票来募集款项。不用说，门票的费用归主办单位所有。萨顿宫的地产经理阿尔伯特·瑟古德(Albert Thurgood)向我提供的数据表明，在过去的几年仅仅通过开放萨顿宫所募集的善款就高达2.5万英镑。还有些组织通过在萨顿宫举行音乐会或者时装秀来募集善款，也带来了可观的收入。通过这种方式受惠的组织有：

英国红十字会（British Red Cross）

英语联盟（English-Speaking Union）

全国虐童预防协会（National Society for the Prevention of Cruelty to Children）

巴纳德博士的家园（Dr. Barnardo's Homes）

受困名流救济会（Distressed Gentlefolks Aid Association）

牛津饥荒救济委员会（OXFAM）

残障儿童行动计划（Action for Crippled Children）

英国皇家救生艇协会（Royal Lifeboat Institution）

除此以外，还有许多别的组织，包括当地的萨里和吉尔福德等慈善组织。我最喜欢的活动，莫过于在圣诞节期间，为沃金孤儿院的孩子举办一年一度的圣诞派对。在派对上，我彻底卸下严肃古板的商人形象，带上披头士假发和滑稽可笑的纸帽子，孩子们和我玩得不亦乐乎。这证明了一个理论：无论我们生理年龄是多少，在我们的心中都能寻觅到童心的影子。我的好朋友厄休拉·迪阿多(Ursula d'Ado)女士，看到我在派对上和孩子们嬉笑打闹，她笑着说："我简直不敢相信，保罗，看起来是孩子们在为你举行派对。"

我感觉她的话是对我的最高赞美了。

我想每年孩子们都是在"为我举行派对"。

1969年7月17日在萨顿宫举行的音乐会令人难以忘怀。这场音乐会是为了庆祝英国残疾人中央理事会(Central Council for the Disabled)成立五十周年而举办的，当时残疾人中央理事会的主席是德文郡公爵。承蒙伊丽莎白王太后光临，使这场音乐会别具意义。这场音乐会的名称是"夏夜的小提琴"，很荣幸，我担任了音乐会的主席。

伟大的小提琴家耶胡迪·梅纽因(Yehudi Menuhin)和他的才华横溢的妹妹赫普兹芭(Hepzibah)联袂演出。耶胡迪拉着小提琴，妹妹则负责钢琴伴奏，他们的表演可谓是珠联璧合。

音乐会结束后，很多观众走进客厅，王太后让我坐在她的旁边，这使我感到受宠若惊。在世人眼里，王太后是宪政体制下皇室的完美化身，能坐在这么一位伟大优秀的女性身边聊天，真是千载难逢的机会。早在战争时期，王太后就知道萨顿宫了，她对萨顿宫雄伟壮观的外表给予了高度赞扬，听到她的话，我发出了会心的微笑。另外，我还发现王太后对18世纪法国的家具和艺术非常了解。

她似乎不太确定客厅壁炉侧面镀金的烛台是谁的作品，恰好当时有人叫我，我就从王太后陛下身边走开了，于是王太后陛下就转身询问了贝德福德公爵夫人尼科尔(Nicole)，尼科尔和他的丈夫是我数十年来的好朋友。

"你知道这是谁的作品吗？"王太后陛下问尼科尔。

"我认为是皮埃尔·顾塞尔(Pierre Gouthiere)的作品。"尼科尔回答说。后来她私下里向我承认，她并不确认这是不是那位著名的法国金属匠人的作品。

王太后看到我回来了，就问我烛台是否是顾塞尔的作品，我回答说是的，这时我注意到尼科尔迷人的面庞终于露出了如释重负的表情。

谈起贝德福德公爵和公爵夫人，我需要跑一下题。伊恩和尼科尔是我的好友。他们夫妻俩都很友好热情，我们相识多年，我经常到他们居住的沃本庄园①去做客，他们也经常到萨顿宫游玩。

几年前，有个广为流传的谣言——我要从伊恩手里购买沃本庄园，我们经常拿这个谣言互相调侃。这根本是不可能的，我从来没有想过买伊恩的住宅，伊恩对他祖先留下的遗产有着极为深沉的爱和依恋，即使我想买，我也说不出口。

伊恩和尼科尔在沃本庄园创造了奇迹。我在沃本庄园期间，老仆人总是不厌其烦地给我讲起伊恩和尼科尔对祖宅所付出的精力、金钱和投入的深情。他们不仅使房子没有随着年代的久远而衰败，还把房子建设得比任何一个历史时期都要美轮美奂。

我还要跑题跑得更远一些，讲一下恐怖的鬼故事。和很多古老的英国庄园一样，据说萨顿宫也会闹鬼。其中的一间卧室，也就是那间被叫做红房子的房间，住着不幸的安妮·博里恩(Anne Boleyn)的鬼魂。嫁给亨利八世之前，安妮·博里恩作为理查德·韦斯顿(Richard Weston)的客人住在萨顿宫时，就住在那间红房子里。我对鬼故事说信也信，

---

① 沃本庄园(Woburn Abbey)：英国贵族豪宅，拥有世袭爵位的贝德福德公爵世世代代的居住地，庄园包括12平方公里的花园和很多名贵鹿种。译者注。

说不信也不信。我认为世界上的很多事物是无法解释的，这也许能最好地表达我对这类问题和其他超自然力量的看法。另一方面，在我看来，我们不需要刨根问底，有些事情并不是我们人类想弄清楚就能弄清楚的。总之，我是个小心的和事佬，我既不迷信鬼怪，也不会去公然和他们对抗。

我从来没有遇到安妮·博里恩的鬼魂，据几个住在萨顿宫的客人说，他们在安妮住过的红房子休息时，确实感觉到了"鬼魂的存在"，有"寒气逼来"，还有人在夜间听到了"奇怪的声音"。对于他们的话，我倾向于打个折扣，如果真的那么毛骨悚然，他们肯定会马上离开房间的。

不过，沃本庄园闹鬼的故事就不是凭空臆想那么简单了。几年前，伊恩和尼科尔邀请几个客人到沃本庄园去过周末，我和佩内洛普同在被邀请之列。

碰巧，佩内洛普被安排在东侧的卧室，据说这里曾闹过鬼。佩内洛普属于我见过的最智慧且理性的人之一，她性格中没有任何歇斯底里的迹象。在沃本庄园的第一天晚上，佩内洛普没有睡好。她的卧室里有两扇门，她休息时，两扇门都被打开了，佩内洛普想，也许是风把门吹开了，也许是自己没有关好，于是她把门关好，还把两扇门都锁上了，然后继续睡觉。

她说她即将进入梦乡，两扇门又突然打开了。佩内洛普说，她打开灯，又锁上了门。她慎之又慎，锁上门后，用力地拉了拉把手，确认门真的被锁上了。然而，夜间又发生了同样的事情。

平时，佩妮总是容光焕发，面容美丽健康，可是第二天早上，她看起来很憔悴。她告诉我和贝德福德公爵夫妇昨晚发生的事情，听了她的话，伊恩和尼科尔交换了一下眼色，什么也没有解释，只是使劲地给佩妮道歉。

"那个房间里可能有鬼。"尼科尔叹气道，"它总是时隐时现。"

贝德福德公爵夫妇安排仆人把佩内洛普的物品搬到另一个房间里。第二天晚上，她睡了个安稳觉，没有人打扰。

"我的祖先里可能有些怪人。"后来伊恩苦笑着说，"可能我的某位祖先喜欢开锁。可是他为什么要开个不停呢？"

沃本庄园东侧的卧室的门被不断打开的谜团，至今没有揭开。我听说，这种离奇的现象还在不断地上演。

言归正传，我需要回归主题——萨顿宫。

萨顿宫最直观、最现实的价值体现，莫过于1975年3月6日在盖蒂宫举办的鸡尾酒会了。这充分表明萨顿宫作为海外联络中心，为大家提供了自由随意交换思想和创意的舞台。派对是为外交官及石油领域的重要人物及他们的夫人举办的，有两百多人参加。为了展示酒会的规模，我要列举一下部分客人名单，让读者真正体会到萨顿宫对人们的相互理解和相互帮助所起到的促进作用。

科威特大使阁下及其夫人哈南·纳卡博(Hanan Al-Nakib)、印度尼西亚大使阁下及夫人维罗妮卡·苏波诺(Veronica Subono)、伊朗大使阁下、秘鲁大使阁下及德蒙塔涅先生(de Montagne)、沙特阿拉伯大使阁下及夫人海莱斯(Al-Helaissi)、挪威商业专员及夫人赫伊·亨瑞茨森(Hoegh Henrichsen)、泰国大使阁下及夫人都茨迪·斯帕孟考DootsdiSuphamongkorn)、巴西大使阁下及夫人坎波斯(R.Campos)、葡萄牙大使阁下及夫人阿尔达·诺古伊拉(Alda Noguiera)、科特迪瓦大使阁下及夫人玛瑟尔·阿杜卡(Marcelle Aduka)、摩洛哥大使阁下及夫人玛丽·考菲(Marie A. Chorfi)、英国亚伯丁市市长及夫人、美国石油公司欧洲公司总经理艾图纽克(S.A. Atoniuk)及夫人、美国石油公司欧洲公司总裁昂(R. R. Aune)先生、英国海外运营商协会主席查尔斯·班德(Charles H. Band)先生及夫人、汤姆森公司财务总监米高·布朗(W. Michael Brown)先生及夫人、英国壳牌石油公司总经理大卫·拜伦先生及夫人、德士古公司总经理科特雷尔(T. E. Cottrell)先生及夫人、汤姆森苏格兰石油公司总经理邓奈特(A. M. Dunnett)先生、加拿大豪恩石油公司总经理埃文斯(A. L. Evans)先生及夫人、美国能源部乔治(H.R. George)先生及夫人、科威特石油公司总裁肯肖(K.R. Kenshaw)先生及夫人、日本石油发展公司驻伦敦代表岩佐(S.Iwasa)博士、美孚石油公司总经理柯哲思(J.R. Kirchers)先生及夫人、自然环境研究委员会主席皮特·肯特(Peter Kent)先生、三菱公司伦敦总经理金子(M.Kaneko)先生及夫人、菲纳石油公司英国分公司主席莱斯利(N.A. Leslie)先生及夫人、美国能源部莫利纽克斯(J.A. Molyneux)先生及夫人、日商岩井株式会社经理则夫(S. Nori)先生、海湾东半球公司总经理皮格纳塔利(N.Pignatelli)博士及夫人、英国天然气集团总经理鲁克(D.E. Rooke)先生、美国康诺克石油公司总裁雷诺兹(J.J. Reynolds)先生及夫人、英国能源部副秘书长杰克·汉普顿(Jack Rampton)爵士及夫人、汤姆森公司斯特拉康纳(Strathcona)勋爵、桑宁代尔石油公司西摩(M. Seymour)先生及夫人、英国石油天然气公司勘探生产经理泰勒(P.A. Taylor)先生及夫人、德士古石油公司英国公司总裁威廉姆斯(J.M. Williams)先生及夫人。

显然，以上列举的客人和其他参加酒会的人士，非常关注扩大全球的能源供应问题。他们品尝着鸡尾酒轻咬着小点心的同时，随意轻松地交流着，讨论着未来的发展趋势，提出问题，并建言献策。

  我坚信，在促进各国及各国人民友好关系的问题上，商业公司和商人们责无旁贷。这说不上自吹自擂，但举办鸡尾酒会这样的社会活动是沿该方向发展具有建设性意义的一步。长远来说，它不仅能够改善社会的政治和经济条件，还会惠泽全世界各个角落的每一个人。

30 旅居中认识的朋友们。

我本来只是打算临时居住在萨顿宫，一旦料理好生意上的事情，我很快就会回到南加州的家中。

我的确是这样想的，在过去的 15 年半中，我也总是这样不断地告诉自己。我的失误还在于我把这个错误信息传达给了别人。我很快要回到美国的消息经常见诸报端，最近的一次报道是在 1975 年年初。

每次我说要回去，是真的打算回去，可是生意上总是有新的情况出现，总使我在最后一刻无法如愿以偿。

我热切地希望回到加利福尼亚的家中，到了冬季更是如此，这并不仅仅是普通的思乡之情。我毕竟 83 岁了，英国的冬天令人难以忍受。过去的三个冬天，我都备受支气管炎的困扰，1974~1975 年冬季我的支气管炎最为严重。康复后，我每次都会发誓，下一个冬天我一定要回到温暖和煦的南加州。还好，我没有真的举起手来向上天发誓，那样我就成为伪誓者了。

不管这个冬季气候是否恶劣，我还要至少逗留一年。不论天气是否依然潮湿、阴冷，我骨子里仍具有喜欢冒险的基因，我依然是个石油商人。盖蒂集团拥有英国北海勘探开发工程的大量股份，虽然没有真正地参与钻井过程，却投入了几百万美元的资金。盖蒂集团拥有该项目四分之一的股份，在海上勘探作业尚未完工、海上油井还没有汩汩地冒出石油之前，我不能一走了之。正是石油生意的原因，我无法登上开往家乡的航船，为此我已经期盼了很久，很久。

不过，大家也不要误以为我不喜欢待在欧洲，或者认为我会为1960年选择英国作为商业运营基地的决定感到懊悔，我从来没有和美国失去联系，也没有和美国的朋友失去联系。而且，远离家乡的生活有时让我感到失之东隅，收之桑榆。我很幸运，在丰富了生活阅历的同时，还在欧洲大陆及英国结交了众多朋友，并和这里结下了不解之缘。

从日记中可以看出，在处理各种繁忙杂务的同时，我也没有忘记享受生活。

1952年4月，我住在罗马。

4月26日：我和我亲爱的朋友大卫•贝蒂(David Beatty)勋爵及勋爵夫人阿黛尔(Adele)一起在阿尔弗雷德餐厅共进晚餐。

早在阿黛尔在加利福尼亚度过孩提时代时，我就认识她了，她是我的老朋友杰夫特•欧•康纳的侄女。三天后，我又和贝蒂夫妇一起用餐，一同用餐的还有法耶•爱默生(Faye Emerson)，我们也是在加利福尼亚时认识的，她也非常招人喜欢。

我还见过很多朋友，有波波•洛克菲勒(Bobo Rockefeller)、格里高利•派克(Gregory Peck)、布鲁斯•卡伯特(Bruce Cabot)、艾里•卡恩(Aly Khan)、芭芭拉•哈顿①。我非常熟悉芭芭拉的父亲哈顿(E.F.Hutton)，有一次他很沮丧地向朋友们说："我不知道大家熟悉我，究竟是因为我是伍尔沃斯百货公司继承人的丈夫还是因为我是芭芭拉•哈顿的父亲。"他的话逗得朋友们哈哈大笑。芭芭拉和加里•格兰特(Carry Grant)结婚的时候，我们这帮朋友称他们为"Cash and Cary"，意为"钱和利"的结合。朋友的玩笑是善意的，和朋友们一样，他们俩也挺享受这个玩笑。

1953年我去了意大利，应艺术历史学家伯纳德•贝伦森(Bernard Berenson)的邀请，住在他的别墅。

3月1日：我到伯纳德•贝伦森的伊塔蒂别墅做客。伯纳德总是衣冠楚楚。他高1.6米，重54公斤，走路时拄着拐杖。他已88岁高龄，可看起来很精神，只有70~75岁的样子，他很慷慨地让我使用他博大精深的艺术博物馆进行研究。

六年后，我在日记里这样写道：

---

① 芭芭拉•哈顿(Barbara Hutton)：美国著名富家女，一生挥霍无度。译者注。

1959年10月7日：伯纳德·贝伦森与世长辞了，享年94岁。他是一位伟人，是我的诤友。

我的朋友艾瑟儿·勒·韦恩(Ethel Le Vane)创作了《收藏家的选择》(Collector's Choice)一书，我参与了其中一些章节的撰写工作，正是1953年在意大利旅行期间，我完成了书稿的研究工作。通过这本书，我结识了著名的英国出版人马克·戈登(Mark Golden)和他的漂亮的妻子简(Jane)。对于该书，马克给了我和艾瑟儿大量中肯的意见，他从不吝惜自己的时间，无私地给我们提供建议和帮助。马克和他的公司负责图书出版，可我们的关系却超越了简单的商业关系。我和马克、简成了至交好友，一起度过了很多美好的时光。

1953年9月23日，我缅怀起了往事。

1909年我跟随父母第一次到欧洲旅行。第二次旅行是在1912年，我从纽约出发，乘坐着明尼沃斯卡号，到牛津大学求学。1913年离开牛津后，我到了德国、丹麦、瑞士、芬兰、俄国、土耳其、希腊、埃及、奥地利、西班牙、法国旅行。我和父母在巴黎会面，并在1914年9月一起起航回家。我的第三次跨越大洋发生在1920年，乘坐的是贝伦加利亚号，以后直到1927年，我都没有再到过欧洲。从1927年一直到1939年，我每年都要去欧洲，乘坐过的轮船有贝伦加利亚号、利维坦号、荷马号、诺曼底号和欧罗巴号。

十年后，我在结束了一段漫长的欧洲大陆旅程后，即将返回英国。我订了穿越英吉利海峡的船票，从勒阿弗尔到达南安普敦，这次我乘坐的自由号正是欧罗巴号的前身，短暂的旅程勾起了我诸多回忆。

10月12日：我在船上吃了午饭，船将在下午两点出发，船上的工作人员非常友好，厨师长欧拉格涅给我安排了鲁昂公寓入住。下午3点半，有人带着我参观了自由号。轮机长帕罗迪带我参观了轮机舱，锅炉原产地是德国，后来又更新置换了管道。自由号每小时航行23~24海里，而欧罗巴号每小时则可以航行27~28海里。

过去浴缸和淋浴用水都是海水，法国人将其置换成了淡水，还安装了现代化的电气系统和新的线路。自由号上贴着旧的诺曼底壁画，这让我感觉很奇怪。随后我坐在我钟爱的面向船首的桌子旁，欣赏着大海，这让我想起战争前我乘坐自由号和不来梅号旅行的陈年旧事，18年前不来梅号就不在了，而欧罗巴号，也就是现在的自由号，也渐渐老去了。她历经了33年的风霜，仍然楚楚动人，她的空间很宽敞，为现代油轮所不可比拟。乘坐自由号前往纽约的乘客只有190名，这让我伤感莫名。几年前，需要排队等待才能乘坐自由号，远洋客轮恐怕要逐渐销声匿迹了。

我们7点到达港口，大约在9点15分离开。晚上自由号在水面上若隐若现，船上的灯光光彩夺目，她的名字在灯光的照耀下，隔着数英里就清晰可辨。现在她离开了，一直往西，向大海更深处行驶。她的航行生涯即将终结，不久她会支离破碎，香消玉陨，这有点让人难以接受。她依然如此的神奇、优雅、迅速、舒适，维护得完好无损。沧海桑田，世事变迁，世界发生了太多的变化，而且还在变化着；我们失去的太多，而且还在不断地失去……

1953年如白驹过隙。1954年，我去了中东，返程时，我在贝鲁特(黎巴嫩港口)短暂逗留，遇到了伊朗国王的弟弟穆罕默德·巴列维(Mahmad Pahlavi)王子。因为我和阿什拉芙·巴列维公主是多年的好友，默罕默德王子和我也很快成了朋友。

我一路见到了很多名人显贵，以及来自不同国家的诸多老友，有巴罗达大君[1]、多萝西·斯普瑞克尔(Dorothy Spreckels)、杰奎琳·德·里贝斯[2]、尼尔·范德比尔特(Neil Vanderbilt)、尤金·罗斯柴尔德伯爵(Eugene Rothschild)。一天我还撞见了拜伦·佛伊(Byron Foy)夫妇，我们一起吃了饭，追忆随岁月流淌的温馨。

我在加利福尼亚时就和拜伦很熟悉，至于他的妻子西尔玛·克莱斯勒[3]，早在她待字闺中的时候我们就认识了。西尔玛还拿以前的一件旧事来取笑我，那是在1930年，我从欧洲返回纽约，接受了船上记者的采访，记者征求我对未来股票市场的看法。

"我想在股市好转之前，会变得更糟。"我回答说。"在股市触底之前，你会看到克莱斯勒汽车公司的股票降到每股五美元。"

记者及时地报道了对我的采访内容。两天后，我接到了沃尔特·克莱斯勒[4]打来

---

[1] 巴罗达大君(Maharajah of Baroda)：巴罗达是印度西部古杰拉特邦城市，大君是对印度君候的尊称。译者注。
[2] 杰奎琳·德·里贝斯(Jacqueline de Ribes)：法国著名设计师。译者注。
[3] 西尔玛·克莱斯勒(Thelma Chrysler)：著名汽车巨头克莱斯勒的女继承人。译者注。
[4] 沃尔特·克莱斯勒(Walter P. Chrysler)：美国著名汽车公司克莱斯勒公司的创始人。译者注。

的电话，他非常恼火。

"你告诉记者克莱斯勒的股票会降到每股五美元，什么意思啊？"他质问道。

"我只是说出了我的真实想法，沃尔特。"我说道，"克莱斯勒的股票没有任何问题，然而股市就是这个行情。所有的股票都会继续下跌，克莱斯勒也不能幸免。"

几个月后，克莱斯勒的股票真的降到每股五美元。当然这和我对媒体说的话没有任何关系。

本书篇幅有限，读者也不会有耐心听我月复一月，甚至年复一年地赘述我的社交生活或业余生活。不过我想，其中有些精彩部分很有意思，甚至可以说妙趣横生。其中亦有些内容，纵然是现在读来，仍让我感觉有几分悲哀。

1958 年，巴黎：

1 月 19 日：我终于见到了莫里斯•舍瓦利埃(Maurice Chevalier)，他看起来仍然是那么英俊潇洒、充满魅力、男人味十足，我激动地不能自已。30 多年来，我一直狂热地迷恋着舍瓦利埃。我们一起用了午餐，他很有意思，令人感觉非常愉悦。

2 月 15 日：查尔斯•孟德尔爵士与世长辞了，我失去了一位非常优秀的朋友，我对他有着至深的景仰之情。

2 月 17 日：我参加了在拉雪兹神甫公墓举行的查尔斯•孟德尔爵士火葬葬礼。我不喜欢火葬，整个仪式也令人毛骨悚然。

3 月 2 日：我到保罗•路易斯•威勒位于纳伊的家中做客，他的房子真是富丽堂皇。

1958 年，罗马：

7 月 15 日：这个消息真是令人震惊。美国海军在黎巴嫩登陆了，俄国会采取什么行动呢？晚上，漫步在罗马的街头，我体味着威尼托大街的古老文明和霓虹灯的流光溢彩。我真切地希望战争不要破坏这美好的景致。

8 月 2 日：和老朋友托拜兹考伊(Troubetzkoy)王子一起用餐，非常开心。

1959 年，巴黎：

3 月 28 日：和印度巴罗达大君及他的二儿子一起喝酒。那天我还和杰奎琳•德•里贝斯一起用餐。她天生丽质，生性又多愁善感，真是个千娇百媚风情万种的人儿。

4月22日：很遗憾，在1909年以及1913~1914年，我在巴黎逗留期间，未能欣赏到印象主义的伟大之处。1938年，我以1800美元的价格购买了雷诺阿的《暴风雨前的卡涅风景》(Renoir Paysage de Cagnes)这幅作品，这是我添置的第一幅印象主义画作。1946年我以14000美元的价格将其售出，直到两年前，我再也没有购买过法国印象派画作。

1959年，英格兰：

6月8日：听说大卫·郝克特离开了人世，这让我非常震惊。他的作用永远不可取代。

6月10日：和亲爱的朋友阿帕德·普勒什一起用餐。

6月16日：我和阿盖尔公爵夫人玛格丽特一起用餐，在场的还有尼阿科塞斯(Niarchoses)、埃尔莎·麦斯威尔(Elsa Maxwell)、亨利·提阿克斯(Henry Tiarks)等朋友。

8月31日：我在格洛斯特(Gloucester)公爵夫妇家做客，陪伴的还有他们的儿子威廉王子和理查德王子。下午，大家一起打猎，袋子罩住了很多鸟儿，但我没有开枪。我只是不想去杀害任何动物或鸟儿，如果目标是纸片或者飞碟，我的射击技术真的不错。当然，别人的做法也无可厚非，这只是个人兴趣爱好的问题。

9月2日：和洛瓦特(Lovat)公爵夫妇一起用餐，他们真是颇具魅力的一对夫妇。公爵身高1.9米，这与他作为弗雷泽家族首领的身份非常相称。

9月13日：在沃本庄园的草地上用午餐。我认识的客人有罗杰·佩厄菲弟(Roger Peyrefitte)、多米尼克·埃尔维斯(Dominic Elwes)、吉纳·洛罗布里吉达(Gina Lollobrigida)和阿加·卡恩(Aga Khan)，所有人都很愉悦开心。

10月6日：我和南希·阿斯特及她的两个儿子大卫·阿斯特(David Astor)和鲍比·肖(Bobby Shaw)在伊顿广场用餐。南希已经80岁了，看起来却只有45岁，真是令人难以置信。她仍然深深地为她的家乡弗吉尼亚州感到自豪。

11月8日：戈登·克瑞里与世长辞了。他是我在哈佛军事学院的同窗，我开始经商时他是我主要的股票经纪人。他的离开让我悲痛万分。在哈佛军事学院时，我们俩经常因为违反学院的纪律而受到处罚，真是岁月如梭啊。

11月10日：查尔斯·克罗尔举办了奢华的晚宴，气氛很愉快。同去的客人有埃萨克·沃弗森、山姆·伊戈尔(Sam S. P. Eagle)、西蒙·马克斯(Simon Marks)、吉尔伯特·米勒

(Gilbert Miller)等。查尔斯·克罗尔是个非常慷慨大方的主人。

11月25日：听闻米切尔·塞缪尔的死讯，我悲不自胜。他是我的好友兼艺术顾问，我们已交往了25年。到来年2月，米切尔就80岁了。

11月30日：我在米拉贝尔饭店设宴款待约翰·林林·诺斯(John Ringling North)、玛吉·诺兰(Maggie Nolan)等人。约翰·诺斯是很棒的伙伴，对朋友很忠诚。布鲁斯·卡伯特(Bruce Cabot)也在米拉贝尔。自从我上次见到他，他迅速地衰老了。真是岁月如梭啊。

1960年，英国：

2月7日：威廉·汉弗莱(William F. Humphrey)离开了人世，这是不可弥补的损失。他是一位精明能干、对工作孜孜不倦的优秀商务领袖。75岁高龄时，他还坚持每天早上6点跑一英里，在吃早饭之前还要游泳。早上8点他开始工作，会一直工作到晚上，把两三个秘书忙得团团转。他是潮水石油公司的杰出总裁。

4月3日：我驱车到车克雷，和比弗布鲁克爵士一起用餐。他已80岁高龄，却很健谈，记忆力也非常好，充满人格魅力，看起来至多70岁。自从1911年购买了车克雷，他就一直住在那里。房子是维多利亚时代的，有些丑却很舒适，其占地大约4平方公里，距离伦敦市中心29公里。

4月6日：我在宾娣·兰顿(Bindy Lambton)家用餐，见到了盖·罗斯柴尔德(Guy de Rothschild)伯爵和伯爵夫人布兰德里尼(Brandolini)。伯爵夫人是吉安尼·阿涅利(Gianni Agnelli)的妹妹。然后我去了"400"，在那里见到了阿里·奥纳西斯(Ari Onassis)。他邀请我和他一起飞往波多黎各，去参加他的游艇巡游。和以往一样，他对于我不敢坐飞机又奚落了一番。"想想我们一起坐飞机对我们有利的几率"。我问他什么意思。"这将是十亿分之一和'万事皆有可能'之间的几率。"他回答道。任何人听到他说话，都会感觉妙趣横生，我也不例外。

6月1日：7点去了朗兹街24号，同大卫·希克斯(David Hicks)及其夫人帕梅拉(Pamela)一起喝了鸡尾酒。这是一对迷人的新婚夫妇，他们的公寓布置得小巧温馨。8点45分，我到了多尔切斯特。宾娣·兰顿家的餐桌能容纳54人，我坐在丘吉尔夫人的右边……能询问我的英雄偶像温斯顿公爵的轶事，令我激动万分。他每天要跑0.5公里，他白天和晚上各有一个护士，他什么都听不见了，不过他食欲不错，喜欢吃黄油和奶酪。

吃饭的时候,丘吉尔夫人告诉我一件有关他们订婚的轶事,这是我从前闻所未闻的。事情是这样的,我告诉丘吉尔夫人我最近参观了伯利山,听到这里,丘吉尔夫人说这让她回忆起了她和丘吉尔私定终身的如烟往事。

"没有人知道我们订婚了,"丘吉尔夫人说,那个周末我住在怀特岛(Isle of Wight),在波塔灵顿(Portarlington)公爵家做客。晚上,有人传来消息说,伯利山发生了火灾,有人在大火中不幸丧生。我知道温斯顿正在伯利山过周末,接着我们接到消息说温斯顿没能幸免于难。

"我不知所措。如果我表现得很悲伤,大家就会怀疑我为什么会难过。当时还没有人知道他对我来说非常特别,是我的秘密未婚夫。"

于是,她以英国人特有的坚定沉着,一夜无眠地熬过了一晚上。她隐藏好自己的情绪,一大早就穿好衣服,离开房间去买当天的晨报。

"我蹑手蹑脚地走出房间,听到了波塔灵顿公爵的声音。"丘吉尔夫人接着说道,"克莱曼婷,你这么早到哪里去啊?"他问。"我出去呼吸一下新鲜空气,买张晨报。"我回答道,我竭力控制着我的声音和举止。他说:"那好,我和你一起去吧。"这次我又要使劲全身的气力来控制自己,以免流露出半点情绪。

丘吉尔夫人继续讲道,我们买来了晨报,我硬着头皮去看,这时我感觉自己像掉进了云端,快乐得都要叫出来了。伯利山传来的最新报道,和昨天晚上的报道截然相反。事实上,伯利山的游客,无人在火灾中丧生,只有少数人有些轻微伤。

"当然,看到温斯顿安然无恙,我不能表现出欣喜若狂和如释重负,我强压着自己的情绪,对这个消息只是表现出一般的关注,可是你能想象我内心的热血沸腾!"

我也可以想象到,如果最初的报道是真实的,丘吉尔在伯利山的大火中不幸遇难,这对文明世界来说,将是多么重大的可怕的损失。

6月2日:我在南希·阿斯特温馨的小公寓里用餐,在场的还有鲍比·肖(Bobby Shaw)和一对美国夫妇。南希看起来还是那么生气勃勃。

6月29日:我告别了我在丽兹酒店的611–612套房,从今以后,我的地址将改为萨顿宫。我在萨顿宫会住多久呢?我希望至多再用一年,我就能把生意上的事情整理出头绪来。我多么期待重新回到马里布海滩,再次在那里冲浪。

光阴似箭,一晃很多年过去了,我的愿望还没有实现。不过,将活动基地转移到萨顿宫后，我的生活却因此变得非常充实，有幸运，也有不幸，充满了动人心弦的事情，充满了美丽的意外。

1. 萨顿宫，位于英格兰萨里郡，建于16世纪
2. 盖蒂在加利福尼亚圣塔莫尼卡的海边别墅
3. 在萨顿宫图书馆，盖蒂和（从左至右）他的保镖利昂·图罗上校、总会计师诺里斯·布拉姆莱特，英国首席法律顾问罗宾娜·伦德，墙上挂的是哥白林双面挂毯
4. 盖蒂位于加利福尼亚马里布的乡间别墅
5. 盖蒂在马里布的乡间别墅书桌旁
6. 盖蒂和小母狮特蕾莎。盖蒂在马里布乡间别墅有一个为宠物修建的"动物园"

31 定居萨顿宫的生活。

将公司总部定在萨顿宫后,我本来打算到欧洲大陆旅行几次。然而,我在萨顿宫待的时间久了,我周围的英国朋友圈子自然大了起来。相比过去我住在宾馆套房的时候,老朋友拜访我的机会也多了起来。

1960 年 7 月 13 日:黛安娜·库珀(Dania Cooper)女士过来吃午饭。十多年来,我一直为她的美貌和智慧所倾倒,我感觉非常荣幸能够请她到萨顿宫做客。黛安娜说萨顿宫比以前漂亮了很多,她非常喜欢。

四天后,我的邻居比弗布鲁克勋爵过来拜访我,他是个非常有魅力的男人,今年 81 岁了,看起来要比实际年龄年轻很多,他回忆起萨顿宫属于诺斯克利夫勋爵的时光。

"我经常到这里来。有一段时间,每周都要过来一次。"马克斯告诉我。他笑着说,"诺斯克利夫勋爵做梦也不会想到我比他在这里待得更久。"

接着他的表情变了,陷入了沉思。

"当时我的报纸的发行量是诺斯克利夫勋爵士报纸发行量的两倍半。"他自言自语道,"现在我的影响力已经大不如从前了。那时候,报纸是唯一的新闻媒体,是影响公众舆论的主要力量。如今,涌现了收音机、电视……"

他停下来,又笑了,"世界变了,"他低语道,"我想我们才刚刚看到变化。"

比弗布鲁克爵士是位精明能干的商人,我们都对商业的理论和实践,以及经济政治方面有着浓厚的兴趣。一年后,也就是 1961 年,他义愤填膺地说,英国应该待在非洲，脱离欧洲共同市场。他向我透露丘吉尔爵士和他的意见不谋而合。作为一位具有远见的现实主义者，马克斯承认，所有的一切迟早会成为失败的事业。

"很多事情都发生了改变，而且变化将会更多。"他一声叹息。

1965年，为了庆祝马克斯85岁的生日，汤姆逊勋爵为他举办了盛大的派对，在伦敦多彻斯特酒店举行，有500多名客人参加。马克斯发表了非常有个人特色的演讲，妙语连珠，我听罢哈哈大笑。汤姆逊勋爵看到我如此开心就说："保罗，等到你90岁生日的时候，我要在这个酒店，为你举办同样的派对。"

从1975年12月15日算起，我距离90岁还有7年的时间。汤姆逊从来都没有食言过。

1961年2月4日(周日)，萨顿宫优秀的地产经理阿尔伯特·瑟古德为我提供了一份萨顿宫的房子和土地持续改善情况的清单。我仔细审阅了清单，晚上在日记里写下了下面的话：

我在想我是不是在暗暗地和威廉·伦道夫·赫斯特(William Randolph Hearst)攀比。我安慰自己，根据货币的实际价值，赫斯特1930年消费的一美元也就相当于现在的一角硬币。

我必须承认我经常出于这样或那样的原因，拿自己和赫斯特相比较。在我写过上面的日记两年后，萨顿宫最优秀的管家布里莫(Bullimore)先生很善意地告诉我，当天晚上英国广播公司会放映一部有关赫斯特和圣西蒙古堡的影片。我在日记里写下了对影片的评价和感受，您从中可以窥见我的性格和观点。

我看到了英国广播公司对赫斯特的报道。维克尔(Whicker)攻击赫斯特为大百万富翁，他极力地讽刺了赫斯特的新闻报道极具煽动性倾向，骇人听闻，他忽视了一个事实——与赫斯特生活在同一个时代的出版商与赫斯特彼此彼此，好不到哪里去。

20世纪30年代，在圣西蒙古堡有很多聚会，我看到很多熟悉的老朋友的面孔，他们笑得非常开心。想到很多人已经离开了人世，我不禁黯然神伤。我想我和赫斯特有诸多共同之处，不过，我将财富的95%甚至更多的部分用于商业投资，赫斯特则截然相反，他像罗马皇帝一样生活着。圣西蒙古堡让我想起了罗马皇帝哈德良的别墅。

赫斯特位于圣塔莫尼卡市的海滨别墅花费了300万美元巨资，我是他的邻居，我的房子仅仅花费了10万美元，这清晰地体现了我们对于金钱的不同态度。我推测，1935年时我的财富仅相当于赫斯特的三分之一，到了1950年，我的财富就是赫斯特的两倍了。

我想我和赫斯特一样，喜欢奢华的感受。我喜欢富丽堂皇的气氛，高贵的房间，长长的桌子，古老的银器，考究的家具。如果圣西蒙古堡距离市区更近些，20世纪50年代的时候我就会决定买下来。如果在1952年买下它的话，当时房子和周围的400公顷土地的售价仅相当于现在价格的十分之一。以后的日子里，房地产在不断地升值，这将是一笔非常了不起的投资。

我认为，和圣西蒙古堡相比，罗马皇帝哈德良的别墅也黯然失色。圣西蒙古堡的室内游泳池长24米，宽12米。

我情不自禁地拿萨顿宫和圣西蒙古堡相比较，我在日记里这样写道：

萨顿宫的游泳池根本无法和圣西蒙古堡的游泳池相媲美，萨顿宫的客厅和圣西蒙古堡客厅相比也逊色很多。但是萨顿宫的礼堂、图书馆和长廊完全比得上出版大亨的大房子里的任何东西。

我总结了萨顿宫的所有的优缺点，得到了以下结论：

通过将萨顿宫和圣西蒙古堡相比较，我必须承认萨顿宫是个庄园，而不是宫殿。

不论我怎么拿萨顿宫和圣西蒙古堡相比较，生意的需求并不会因此止步，下面的日记就是个突出的例子：

接到一个从纽约打来的电话，盖蒂公司的一些主管建议我从银行借一大笔钱，以完成一笔和公司有关的重要的股票交易。我害怕借钱，也讨厌借钱。

不止一家金融杂志引用过我下面的话："我希望我腰带下的钱包总是鼓鼓的。"什么都不可以代替现金，大部分的商业上的问题都是源于商人的盲目扩张。当然，生意上肯定有贷款的需求，然而，我始终坚信贷款最少的商人，最容易获得成功。

1月22日，星期日：我和克劳斯•比洛(Claus Bulow)、埃弗雷特•斯卡达(Everett Skarda)处理有关中立区的事情，一直忙到凌晨1点。虽然他们俩的年龄只是我年龄的一半，但到了凌晨 1 点他们就都败下阵来，而我则坚持工作到凌晨 3 点。

老板没有固定的作息时间，每当出现需要研究权衡的重要事情，在得出必需的结论、做出决定之前，老板是无法休息的。否则，他会认为自己是个不合格的老板。

5 月 29 日：忙于中立区的业务，工作到凌晨 4 点半。

虽然我很富有，而且已经 83 岁高龄了，我还是会把手头的事情处理完，至少是我尽了全力后，才会休息。我经常通宵达旦地工作，在这个世界上绝对不是只有我一个人这样卖命工作。像亚里士多德•奥纳西斯、查尔斯•克罗尔、大卫•洛克菲勒、艾萨克•沃弗森(Isaac Wolfson)等很多企业家都没有固定的作息时间。他们会一直把手头的工作处理完，把问题解决了才肯休息。

摘录一些我从 1961 年到 1964 年的日记，从中可以窥探并了解我的生活的方方面面。

作家拉尔夫•海文斯(Ralph Hewins)写了本关于我的书，名字叫做《最富有的美国人》。1961 年 5 月 6 日，我作为荣誉嘉宾参加了该书首发式的午餐会，当天我写下了下面的日记。

我不是个演说家。我一直认为，发表演说的人有两种风格，或简洁，或雄辩。我不是能言善辩的人，只能力求简洁，我一定做到简之又简。我会特别注意将向公众演讲的时间限制到五分钟以内，最多五分钟。

我的日记里还时不时地蹦出一些奇谈怪论：

1962 年 10 月 18 日：我在大学时，使用安全剃刀，进入 20 世纪 50 年代，我已养成了使用电动剃刀的习惯。

8 天后，我在日记中这样写道：

古巴因导弹危机陷入恐慌。苏联的战舰在封锁线周围集结。我对以后的形势发展感到悲观，一决胜负的可怕时刻到来了。大家都很担心核战争会不会爆发，祈祷上帝慈悲，也许这一天不会到来。

事实证明,我的悲观想法是没有根据的。肯尼迪的边缘政策大获成功,苏联在最后的时刻作出了让步。也许会有人赞扬肯尼迪在这场严峻的对抗中取得了胜利,我却不以为然。我认为无论发生了什么事情,都不应该以数十万甚至数百万的人的生命为代价,大家都知道,最终的结果会毁掉文明及整个世界。这不是在危言耸听,也不是杞人忧天。我在这个世界上生活了80余载,一生充实而满足。我关心的是我的孩子们、孙辈们,以及地球上所有人的孩子们和孙辈们。

1962年11月8日,我参加了道克兰得安居舞会①。玛格丽特公主也在场,她认出了我,我们谈了一会。媒体有很多关于玛格丽特公主和她的丈夫安东尼·阿姆斯特朗-琼斯(Anthony Armstrong-Jones)的报道,似乎八卦记者非常热衷于暗示他们的种种不足。当然,他们没有明确指出,只是泛泛而谈,含沙射影地说说罢了。我必须说我经常见到他们,有大量的机会观察他们和他们为人处事。在我看来,大部分对他们横加指责的人,都有着自己不可告人的目的。

人的一生中会有一些充满荣光的时刻。1962年,意大利的前国王翁贝托(Umberto)的来访让我感觉荣幸之至。他过来吃午饭,我充满自豪地在日记中写道:

布里莫使用了金盘子。菜单有:大虾、松鸡、蔬菜和草莓布丁,后来还吃了零食。

翁贝托国王给我留下了深刻的印象。他身高1.8米,风度翩翩,很有帝王风度,对艺术知之甚深。他是一位非常称职的君王,和蔼善良,相处起来令人感觉愉悦。

另一件让我感觉无限光荣的事情,和这件事情性质不同,是在同一年的年末降临到我身上的。

1962年12月4日:法国政府授予我荣誉军团军官勋章②,这使我倍感欢欣,还有点受宠若惊。

我一直深深地热爱着法国,对法国人民也怀着同样的眷恋之情,现在如此,将来亦如此。1909年我第一次踏上法国的土地,我无时无刻不感觉到激动和愉悦之情。我的朋友利昂·图罗(Leon Turrou)上校是前美国联邦调查局人员,在法国生活了很多年,他说:"法国能够满足你人生中不同的极致愿望。在巴黎,你能感受到无上的荣耀和

---

① 安居舞会(Dockland Settlement):是一个慈善公益组织。译者注。
② 法国政府颁发的最高荣誉,也是世界上最为著名的勋章之一。译者注。

电击般的兴奋，而在多尔多涅河则能体会到静谧安详的美丽。两者之间，是无限的光阴斑驳。"

  盖蒂集团建造了载重 80000 吨的萨拉·盖蒂号油轮，这艘船是以我亲爱的母亲萨拉·盖蒂的名字命名的，1963 年 9 月 14 日我们为她在法国的敦刻尔克举行了命名仪式。我把这个光荣而神圣的任务交给了我的好朋友佩内洛普·基特森，让她安排为这只船命名。她按照我的意思去做了，当船只从滑道里滑下水时，我意识到她是在法国造船厂建造的，这令我非常开心。这件事情唤醒了我和我父亲、母亲共同游历法国的数不清的美好回忆。

  我不得不承认，1963 年的法国和从前大大不同了。我从前经常去的地方——吉米家、白象、卡罗尔、大本钟、佛罗伦萨、巴黎咖啡馆等已消失无踪，大片的法国乡村被日益崛起的高楼大厦和工业基地所取代。然而，法国依然是法国。法国精神——法国的神韵和活力，同数不清的特质组合在一起，创造了美丽的法国，在这个日新月异的时代里，成为确保法国味道经久不变的元素。

32 人们对我的财富的"追求"。

《财富》杂志称我为"最富有的美国人"后,全世界的媒体就开始这样称呼我。而自从萨顿宫成为我的固定地址后,我就给女王陛下的邮政服务增加了沉重的负担。我购买了萨顿宫后,每个月都会收到 3000 多封来自世界各地的陌生人的来信。信件从地球上的各个角落飞来,写信的人各行各业都有,有男人也有女人。如今信件不似从前那么频繁了,可还是络绎不绝。写信人大多是从报纸上了解到我是名"亿万富翁",就产生了让我给他们寄钱的冲动。

这些要钱的人表现不一,有的苦苦哀求,有的坚持不懈,还有的是赤裸裸地索要。有人只要几美元,或者几百美元,有的人直接索要成千上万美元,甚至更多。其中有一个人打破了纪录,从来信可以判断他是个大脑正常的人,他竟然向我索要两亿美元!

事实上,这伙计是通过商业提议的方式提出他的请求的。他说他希望用这些钱建造一个可以和巴拿马运河相媲美的运河,他还说,他会和我分享船只通行费的利润。他向我保证,我会收到 10% 的净利润。

毫无疑问,需要成立一个独立的大型组织,来调查这些请求的价值。即使是最有诚意的请求,也不例外。我有自己钟爱的"慈善机构",这些慈善机构都组织有序,有着很好的声誉。再者,即使是亿万富翁也无法满足这些写信人的要求。我仅仅一个月收到的信件,所需的数额总计就高达 7500 万美元,当然这还不包括像建造运河这样极端的例子。

有一点令我很惊奇,很多写信要钱的人,很坦然地承认他们并没有实际的需要。

他们通常很坦率地说，之所以写信给我，是因为我有"那么多富余的钱"。1975年早期我收到一封来自美国的信件，就是个典型的例子。信件这样写道：

亲爱的盖蒂先生：

我是个35岁的已婚男人，还没有生小孩。我有个非常不错的工作，每年的纯收入为9000美元。可是在人生的黄金时期，还需要去工作，这简直是梦魇般的生活。这时候，男人应该和自己的妻子去尽情地享受生活。

您离过很多次婚，很可能比大多数人有更深的体会，我想您一定会善解人意地倾听我的心声。对您来说，这笔钱真的算不上什么，甚至连九牛一毛都算不上。我打算给自己放两年的假，和我的妻子懒洋洋地在世界各地旅行。我们在旅行社做过调查，七万美元就能让我们玩得很舒服了。

所以，如果您给我寄钱过来，您会使两个人快乐，我们会很感激您的。我相信您的会计会安排好这一切，请确保我们收到的钱是不需要再扣税的。

多年以来，这样的信件如潮水般涌来，除了用打印好的信件回复他们，我实在是别无他法。很久以前，我就准备了两个版本。一个是写给个人的，另一个是写给那些我闻所未闻的组织的，我每月都要发出上百封这种格式信件。鉴于这些请求帮助的信件来自世界各地，我的回信是用五种语言写成的——英语、法语、德语、西班牙语和意大利语。我想如果我把这些回信的英文版本复制出来，读者也许会有所兴趣。首先，让我们看看寄给个人的回信。

我很抱歉。

很抱歉，我没有足够的时间和精力处理您的信件。和大多数人一样，我收到信件的时候总是激动万分。如果邮递员过来了，却没有留下我的信件，我会深深难过。不过，这是几年前的事情了。

全球的出版社、电台和电视台对我进行了大量的报道，这些报道大部分是关于我的所谓的巨额财富。大家似乎草率地认为，我的财富，至少是大部分财富，都是现金的形式。他们没有停下来想一想，我是个活跃的商人，我的大部分资金都用于商业投资了。通常要发展商业，势必会缺少现金，甚至最大的商业集团也需要经常借钱。有些大型公司，之所以不去借钱，不是因为他们实力超强，而是因为他们太需要现金了。

我并不是说我穷，穷得无法支付自己的账单，穷得旧汽车坏了却没钱去换新的。我只是想说我把资金投资于商业后，我手头就没有太多的现金了。

和大多数人一样，我会按照自己的意思，将大笔的资金捐献给我感兴趣的各种公认的慈善机构和公益性建设项目，这些年来我一直在帮助扶持这些机构和项目。和大多数勤奋的商人一样，我每天都会收到大量的商业信函，平均每天要花好几个小时去阅读并回复这些信件。如果我不这样做，我就无法经营好我的生意，要知道，这是众多员工赖以生存的根本。

除了我日常收到的商业信函，最近几年我还收到公众寄来的不计其数的信件。这些信件，大多和我的所谓的巨额财富有关，而这正是我不愿意对外公开的内容。我想，和大多数人一样，在合理的情况下，我并不反对一定程度的曝光，可是我不喜欢媒体总是围绕我到底有多少钱而大做文章。我个人认为，这很粗俗、无聊，而且基本上是不正确的。很可能好多人手头的现金要比我多得多。

然而，由于媒体的报道，我不得不去面对一个严峻的问题——如何回复来自75个甚至更多个国家的成千上万人的来信，我每天收到的这类信件少则50封，多则上千封。我怎么可能一一阅读并热心地回复这些潮水般涌来的信件？信件的内容少则5页，多则15页，字体还模糊难辨。几乎所有的人都希望得到点什么——礼物、贷款、捐款、经济上的帮助、建议、就业、个人采访、出售商品、工作、投资，或者表达做笔友的愿望。假如我回复每封信需要四分钟，这个时间不算长，我每小时才能回复15封信。和大多数人一样，我有自己的工作要做，我甚至连回复部分信件都不可能做到。我很抱歉，我喜欢与人交往，可能的情况下，我也会乐善好施，我会尽我所能做得最好。

同我一样，我的一个朋友的财富在被媒体大肆渲染后，收到了成千上万的类似信件，几乎所有写信的人都希望得到金融资助、建议、工作，或者向他出售商品，如今他已经放弃回复这些公共邮件。他告诉我，他把这些信件都扔到了大火里，要一一回复这些信件实在是不堪忍受之重负。然而，在我看来，出于礼貌起见，我应该回复这些信件。我安排秘书去阅读并尽力回复这些公众的来信，很遗憾，我无法帮助这些人。我相信大部分的人是真诚的，信件的内容也是真实的，如果给我写信的人很少，或许我还能做点什么，可是我收到了成千上万封信件，我不可能一一调查信件的内容并判断是否有资助的价值。这个世界上，没有人有那么多钱可以长时间地满足写信人的要求，另外这还需要一个庞大的组织来监管这些资金。最后，我只能说我无能为力，深感抱歉。我希望您能理解其中的缘由。

保罗·盖蒂

那些"盲目"请求援助的组织会收到这样的答复：

我们最近收到了您的来信，我受盖蒂先生之托，感谢您为您的组织写来信件。

尽管盖蒂先生很欣赏您信中的想法，但是很遗憾，他爱莫能助。请您放心，这和您本人没有任何关系，只是他实在是能力有限。我敢保证，您一定意识到了，他收到了来自全世界的教堂和组织的大量求助信，他不可能一一热情洋溢地回复这些信件。

如果盖蒂先生资助了一个人，却没有资助另外一个，这势必是不公平的，因此，他只能寻找更适用的方法，将他的帮助限制在他所居住的社区的范围内，借以表达他在宗教和教育领域的兴趣。

盖蒂先生只能给您这样的答复，对此他很抱歉，希望您能理解他的苦衷。

您的真诚的秘书

至于数十封，甚至上百封的求婚信，我都没有答复。这些提笔写信的女士并没有被我的蓝色的眼睛电住，我身上的魅力源于另一种颜色——绿色，也就是传说中我的财富的颜色。我想说，对这些给我写信的女子来说，似乎每年都是闰年①。她们非常坦率直接，请看看 1975 年 10 月我收到的来自加拿大的浪漫情书。

亲爱的保罗·盖蒂：

您拥有巨额财富，在您这个年龄，不应该独自生活，沦为一名单身汉。我是个 23 岁的金发美女，身体健康强壮，我愿意去照顾您。如果婚礼的时候您能给我 10 万美元，在您的有生之年每年再另外支付给我 10 万美元，我会非常乐意嫁给您。如果您给我寄来到英国去的头等舱的机票，我们可以见面后讨论您的遗嘱问题。随信寄去我的裸照，这样您就能看到您将会收获到什么……

11 月的第一周我还收到另外一封信，是宾夕法尼亚州的一位女士写来的：

---

① 闰年的 2 月 29 日，在欧洲是传统的"妇女求爱日"，女人可以向男人求婚。译者注。

亲爱的盖蒂先生：

我从杂志的文章中了解到您有过五次离婚的经历。您应该再给自己一次机会，至少凑够六次吧。我的女儿下个月就年满 18 岁了，她的舞姿非常优美，曾在三次选美比赛中获胜。我敢保证，她会成为您的性感的好妻子。我想您如果每月给我女儿一万美元，给我 5000 美元，这对我们双方来说将是一笔公平的交易。我的弟弟是名律师，可以帮我们起草婚姻合同，他会给我们优惠的……

我和我的公司每年都会为慈善机构和有价值的事业作出重要的贡献，我不想赘述我个人的慈善机构，这完全是我和机构负责人之间的事情。总之，我对两所大学，包括世界野生动物基金会在内的几家组织，及一些项目比较感兴趣。我在前面已经讲过，我很久以前就做好了安排，去世后会将大部分的私人财产捐献给基金会。

另外，我对慈善机构和接受捐款的组织，还有一些别的话要讲。我发现一些为慈善组织和机构募捐的人总是锲而不舍，心态也很奇怪，令人费解。

比如说，几年前，我被成功地游说了，为一个高等教育机构捐献了 10 万美元，这不是我上文提到的我感兴趣的两所大学。这所机构位于美国，机构的领导和执著的募捐人一收到我的捐款，就意识到这是个非常棒的契机。我能想象到他们收到钱后的对话：

"我们从盖蒂那里拿到了 10 万美元，我们看看是不是再要赌一把。"

"当然了！这次我们一定要敢想敢干！"

他们真的是敢想敢干。三个月后，由该机构的四个人组成的代表团拜访了我，他们给我留下了深刻的印象。代表团的每个成员都在机构里身居要职，每个人的名字后面都有一大串的各类学术证书。

"我们一直在谋划着这个建设项目，"这是他们的主要观点，"现在估计该项目的预算将达到 1000 万美元。我们给您带来了项目计划和报告，您只需要签字就可以了。"

我不仅拒绝了他们的请求，还为最初捐献的 10 万美元深深懊悔。这些钱本来可以用在别处，发挥更大的作用。我只需要用心计算一下头等舱的往返机票(筹款的人一般和普通的旅行者是不一样的)、住宿费用、代表团的临时费用，这所有的费用再加上提交的计划和报告的费用，应该不少于 2.5 万美元。换句话说，他们将我捐献的资金的 25%，很快用在了从我身上索取更多的钱上。

这类事情和堆积如山的求助信只是让人为难，还有些募捐者和寻求恩惠的人，则令人怒火中烧。这些要钱的人都是些名望人士，通常他们自己也很富有，却非常热衷于筹集款项，并对此坚持不懈。他们并不是为自己索取，而是为钟意的慈善机构、教堂、医院、事业、项目募集资金。我真的不愿意去想有多少百万富翁甚至是亿万富翁将目标锁定到我身上，这些人的名字可谓家喻户晓。他们的开场白通常是这样的：

"嗨，保罗，你很可能听说了，我是××委员会的名誉主席，我们要募集1亿美元，去帮助一家致力于研究秃头病因的组织……"

"见到你真高兴，老家伙。我正要和你谈谈一家很棒的组织，他们在治疗醉酒的轮船船长方面取得了了不起的成就。"

"碰巧'闹克萨斯大学'①的校长是我的校友，他打算在校园里建一所新的图书馆……"

这些人非常执著，而我总是会断然拒绝。我会恪守承诺，致力于自己的慈善事业，我从来不会把自己喜欢的慈善机构和类似的项目强加给我的朋友。我认为慈善机构应在力所能及的范围内发挥自己的作用，这是我一直遵循的原则。

不久前，我的一个朋友，也是美国的一位举足轻重的人物，直接要求我签署一张100万的支票，用来在南加州大学建立精美艺术品专家基金会。

我向他哭穷，招来了这位业余的艺术爱好者鄙视的眼神，我甚至都没有费口舌，告诉他我正在致力于一项投资1700万美元的项目——为南加州建立一座公共的艺术博物馆。每一美元都来自我的腰包，施工费就用去了1700万美元，要完成这个项目的所需要的全部费用要远远超过这个数字。有一瞬间，我甚至有打破自己原则的冲动，我真想满脸堆笑地去问这位到处化缘的千万富翁，能不能给我提供一些赞助？

既然谈到了南加州的艺术馆，我想改变我的叙事策略，讲述一下我一生所做的最重要最满意的事情。这是关于我的艺术收藏的故事，以及这些放在博物馆里的艺术品的来龙去脉。我用了几十年，耗费了几百万美元去谱写这个华丽的故事，不过故事的开端却很朴素。

---

① 作者在这里用了一个虚构的大学的名字，英语中此词有"令人憎恶、讨厌"之意。译者注。

33 复苏的艺术收藏欲望。

在前文中,我顺便提及了 1912 年我到日本和中国旅行的经历,这次旅行让我受益匪浅。日本人民的礼貌、勤劳和认真给我留下了深刻的印象。这种美好的印象在以后实际的商业操作中得到了印证。十年后,盖蒂公司和日本公司进行了很多商业上的交易——盖蒂公司获得了三菱石油公司 49％的股份;盖蒂公司的油轮是在日本的船厂建造的;盖蒂公司和日本公司进行的众多商业交易无往不利。我认为这在很大程度上归功于我对日本人的了解,更重要的是,我知道如何去认识日本人的商业哲学和目标,以及让日本人了解我和我的公司。

虽然我和中国没有什么商业上的往来,但 1912 年的中国之旅,让我进一步洞悉了中国人的性格。中国贫富差距巨大,中国人与生俱来的强大生命力和坚毅品质让我惊叹不已。

几年前,在位于阿拉曼的陆军元帅蒙哥马利勋爵(Montgomery)家中的午餐会上,我们谈到了中国的问题以及中俄之间的摩擦。陆军元帅蒙哥马利勋爵根据自己的了解,对中俄两国进行了比较。他对中国的评价,和我的看法不谋而合。

"在危险的境地下,同俄国人相比,我更愿意和中国人一道出生入死。"他的意思是说中国人会一诺千金,对朋友矢志不渝。

回想起来,1912 年的东方之旅让我受益颇多,其中最大的受益是我内心想拥有艺术品的欲望开始蛰动。东方艺术品的精致和优雅深深地打动了我,我买了些象牙雕刻、青铜器和漆器。虽然这些东西朴实无华,可是直到现在我仍然珍藏着它们,并视为珍宝，正是她们，构成了我的艺术收藏的基础。

当然我当时还是知之甚少，认识非常浅显。

那时我只是心血来潮，很快我的潜在的艺术收藏的欲望陷入了休眠，这一睡就是18年。不过，我只需要将沉睡的欲望轻轻地推动一下，我对艺术的欣赏和热爱的种子就会萌动生长。1912~1930年，我游历了很多国家，在旅行的过程中，我参观了很多国家的艺术博物馆。虽然我当时并不是刻意而为，在这个潜移默化的过程中，我对艺术的爱好与日俱增。我深深地爱上了艺术品欣赏，一发不可收拾，后来我就产生了强烈的占为己有的欲望。1930年，我以1200美元的价格购买了扬·范·格因(Jan van Goyen)的绘画，这一次蛰伏的欲望又一次被唤醒。经历了一段时间的沉寂，几年后，我成了一名严肃认真的收藏者。

我没有制定详尽的收藏计划，或者说，我根本没有计划。我只是今天买一点儿明天买一点儿，购买那些满足我的兴趣和审美观、能让我感觉愉悦的艺术品。我从来没有想到有一天我会拥有如此众多的艺术品，以至于我需要建立一座公共博物馆来收藏她们。当然收藏之初，我没有专注于此事，也没想过成为一名收藏家。

比如说，1933年，安德森画廊在纽约举行了托马斯·赖安(Thomas Fortune Ryan)收藏品的拍卖会。在这次拍卖会上，我买了著名的西班牙印象画派画家华金·索罗利亚·巴斯蒂达(Joaquin Sorolla Bastida)的绘画。大家可以想象一下格因和索罗利亚之间的迥然不同。不过，我要说的是，我只买我喜欢的东西。

我开始主动地收集艺术品，天赐良机，我赶上了收藏的好时机。

20世纪20年代中晚期，市场上很少能够看到质量上乘的艺术品，几乎所有的上乘的艺术品都收藏在博物馆、大的私人收藏家或实力雄厚的个人手里。

20世纪20年代，美国经济进入了全面繁荣的时期，美国、英国和欧洲云集了大量极其富有的收藏家。这些收藏家之间的较量非常激烈，大有撒尽千金的气概。艺术品的价格一路飙升，完全偏离了理性的价格。

虽然我在商业上取得了一定成功，实际上还是区区无名之辈。我的财力远远无法和麦伦家族(Mellons)、罗斯柴尔德家族(Rothschild)、海里家族(Schiffs)、赫斯特家族(Hearsts)相比。实话实说，我认为20世纪20年代末期，对收藏艺术品的起步者来说，黄金时代已经过去。早在我经商之前，甚至是我未出生之前，有些富人、世家、君主就聚集了几千万的财富，在艺术收藏领域占据了不可动摇的垄断地位。十年前，他们把能购买的东西都抢购一空了。

一些英国的贵族和欧洲的世家拥有巨大的艺术宝藏,他们经济实力雄厚,如果碰巧有人想出售艺术品,马上会有超级富有的著名收藏家提出惊人的价格,抢购一空。

后来形势陡然发生了变化。1929 年美国爆发了经济危机,经济萧条引起了人们心理上巨大的恐慌,同金融圈一样,艺术世界也陷入了大混乱。收藏家在市场上购买艺术品时开始有了选择,收购的价格甚至是几年前人们不屑一顾的。

如今资金有限的后来者,终于迎来了千载难逢的机遇。

对我来说,艺术品是有生命力的,她们是创造者的化身,再现了创造者的希望、梦想和失意。她们经历了不平凡的一生——被贵族千宠百爱,在革命中惨遭强掳,此时人们追之若鹜,彼时又弃之如敝履。得意之时,被引入华室,失意之时,则被束之高阁。她们一生中经历了丰富多彩的世界,然而世间种种总是变幻莫测,可她们却坚强地存活了下来,美丽如初。

上面这段话节选自我和艾瑟儿•勒•韦恩合作的《收藏家的选择》(Collector's Choice)一书。本书的编辑兼出版者马克•古尔登(Mark Goulden)是位目光敏锐的收藏家,他称赞我上面的六句话,涵盖了很多收藏家和艺术评论家需要整篇文章才能表达的内容。另外一位评论家更是锦上添花,他称赞我说:"简短的几句话,一语中的,让读者明白了收藏者背后的驱动力。"

虽然这样说是老生常谈,可是在这个肤浅脆弱的年代,能在人类历史上流传下来的作品,可谓廖若星辰。艺术品的美丽隽永长存,经历了世世代代的风霜,艺术品长久地保留了下来,成为人类历史上真正的历久弥香的珍品。

我阅读了大量的艺术和艺术史的书籍,并长久地徜徉于各大博物馆和美术馆之间。然而,我总是意犹未尽,我寻求多方指导,这些人所接受的教育、训练及其从事的职业足以使他们成为权威的导师和可靠的鉴定人。我非常幸运,得到了很多人的提携,这些人有科林•阿格纽(Colin Agnew)、伯纳德•阿什莫尔(Bernard Ashmole)、伯纳德•贝伦森(Bernard Berenson)、约翰•布莱雷(John Brealey)、杰拉尔德•布洛克赫斯特(Gerald Brockhurst)、琼•西诺迪斯(Jean Charbonneaux)、路德维格•库尔提斯(Ludwig Curtius)、爱德华•福尔斯(Edward Fowles)、塞西尔•古尔德(Cecil Gould)、朱利叶斯•赫尔德(Julius Held)、菲利普•亨迪(Sir Philip Hendy)、利拉克•鲁瓦(Leon Lacroix)、菲利普•旁西(Philip Pouncey)、斯蒂芬•里斯•琼斯(Stephen Rees Jones)、米切尔•塞缪尔(Mitchell Samuels)、阿尔弗雷德•沙夫(Alfred Scharf)、瓦伦廷(W. Valentiner)、皮埃尔•维莱特(Pierre Verlet)、弗朗西斯•温斯彻(Francis Wescher)以及费德里科•西利(Federico Zeri)，正是有了他们的帮助和提携，我在艺术方面的知识品味才得以提升。

我非常感谢弗雷德里克•盖斯特(Frederick Guest)夫人对我的帮助。1935年，我认识到在纽约建立一个商业基地的必要性，于是我租住了盖斯特夫人的顶层公寓，公寓非常可爱，位于萨顿宫大街。我在纽约居住的大街的名字和23年后盖蒂集团购买的地产的名字一模一样，想想真是机缘巧合。

夫人的品味极佳，她的公寓陈列着大量18世纪英国和法国的家具。住在那里，你就会感觉到，和绘画和雕塑相比，作为艺术品的家具丝毫不逊风骚。

尽管我也有许多破例的时候，但随着我的知识和经验的增加，我决定集中收藏我最感兴趣的五类艺术作品，她们分别是：

1. 古希腊和古罗马的大理石和青铜制品、镶砖、壁画。
2. 文艺复兴时期的绘画。
3. 16世纪的波斯地毯。
4. 萨伏内里地毯。
5. 18世纪的法国家具和挂毯。

在这里，我需要重申一下，我经常会破例，购买大量的这五类艺术品之外的作品。

不用说，和很多收藏家一样，我收藏藏品时碰到了很多趣闻轶事。其中有一件众所周知的事情，我在索斯比拍卖行以仅仅200美元的价格购买了一幅画，后来证实这是著名画家拉斐尔创作的圣母玛利亚像，价值连城，值上百万美元。

还有，我购买了兰斯顿侯爵的著名雕塑赫拉克勒斯的雕像，取得了意想不到的巨大成功。1790年人们在罗马皇帝哈德良别墅的废墟里发现了赫拉克勒斯雕像，后来为兰斯顿侯爵购得，他将彭忒利科斯山的大理石雕像运到了英国。自此，这尊雕像声名鹊起，成为兰斯顿侯爵众多藏品中最有价值的作品。阿道夫•迈克尔斯(Adolf Michaelis)是鉴赏古代大理石方面的权威专家，他说，兰斯顿侯爵的赫拉克勒斯雕像"也许是英国藏品中最重要、最经典的雕像"。

赫拉克勒斯雕像一直在侯爵的后代手中。收藏家们认为它遥不可及，无论出多高的价格，侯爵的家人都不会卖掉它的。20世纪30年代，艺术品价格走低时，侯爵的家人以14万美元的价格将雕塑《受伤的亚马逊人》(Wounded Amazon)卖给了小约翰·洛克菲勒。

1938年的一个下午，我参观了克利斯蒂拍卖行，我和拍卖行的经理聊了天，并在丽兹酒店用了午饭，我告诉他我一直在寻觅具有收藏价值的大理石。

我的同伴私语道："不要和别人说是我说的啊，我听人说兰斯顿侯爵家可能有您想要的东西。他们主要通过斯宾克拍卖行交易。"

这正是我想要听到的。我开始了和兰斯顿侯爵的家人及斯宾克拍卖行微妙且旷日持久的谈判。谈判的结果令人难以置信。我以3万美元的超低价格购买了赫拉克勒斯雕像，并支付了斯宾克拍卖行10%的佣金。

我的另一组战利品是三件举世闻名的埃尔金石雕。其中有一件叫做《梅汀》的艺术品，是公元前4世纪为一位年轻女子雕刻的石碑，这是我非常钟爱的一件藏品。正是这件艺术品，得到了伯纳德·贝伦森的垂青，伯纳德看到《梅汀》的图片时，激动得忘乎所以。我在前文中已经提到，他兴奋地叫住助手，大声叫道："我多么希望能够拥有她。"

在我看来，伦勃朗堪称最伟大的大师，而他创作的《守夜人》则是最优秀的绘画，当然这也是我的最爱。每次去荷兰旅行，我都要在荷兰国立博物馆无数次地徘徊，充满爱意地看着她，深陷其中不能自拔。最近，我从报纸上得知一些疯狂的破坏分子损坏了这幅画，我感觉戳在画布上的刀子，就像戳在我自己身上一样，我这样说真的一点都不夸张。

1928年，我在荷兰的鹿特丹市参加了著名的伦勃朗画展。就像我深深地爱着荷兰一样，我深深地爱着鹿特丹。在那里，我第一次见到了《马丁·卢潭的画像》(Portrait of Marten Looten)这幅作品。这是伦勃朗的第二幅受委托创作的画像，绘制于1632年，当时他年仅26岁。荷兰有一位富有的收藏家，叫做安东·曼森(Anton W.W. Mensing)，是位爱国人士，为了让这幅画留在自己的国家，他耗费了20万美元巨资将它买了下来。1938年，也就是10年后，我听说曼森艺术收藏馆快要倒闭了，于是我赶紧联系了我在荷兰的交易商，通常我都通过他在荷兰购买艺术品。虽然欧洲的战事日益逼近，艺术品的价格降到了谷底，我还是授权他以10万美元的价格去购买《马丁·卢潭的画像》，另外我请求交易商不要暴露我的身份，就说他是为一位"匿名的美国人"购买的。

拍卖曼森收藏品的商家肯定特别失望，投标的价格很低。我以仅仅 6.5 万美元的价格就购得了《马丁·卢潭的画像》这幅作品，这令我非常意外，这时候国际金融危机正在悄然来临。价值连城的国宝被"匿名的美国人"购买，激起了荷兰的媒体和公众的强烈不满。

荷兰人发起了集资运动，希望能以更高的价格把国宝赎回来，却以失败告终。我将这幅画运到了在纽约举办的世博会上，在美术馆展览，当时有几千人有幸一睹她的"芳容"。然而在荷兰，不满的情绪仍然徘徊不去，直到十多年后，我才想办法平息了荷兰人心头的怒火。

1949 年 8 月，我又来到了鹿特丹。我去见了范·迪伦(Van Dillen)教授，他是荷兰的艺术权威，曾经强烈反对将《马丁·卢潭的画像》卖给"匿名的美国人"。我乔装成一名艺术领域的记者去了教授家，他用茶热情招待了我。我们促膝长谈，谈起了艺术，尤其是鹿特丹的艺术。看到一位美国人对荷兰的艺术大师特别是他自己的作品如此了解，他惊叹不已。最后，我表明了自己的身份，告诉他正是我购买了《马丁·卢潭的画像》。

"请记住伦勃朗永远属于荷兰，"我说道，"如今这幅画是以您的国家的文化大使的形象来到了美国，代表了荷兰不朽的历史和文化遗产。"

我不断地说着，教授的表情渐渐缓和了下来。

"你是对的，过去我犯了个错误。"他说。我不仅缓和了荷兰人们的不满，还赢得了教授的友情。后来教授帮我在他同事面前美言，很快荷兰艺术出版社出现了一篇友好的评论。没过多久，荷兰人民的敌对情绪就烟消云散了。

下面我还要向大家讲述另外两件趣闻轶事。第一个故事是有关阿尔比达勒地毯的，这块地毯的历史可以追溯到 16 世纪。在波斯的穆斯林人宣称："这块地毯真是美轮美奂，基督徒都不配用眼睛去看她。"1890 年，地毯落到了英国商人手里，英国人转手将它卖给了美国的商业巨头克拉伦斯·麦凯(Clarence Mackay)。美国画家兼蚀刻家詹姆·惠斯勒(James M. Whistler)看到这幅地毯，激动地写道："她抵得上世上所有的绘画作品。"

阿尔比达勒地毯流转于三个收藏家之间，他们分别是麦凯、耶基斯(Yerkes)和德·拉·马尔(De La Marr)。当耶基斯将其拿出来出售时，约瑟夫·杜维(Joseph Duveen)侯爵授权他的助手以 25 万美元的价格去拍这块光彩夺目的波斯地毯。拍卖的价格很低，侯爵仅仅以 5.7 万美元就买下了这块地毯，这令他喜出望外。我和侯爵很相熟，我联系上他，意欲购买阿尔比达勒地毯。侯爵回话说："没有人有足够的钱将阿尔比达勒地毯从我手中买走。"

1938 年，全世界笼罩着战争的阴影。这时候，杜维公爵 69 岁了，还有一年即将走到生命的尽头，人们对战争的担心不断地蔓延，侯爵也不得不屈服了，他提出将地毯卖给我，要价仅仅 7 万美元。这个价格实在是太低了，简直和白送没有什么两样。

后来，埃及国王法鲁克派代理人找到了我，他的妹妹法瓦子娅(Fawazia)公主要和伊朗国王大婚，他希望购买这块著名的阿尔比达勒地毯，作为皇室的礼物送给新婚夫妇。法鲁克国王的报价高达 25 万美元，我没有答应。后来国王暗示如果我能够改变主意，他愿意再提高价格，甚至翻倍，也被我严词拒绝了。

我将阿尔比达勒地毯捐献给了洛杉矶国家博物馆，现在，全世界的人们，无论是穆斯林、基督徒抑或是其他信仰的人们，都可以睁大眼睛一睹她的"芳容"了。

我亲爱的朋友玛格丽特，即阿盖尔公爵夫人，在她最近出版的自传《无法忘却》(Forget Not) 一书中，向人们讲述了公爵曾经在意大利发了疯般地寻找我，想把他的法国书桌卖给我，这个书桌的历史可以追溯到 18 世纪，乃无价之宝。我的版本和她的版本略有不同，公爵也是我的好友，很可能公爵向她讲述故事时有些添油加醋了。

这里我们说到的书桌就是闻名遐迩的"夫妻书桌"。卢浮宫的家具和艺术品部门的主要负责人皮埃尔•维莱特认为她是"该类型作品的最完美代表"。这是由著名的荷兰工匠精心制作的，这位工匠有个癖好，他在所有的作品上只会签上"BvRB"或"BuRB"的字样。后来艺术史学家认定这位工匠的真实身份是伯纳德•范•瑞森伯格二世(Bernard II Van Risenburgh)。

1950 年，我和伊恩•坎贝尔(Ian Campbell)，即阿盖尔公爵一起在怀特餐厅用餐。喝完咖啡后，他随口说起他继承了一些 18 世纪的家具，其中有一个书桌，他意欲出售。

"如果你感兴趣的话，你可以亲自到因弗雷里城堡去看看。"他告诉我说。因弗雷里城堡是他的祖邸，位于苏格兰。

那时候正值隆冬，我不愿意为这件事亲自到因弗雷里城堡跑一趟。我决定咨询一位朋友，他对英伦诸岛上所有的 18 世纪法国家具了如指掌。他信誓旦旦地告诉我，公爵手里不可能有任何有重要价值的家具。我要补充一下，这位权威的朋友是位艺术商人，他极有可能对后面发生的故事有着直接的影响。

不久，在我完全不知情的情况下，我的商人"朋友"亲自去了因弗雷里城堡。在那里，他一眼就认出了我提到的书桌正是著名的工匠伯纳德制作的"夫妻桌"，乃珍稀之物。

一年后，我得知书桌落到了一名纽约艺术商人手里。于是，我找到了他，高价买下。如果当初我接受了伊恩·坎贝尔的邀请去了因弗雷里城堡，直接从公爵手中买了这个书桌，价格不知要便宜多少倍。

不过，在收藏的职业生涯中，每个收藏家都会很快明白一个道理：并不是每次交易都能买到便宜货。有些艺术品，无论价格多高，都物有所值。

顺便补充说明一下，最近的研究表明，"夫妻桌"也许是一种误称。有事实证明，很可能书桌是为法国国王路易十五的孪生公主玛丽·路易斯(Marie Lousie Elizabeth)和安妮·亨瑞(Anne Henriette)制作的，这样姐妹俩就能在同一个书桌上一起学习和写信。尽管没有具体的史料记载，后人亦无法弄清这张书桌到底是为夫妻俩还是为孪生公主制作的，她依然是18世纪法国家具中最完美的代表之一。

34 戒不掉的收藏瘾。

20 世纪 40 年代，我戒了烟。

我偶尔喜欢小酌一下，可从不酗酒。

我对药品亦不上瘾，仅仅在需要时，会使用阿司匹林和抗生素。

然而，我却对艺术收藏欲罢不能。我听说积习很深的瘾君子，背上会有个小猴子爬来爬去(俚语，形容毒瘾很深)，有时候，我感觉有几十只大猩猩骑在我身上。

相信我，我尝试了一切的治疗方法。我告诉自己，意志和决心能够战胜一切，并一直坚信这一点。我尽量避开经销商的美术馆、拍卖行以及一切意欲出售艺术品的人们。可纵然这么做，仍然无济于事，我又尝试了休克疗法。我把一段时期内用于购买艺术品的全部花销加起来，目不转睛地盯着那令人瞠目结舌的七位数字，然而休克疗法的作用依然转瞬即逝。

我全面溃败。一般而言，"自然戒断法"是行不通的。我只要听说美国纽约的大都会博物馆、英国伦敦的泰特美术馆、法国巴黎的卢浮宫，抑或是别的美术馆或博物馆有艺术家的展览会，或者是有我感兴趣的艺术品展览，恰好距离在我可接受的范围之内，我一定会去。

"只是去看看嘛。"我安慰自己说。

然而这一看不要紧，势必会唤醒蠢蠢欲动的瘾头。从展览馆、博物馆赶到所知道的信誉良好的经销商总部这段距离，绝不是打的或者步行一段距离那么简单。

我翻开日记，看到自己无法信守承诺，内心充满了羞赧。我刚刚许下承诺，很快就自食其言了。

1958年10月5日：除了偶尔情不自禁的时候，我已经不再购买艺术品了。

1959年3月19日：我的代理人为我购买了一幅艾佛卡普(Averkamp)的作品、一幅卡纳莱托(Canaletto)的作品、一幅德加(Degas)的作品以及一幅雷诺阿(Renoir)的作品，我喜欢这些绘画。

紧接着第二天：

1958年3月20日：我的代理人又为我购买了一幅柯罗(Corot)的作品、一幅雷诺阿(Renoir)的作品、一幅弗拉曼克(Vlaminck)的作品、一幅郁特里罗(Utrillo)的作品、一幅瓦拉登(Valadon)的作品。雷诺阿的作品真是妙不可言。

几个月后：

我以3400美元的价格购买了一幅庚斯博罗(Gainsborough)的肖像画，支付了10%的佣金。

20世纪60年代，我再一次决心洗心革面：

7月15日：我感觉我该停止购买绘画作品了，我在这方面投资的够多了。我也不再购买希腊罗马的大理石雕刻品和青铜器，不再购买法国家具。我心已决，不会再摇摆不定。

我的完美计划……

不幸的是，正是那年，有人拍卖辛德斯-博克赫斯特(Synders-Boeckhurst)的画作《厨房》(*Pantry*)和伯纳德的画作《裸体的女人》(*Woman in the Nude*)。这可是可遇不可求的好机会，虽然我心已决，我还是难以抵抗诱惑。第二年，有人要将彼得·保罗·鲁本斯(Peter Paul Rubens)的作品《戴安娜和仙女去打猎》(*Diana and Her Nymphs Departing for the Hunt*)出售给我，这画熠熠发光，美得令人窒息。虽然价格高达六位数，我还是把持不住。当我以50万美元的高价买下了伦勃朗不朽的自画像《巴塞罗缪》(*Saint Bartholomew*)，我"背上的大猩猩"不禁得意扬扬地大笑起来。

1962年8月2日，保罗·盖蒂(这次有些绝望了)又一次在日记里庄严宣誓：

我在艺术收藏方面花费的钱已经够多了，我应该适可而止了。我必须停止，彻底地做个了断。

在1964年之前，我购买了大量的艺术品，在这里我无须一一列举，我担心，名单实在是太长了，根本列举不过来。1965年，我决定改变策略，我不再在日记里暗暗发誓，我决定将我的决心昭之于天下。我创作的《收藏的乐趣》(The Joys of Collecting)一书于那年出版，我在书中写道：

1964年之前，我一直都在收藏，现在是该止步了。我感觉我已经收集了足够的艺术品，这些艺术品足以让我为之自豪，我该把机会留给别人了。

很遗憾，我必须承认，在收藏方面，我不仅是个瘾君子，我还习惯性地谎话连篇。我的日记记录，以及我从1965年到1975年的收藏历史足以证明这一切。我无论是自己暗下决心，还是对全世界表明心迹，都无济于事，我总是朝令夕改，出尔反尔。

让·加本尼奥克斯(Jean Charbonneaux)是法兰西学会的会员，负责管理卢浮宫的文物，他曾经这样写道：

"一般来说，收藏家会倾向于集中收集某一时期或某一种类的物品，多少有些局限性。"

在我看来，的确如此。我注意到很多我熟悉的私人艺术收藏家就是这样做的。我想，很多人认为收藏家应该专攻某一领域，并将这一原则奉为圭臬，而无数私人收藏家亦遵循着这一标准，不敢跨越雷池半步。

不论你怎么看我，我从来都不是个因循守旧的人，至少我不会认为传统观念绝对正确。恰恰相反，我认为再也没有比传统观念纰漏百出，不可信赖的。根据我的经验，这一点适用于人类生活的各个领域。我并不是恶意蓄谋、藐视习俗、反驳权威，不过，我绝对不会因为别人都如是做，我就趋之若鹜，盲目效仿。

我在艺术收藏领域的表现亦是如此，我是个折中主义者，虽然我在前文交代过，我主要集中精力关注于五大领域。我弄不明白为什么收藏家收集了伦勃朗和鲁本斯的作品，就不可以同时收藏高更(Gauguin)和弗洛明克(Vlaminck)的作品呢？为什么布歇(Boucher)的挂毯就不能和16世纪的波斯地毯同时并存呢？为什么购买了希腊的大理石雕就不能购买伊特鲁里亚的青铜头盔了呢？我认为只要这些艺术品具有艺术价值和收藏价值，都应该兼容并蓄。

我开始收藏时，只购买吸引我的艺术品，让我开心的艺术品，我顺着自己的心意去选择。也就是说，我掏自己的腰包购买的绘画、雕塑、家具等艺术品都是我心驰神往的，希望占为己有的东西。我将大部分艺术品送到了我的加利福尼亚的家中，有些还借给了博物馆，或者索性直接捐赠给了博物馆。我在前文中提到，我将我购买的10幅华金•索罗利亚的印象主义作品，悬挂在我的南加州的家里阳台上，这给我的家增色不少。

这是我早期基本的收藏理念，这个阶段并没有持续多久。大约25年前，随着收藏规模的扩大，我意识到让公众去欣赏我的收藏品的重要性。

我的思想变化是自然而然的过程，这在很多私人收藏家身上屡见不鲜。很多人在收集了大量的艺术品后，感觉到如果将其占为己有，内心将充满不安和惶恐感，经受良心的拷问。

个人对待艺术的态度是野蛮人和文明社会的文明人之间最大的区别。如果这个人对艺术情有独钟，那么他(她)就远离了野蛮人的行列，在我看来，就这么简单。

如果按照这个标准划分，在大街上行走的50%的人要不幸归入野蛮人行列。不管树木多么古老，多么健壮可爱，他们都会毫不犹豫地将其砍掉；不管建筑多么美丽古老，他们都会不假思索地将其拆掉；不管艺术或建筑多么美轮美奂，他们会毅然决然地将其破坏掉。当然，这些人进行破坏行为时，会打着现代化和人类进步的旗号，或者为自己的行为寻求合理化的理由。相比较"黑暗时代"(欧洲史上为公元476~1000年)穿着兽皮，带着兽角头盔的野蛮人，他们文明不到哪里去。

除非学会了欣赏和热爱艺术，20世纪的野蛮人才能进阶为有教养的文明人。除非有机会去接受艺术、欣赏艺术、理解艺术，最终享受艺术、赞叹艺术，野蛮人才会完成人生的升华。

这也是我为什么将我收藏的艺术品分享给公众的原因之一。我在加州建立了保罗•盖蒂博物馆，还在我加利福尼亚的家中建立了一个独立的大型侧翼建筑，用以展览我收集来的形形色色的艺术品。后来，我将这些艺术品都捐给了博物馆后，它们就不再属于我个人了。那时的盖蒂博物馆只是初具规模，根本无法和其日后的规模相提并论，不过，这是一家向公众免费开放的博物馆，为加州的居民以及到此参观的游客提供了欣赏艺术作品的机会。在密西西比河西部的所有博物馆中，没有一家博物馆能与之媲美。

公众对博物馆的反应令我及所有的馆内工作人员非常满意。参观的游客一开始多得如过江之鲫,至今每年仍在稳步增长。另一方面,藏品也在大幅度地不断增加。很显然,藏品越来越多,博物馆都没有足够的地方存放了,于是我们建立了新的美术馆,可是很快地方又不够用了。这时候,盖蒂博物馆的管理委员会不得不面对一个艰难的抉择——是应该在原有建筑的基础上增加设施呢,还是去建立一个完全崭新的博物馆?

既然是我个人支付账单,问题最终摆在了我面前。我倾听了正反两方面的意见,最后我告诉管理委员会:"去建一座全新的博物馆吧"。不过,我有个条件,如果新的博物馆和当时大多数的博物馆一样,建成混凝土的碉堡建筑模式,或者是建成由有色玻璃和不锈钢拼凑的丑陋怪物,我是断然拒绝付钱的。

令我开心的是,听过我的要求,管理委员会的人微笑了。和我一样,他们也希望新的博物馆独一无二,本身就是一件艺术品。

有人说我是个狡黠精明的生意人,很难应对。也许在某种程度上,我具备上述特征。然而,我能做到同意支付整座新博物馆的建筑费用,并承担营业费用,显然对我的评价是不公允的。

根据许多专家的评价,我捐赠给博物馆的收藏品价值两亿美元。如果我逢低买进,或者决心进行一轮艰难的拉锯战,我就应该效仿约瑟夫·恩博的做法。1964年,恩博将他的收藏品捐赠给"美利坚合众国的人民",他设定了一系列限制条件。其中,按照他的要求,存放收藏品的建筑资金需要由公共费用承担,另外美国政府需要支付博物馆的馆长、解说员和安保人员的费用。如果不能达到他的要求,他就会将这些收藏品捐赠到别处。

在这个世界上,至少有50座城市渴望得到盖蒂的收藏品。如果我斤斤计较,不肯让步,我也会轻而易举得到和约瑟夫·恩博同等的待遇。我可以宣布,如果哪座城市能够满足我的条件——至少40000平方米的建筑用地,严格按照我的要求建筑的博物馆,保证承担一切开支和费用(包括以后所有的经营和维护的费用),我就将收藏品捐赠给谁。毋庸置疑,如果我这样做,我将会在经济上大受裨益。然而,我还有更重要的考虑因素。我希望,这座博物馆将是一座完全对公众免费开放的场馆,无需收取任何费用,包括门票以及停车费用。如果由市政府、州政府甚至是联邦政府经营博物馆,这一切将无从落实。虽然政府提供了大量的补贴资金,但几乎所有的博物馆都收取门票。能够提供停车设施的博物馆寥寥无几,更不用说提供免费的停车设施了。

  在某种程度上讲,我是个与时代格格不入的人。年少的时候我就知道,如果送给别人一件礼物,无论是送给大众,还是送给个人,都是要出于自己的本心,不可以附加任何条件,否则的话,这将称不上是礼物,而是一笔商业交易。如果我真的希望将我的收藏品进行商业交易的话,我会不遗余力,将其全部卖掉。相比最初购买的价格,基本上我所有的收藏品都大幅升值,有的藏品甚至增值了若干倍,即使是在付了资本收益税后,我还是会赚得盆满钵满。

  要建造一个容纳价值2亿美元的艺术品的博物馆,当然不能随随便便。新的保罗·盖蒂博物馆耗费了我将近1700万美元巨资。博物馆对外开放以来,仅营业费用一方面,每年我就需要投入100多万美元。虽然我无法亲临新博物馆,但我感觉我的钱用到了正确的地方,过去如此,现在亦如此。关于这一点,我将在下一章中细细道来。

J PAUL GETTY
PROGRESS
January 1973

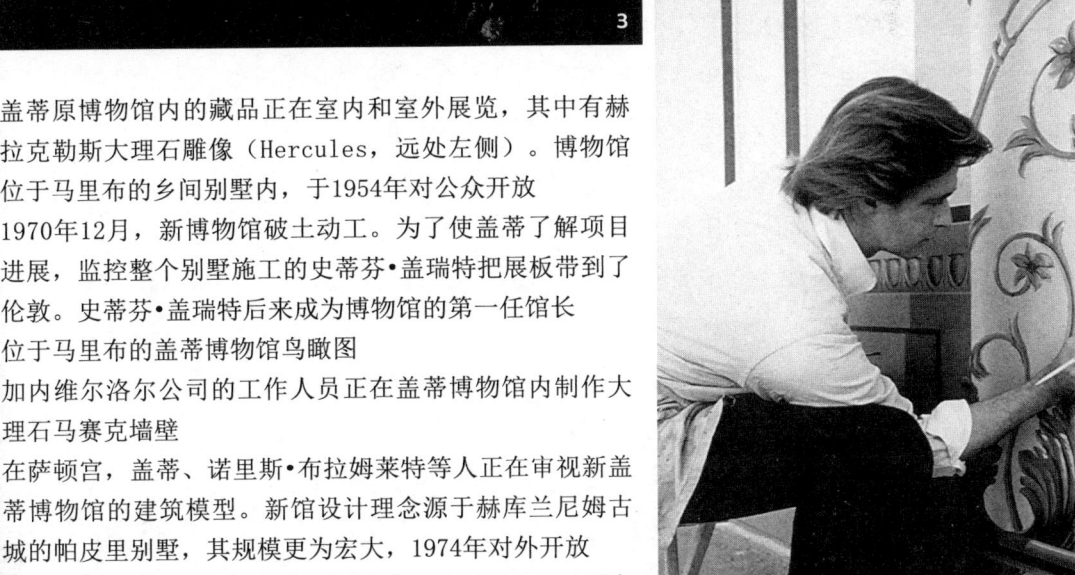

盖蒂原博物馆内的藏品正在室内和室外展览,其中有赫拉克勒斯大理石雕像(Hercules,远处左侧)。博物馆位于马里布的乡间别墅内,于1954年对公众开放
1970年12月,新博物馆破土动工。为了使盖蒂了解项目进展,监控整个别墅施工的史蒂芬·盖瑞特把展板带到了伦敦。史蒂芬·盖瑞特后来成为博物馆的第一任馆长
位于马里布的盖蒂博物馆鸟瞰图
加内维尔洛尔公司的工作人员正在盖蒂博物馆内制作大理石马赛克墙壁
在萨顿宫,盖蒂、诺里斯·布拉姆莱特等人正在审视新盖蒂博物馆的建筑模型。新馆设计理念源于赫库兰尼姆古城的帕皮里别墅,其规模更为宏大,1974年对外开放
在盖蒂博物馆,艺术家加斯·本顿(Garth Benton)正在创作壁画

35 新盖蒂博物馆：从概念到现实。

长久以来，我一直对古希腊和古罗马的建筑情有独钟，这份兴趣的起源最早可追溯到我早年去意大利和希腊旅游的经历。当时，我辗转于残缺不全、支离破碎的建筑碎片之间，依然能够感受到那沉寂多年的古代文明所创造的建筑奇迹带给人的震撼。恰好当时我正考虑设计一个新的保罗·盖蒂博物馆，脑海中便产生了重塑一个古罗马别墅来陈列我的收藏品的想法。

在我看来，按照古罗马的传统重新建造一个宫殿是一件值得去做的事情。现在保留下来的古希腊罗马建筑经历了几千年的风雨洗礼，早已斑驳不堪。99.99%古罗马帝国的建筑早已化作历史的尘烟离我们而去，少量保留至今的珍贵建筑大都也残缺不全，历史已经把它们摧残得破败不堪，维苏威火山附近的历史古迹，也因火山喷发和地震而遭受重创。

庆幸的是，维苏威火山附近的建筑已经被重新挖掘。尽管都不甚完整，但经过仔细研究之后，即便不能十分精确地还原它们的本来面貌，我们仍然能够依稀看出古罗马建筑的样子。

赫库兰尼姆古城(因维苏威火山大喷发而埋没的古城)中的帕皮里别墅（Villa dei Papyri）成了新的盖蒂博物馆的灵感来源。这座别墅至今没有被发掘，但幸运的是，在18世纪人们已经通过挖掘隧道的方式对其进行了多年的研究。因此我们也能获得关于其廊柱花园以及建筑主体的大部分工程信息。我想，如果这位古罗马别墅的所有者还在的话，他肯定会发现盖蒂博物馆的廊柱花园和赫库兰尼姆古城自己的那套别墅建筑风格非常相似，而且，尽管有些改变，我相信他肯定能够认出主体结构的平面图。

以下的内容节选自 1975 年出版的《新盖蒂博物馆指南》，它讲述了盖蒂博物馆如何从概念变成了现实。

在 20 世纪 50 年代早期，保罗·盖蒂决定成立一个教育信托基金。该信托基金由信托理事会进行管理，负责管理其所收藏的艺术品，并向公众开放。博物馆吸引了越来越多的参观者，其收藏品的规模也在稳步增加。尽管增建了新的艺术陈列室，但仍然赶不上艺术品增加的步伐，博物馆的空间很快变得捉襟见肘。

受托人并不倾向于建造一个现代建筑，好坏暂且不论，博物馆界已经充斥了太多的现代建筑；受托人亦不满足于普通的设计概念，他们认为，博物馆不仅仅是为艺术品提供一个背景或展台。博物馆建筑本身也应该是一件艺术品，充满了魅力光环，同时又为收藏品提供一个和谐融洽的环境。

盖蒂先生被一栋特殊建筑所散发出的魅力深深折服：赫库兰尼姆古城中的帕皮里别墅。公元 79 年，这栋建筑连同整个城市被维苏威火山吞噬。依照这座别墅的样子设计、建立起一座新的别墅无疑将使整个考古界为之惊叹；同时，它也为美国最精美的古物收藏提供一个理想的陈列环境。

赫库兰尼姆城被埋于火山泥下，后来变成了石质，后又被熔岩流冲刷，其现场直到 1709 年才被人们重新发现。自那以后，人们对其进行了很多挖掘活动，主要是为了从这个被埋藏的地下之城掠夺那些价值连城的精美石雕和其他一些艺术宝藏。

这些活动最终导致了帕皮里别墅的发现。很明显，这座宏大的海边别墅最早属于罗马帝国一家富有的贵族家庭。在 18 世纪，一个叫卡尔·韦伯(Karl Weber)的瑞士工程师领导人们对帕皮里别墅进行了进一步挖掘，他们向下开挖地洞深至 20 米，然后又沿着水平方向开挖隧道。韦伯为别墅的建筑结构描绘了详细的平面图，并标注了尺寸比例，针对每日的发现他还保持了记日记的习惯，这在当时可是一个创举。

1970 年春天，盖蒂先生做出了决定，以帕皮里别墅为基础原型，重新复原一座建筑作为新的盖蒂博物馆。

把卡尔·韦伯的早期记录转换成现代结构，期间困难迭出。各方面都需要大量的严谨细致的考虑，例如：现存遗址的本质内涵、博物馆及其参观者的实际需求、现代工匠的技术、引入一些必要的现代设备，以及严格的建筑规范要求，等等。另外，还要把韦伯的平面图中不完整或缺失的部分补充完整；他的平面图中没有包括场地的部分区域以及整个地面以上的建筑部分。幸运的是，诺尔曼·纽尔伯格(Norman Neuerburg)博士同意以顾问的身份参与到项目中来。纽尔伯格参与了庞贝古城和赫库兰尼姆古城的研究和挖掘工作，作为建筑领域杰出的历史学家，他把他在考古领域多年的经验学识和对设计、建筑问题的强烈的敏锐感进行了完美的结合。

接下来的几年，我们进行了周密的计划。工作上精益求精，小心翼翼地仔细研究每一个细节，力求这座新的建筑能够延续它本来的建筑内涵。当必须做出修改时，设计依据也从那个年代保留至今的建筑样例中去寻找。对赫库兰尼姆古城、庞贝古城以及斯塔比亚城的挖掘，为我们提供了类似的参考。这种对细节的重视和考究甚至延伸到了博物馆公园以及场地的设计。根据从火山泥流中发现的植物根茎标本，植物学家能够识别出植物的类别，并据此重新构造了罗马花园的整体布局。

1970 年 12 月，博物馆工程动工。原来的博物馆依旧会向公众开放，直至最后几个月，届时所有的收藏品转移至新馆，并在那里进行组装、安置等工作。之前有很多艺术品不得不暂放在储藏室，或者租借给其他展馆或机构，也有一些是最近购买的。1974 年 1 月 15 日，新的保罗·盖蒂博物馆正式向公众开放。

……

无视传统智慧会给人带来重重风险。这句话放在艺术世界是再恰当不过的了，一些艺术陈列馆更多地表现出教条主义或是精英主义。我也考虑过这种风险，然而，我承认自己可能有些妄自尊大，但我还是要说，我对这些不屑一顾。因此，当我听到早期有些人对新的博物馆冷嘲热讽时，我一点都不感到奇怪，更不会为之所动。它确实没有遵循"博物馆建筑"的僵硬标准。有一些人认为，它应该建得更传统、更常规一些，在他们眼里，或许博物馆最好看起来像一个"现代收容所"。不管怎样，相比世界上许多其他(或许应该加上附庸风雅、华而不实)的艺术馆，在对外开放的前两个月，保罗·盖蒂博物馆充满了"争议"。

我很庆幸，自己面对任何事情都能从容不迫，泰然处之。丰富的生活经历也使我认识到，那些最尖锐的批评声音往往并不意味着最具权威性，在大多数情况下也并不是客观公正的。另外，对一些批评者来说，越是声嘶力竭地大放厥词，越会导致更快的偃旗息鼓。我还要说明一下，我在这儿摆弄字眼，并非蓄意而为。

我还是平心静气地坐到桌旁，悠闲地读一会儿书吧。我们不妨看一下受托人的开支报告，是我忠诚而坚定的好友诺里斯·布拉姆莱特精心编制的。

启动成本	185568 美元
土地价值(估)	300000 美元
建筑成本	15819408 美元
设备和装修	353789 美元
总计	16658765 美元

加上其他一些杂项开支，最后的花费超过 1700 万美元，受托人花费的所有费用都来自我个人对博物馆的捐赠。对于一个收藏了诸多艺术品的博物馆来说，我认为这是一个合理的价位。正如我前面所述，经专家评估，博物馆收藏品的总价值超过 2 亿美元，所有的艺术品我都无偿捐赠给了博物馆。

我认为，博物馆、受托人还有我，我们所有的付出和花费都是值得的。我确信那些公众和批评者会很快意识到这件事的真实价值，我自信不会等太久。

亨利·塞尔迪斯(Henry J. Seldis)在对博物馆及其藏品做了一次资产评估之后，他在《洛杉矶时报》(Angeles Times)上这样写道：

在这个国家，没有几个博物馆，能与盖蒂博物馆的极致典藏相比肩。其收藏的精美的古罗马雕塑，在美国找不到任何一家博物馆能与之媲美。

1974 年 5 月的《史密森尼》(Smithsonian)杂志刊登了一篇有关盖蒂博物馆的文章。它使用了长达七页的篇幅介绍了博物馆，并配以精美的全彩图片，文章有这么一段话：

这位石油亿万富翁拥有的浩大的艺术收藏品最终在马里布(盖蒂博物馆所在地)找到了一个豪华的安置之所，取型于赫库兰尼姆古城的豪华别墅，备受争议的保罗·盖蒂博物馆……正毫无争议地成为一个文化旅游胜地。

总的来说，我永远都不会是一个拿天气下赌注的人，天气总是瞬息万变，飘忽不定；但我可以拿气候做赌注，春去秋来，寒来暑往，在日月穿梭中总是遵循一定的规律。一些把"传统"捧上了神龛、对其顶礼膜拜的墨守成规者，立马跳出来，歇斯底里地喊出了他们的抗议，而另一些不是那么刻板保守的批评者，则用一种相对平静、更为理性的语调发出了自己的声音，这也更令人信服。从 1975 年 5 月起，盖蒂博物馆及其收藏品收到了越来越多的好评。

盖蒂博物馆的成立并非一蹴而就，亦非某一个人的功劳。无数有识之士无私地贡献了他们的时间、精力，为之出谋划策，毫不吝惜他们宝贵的专业技能和才智，正是他们的无私奉献才促成了新的盖蒂博物馆的成功。项目中各个环节的顺利进行，新的博物馆的成功运行，我需要向太多的人表达我的赞扬和谢意，他们当之无愧。很遗憾，列出这么一个详细的名单是不大可能的，但他们中有几位我还是要特别地说一下。

若非受托委员会慷慨无私的合作和饱满的热情，这个项目根本就不可能启动，更别说竣工了。而若非诺尔曼·纽尔伯格博士渊博的学识和不懈的努力，这座建筑本身也不会得以建立。我还要对以下人致以厚谢，语言已无法表达我对他们的赞赏和感谢之情，他们是：

博物馆的副总监史蒂芬·盖瑞特(Stephen Garrett)，三个馆长：负责古董文物的吉里·弗莱尔(Jiri Frel)、负责绘画作品的伯顿·弗雷德里克森(Burton Fredericksen)，以及负责装饰性艺术品的吉莉安·威尔逊夫人(Gillian Wilson)。他们年轻有为，有知识、有才智，充满活力，工作投入。其他还有声名显赫的博物馆人：戈登·沃什伯恩(Gordon B. Washburn)，到最近退休前，他一直是约翰·洛克菲勒三世(John D.Rockefeller III)创办的亚洲协会的主任；已故的美国大都会博物馆的西奥多·卢梭(Theodore Rousseau)；华盛顿国家美术馆的杰克·斯宾克斯(Jack Spinx)。而且，由盖瑞特(Garrett)、弗雷尔(Frel)、弗雷德里克森和威尔逊夫人组成的豪华管理团队，在众多博物馆中，无论是公立的还是私人捐赠的，能与之相及者，寥寥无几。

衡量一个博物馆"成功"的标准是什么？

保罗·盖蒂博物馆的存在价值即是免费向尽可能多的公众提供精美的艺术品。因此公众的反应和接受将成为一个精确、有效而又十分合理的衡量标准。

自 1974 年 1 月 15 日起，新的盖蒂博物馆已经向公众免费开放，一周五天，从上午 10 点到下午 5 点。随后的 50 周内，参观者超过 36 万之众。1975 年的客流量与上年基本保持持平。若非一些未曾预料的因素，参观者应该更多，在本章中的后半部分，我会讲到这一点。

现在，我稍微偏离一下主题，让我们算几道简单的算术题。

博物馆大约有 70 名员工，他们的薪水和其他运营开支加起来每年有 150 万美元。

所有的开支成本都由博物馆承担，而这全部来自我个人的捐赠资金，最初的1700万美元也全部由我承担。如果这笔钱用于投资，按9%的回报率，每年将为我产出收益150万美元。因此，可以说新的博物馆对我来说每年的成本是300万美元。

为了方便计算，舍去零头，就按每年有30万参观者来计算，这样每一个进入博物馆的参观者的总成本约为10美元。我这里说"总成本"，因为毕竟我个人处在联邦收入税70%的纳税等级。这样，我个人用现款支付的对每个参观者的"净成本"是三美元。

我列出这些数字并非为了自吹自擂。我陈述这些主要是为了使读者脑海中有一个大致的了解，把精美的艺术品展现在观众面前，期间需要大量的资金投入。更重要的一点是，我想让那些把艺术藏品捐赠出来却没有考虑到与艺术品相关的展览、保存、保险和任何其他持续性成本开支的富人注意到这一点，他们起码应做到心中有数。这些捐赠者只是简单地把收藏品高昂的成本负担转嫁到了纳税人和大众身上，他们若想要参观一下自己"捐赠"的藏品，通常同样要支付入场费用。

同样，我希望上述言论能给那些立法者和政客们些许影响。每当需要削减预算时，首当其冲地便是削减各类文化活动或项目。那些诸如对曾经手持弹簧刀的犯罪分子进行感化教育的项目，以及对25年如一日始终在福利名单上领取救济的人颁发金怀表长寿奖的活动，每年都会雷打不动。实际上，对公众博物馆或话剧、音乐会之类的活动，每每削减100万美元开支，便要在其他愚蠢草率的社会项目上增加投入1000万。

对那些福利救济对象组织一次免费的远足活动意味着选票，对那些为社会生产力发展作出积极贡献的雇员，让他们免费进入艺术博物馆则毫无利用的价值可言。显而易见，这就是控制着我们公共开支(或对其恣意浪费)的官大人们的主流思想。他们正在穷之其力，不断地为我们的社会创造一批又一批的文化野蛮人。通过目前运行尚可的资本系统，我把个人创造的大部分利润都投入到了消除文化野人的事业中，对此，我有一种深深的无言的自豪！

那些略显愚钝的捐助人只捐助了收藏品，却让别人为藏品的储存和维护买单。那些一味制造文化野人的政客们，他们并不是形单影只，独立作战，他们被相当一部分(也有可能是不明真相)的公众煽动和教唆，并得到他们的支持。前面我说过，若非一些意想不到的事情，盖蒂博物馆本来可以有更多的参观者。

当决定建立博物馆的时候，我个人捐助了靠近海滨的价值昂贵的四公顷土地，供基金会建立博物馆所用。其中只有一部分用作博物馆和花园建设用地，其余的，我特意说明，作为参观者的免费停车场。

根据交通工程师和建筑规划师的研究估计，这些停车设施足以够用。但是，事实表明，每天到盖蒂博物馆参观的人达到1500或2000人，甚至更多。这是在南加州，大部分参观者都驾车而来，尽管原有停车场已经很大了，但仍然无法容纳这么多的车辆，这时有人将车停在附近街道的两侧，这立即招致当地居民的强烈反对。

抱怨之声开始充斥着整个城市，接着蔓延至县、州甚至联邦相关机构。原本宁静的街道，如今却因保罗·盖蒂博物馆而在道路两侧停满了车辆，大量的人蜂拥而至，原有的宁静被一片汽车开关门的嘈杂之音撕得粉碎，当地的青少年再也不能在人行道上骑上自行车或者小型摩托车或者沙丘越野车或者任何青少年的能骑之物。实际上，这些道路上确实有很多人，他们正走在去往盖蒂博物馆的路上，或者刚从博物馆出来。

诺里斯·布拉姆莱特，我在南加州现场一直不屈不挠的助手，告诉了我与此相关的所有消息。我眨了眨眼，对此难以相信，我有点怯生生地问道：

"呃——诺里斯，有人向这些善良的市民说明吗？他们将要拥有一座宏大的博物馆，一座重要的文化中心就近在咫尺……"

"当然说了"，诺里斯点头道，又耸了耸肩，"但他们说你应该把钱花在使他们受益的事情上，而不是招致很多'外来人'蜂拥而至。"

如今，每一个要到保罗·盖蒂博物馆的人需提前预定停车位。由于有限的停车设施，博物馆只能接待1200人或1300人。你可能不相信，当地政府拒绝了博物馆扩大停车场的任何申请。受托人还有我，都向政府提交了申请，要求建设一片更大的停车区域，但均被拒绝，拒绝的理由是，由于博物馆已经吸引了很多的游客并造成交通拥堵，附近居民已广受其扰，深感不便。

事情就是这样，假使附近居民不介意那些"外来者"把车停在路两边的街道上，或者不反对盖蒂博物馆扩大现有停车场的计划，博物馆的接待能力毫无疑问会达到每天2500人或3000人，而不是每天只能接待1200或1300人。

就像那句古老谚语所说：有时候，有舍才有得！

36 关于我的一些流言。

若非我对此已司空见惯，若非我在某种程度上有一点儿悲观主义，那么邻居们对于盖蒂博物馆的反应可能会使我深感失望，理想幻灭。这是一个长期过程的结果，我斗胆猜测，和许多处在公众焦点中的人一样，不论出于何种原因，我的动机总是被误解，我的意图总是被误判，我的话语总是被曲解，而我的活动和行为也被大量错误地报道。

我并不是抱怨。长久以来，我发现自己成了一个被消遣的对象，有些事情连自己都觉得困惑不解。例如，我发现自己成为被媒体"放错地方"最为频繁的人之一。

从 1951 年起，我便身处异乡，没有回过美国。而无数的报纸——很多报道电头注明地点在纽约——曾有过如下类似的报道。

"保罗·盖蒂来到本市，为他的新书做宣传。"如果我没记错的话，这出现在 1961 年的伦纳德·里昂斯（Leonard Lyons）专栏。

还有："保罗·盖蒂，这位石油领域的亿万富翁，被发现在其本人拥有的皮埃尔酒店的一个昏暗角落里，与人手牵着手。和他在一起的是一位甜美性感的美人儿，坦胸露肩，领口极低。"我宁愿省去杜撰这条花边新闻的专栏作家的名字，以避免由此带来的尴尬。这条报道在 1956 年出现在纽约的一家报纸上，那时，我正在沙特的中立区，监控钻井工作，我没有和任何人牵手，更没有透过极低的领口向下偷瞄。

把我"放错地方"并不只是报纸的专栏作家才能玩的游戏。盖尔·卡梅隆（Gail Cameron）女士是一位颇有建树的作家，她在近作《玫瑰：萝丝·菲茨杰拉德·肯尼迪传》

(*Rose: The Biography of Rose Fitzgerald Kennedy*)中，对 1967 年 11 月在意大利威尼斯举办的一个盛大舞会进行了生动细致的描写。在这本书的第 212 页，卡梅隆女士列举了许多到场的客人，我的名字出现吉安·卡罗·梅诺蒂和理查德·伯顿①之间。

能够忝列两位巨星之间，我荣幸之至。我认为梅诺蒂是一位才华横溢的作曲家；理查德·伯顿在我看来是最好的演员之一，亦是我个人的好友，他的妻子伊丽莎白·泰勒，也是魅力四射、聪慧过人。在卡梅隆女士热情洋溢的叙述中，只有一件事与事实不符：我并没有参加那个舞会。在舞会举办之时，我根本就不在意大利，更别提威尼斯了。

接着还有一些人曲解我的言论，或者对我说的话不分背景地生拼硬凑。我曾经和一位杰出的作家谈话，再次强调一下，他不是记者，是一位享有声望的作家。我是这样说的：

今天的书籍、电影、电视还有广告面临的一个共同问题就是一切都和性有关。我愿意第一个站出来承认性是重要的，但现在看来它被过分重视，有点儿过头了。我认为，在一定程度上，性是难以捉摸的东西。

以上是我说的话。

但这位作家从我的话中只提取了几个字。当我读他的书时，我发现他只是在索然无味地宣称："一切都和性有关！"

我对此有些恼火？或许吧，但只是片刻的恼火。我用一颗宽恕之心告诉自己，作者显然患上了一种听觉毛病：选择性失聪。

从这方面来说，我也必须用一颗宽恕之心来看待自己的言行。我自己也在有意识地或者有预谋地使用选择性失聪，有时候还会选择性"失读"。假如我不这样做，当听到或看到有关我的无数的流言和谎言时，我将深陷严重的认知危机。

根据您听到或看到的各种版本，我的宗教信仰有：罗马天主教、长老教会、犹太教、基督教科学派。在 1949~1950 年，竟流传有一个版本，说我为了获得沙特阿拉伯中立区的特许开采权，作为一个先决条件，我已皈依伊斯兰教。

我一直是一个卫理公会派教徒。对于那些由于好奇心驱使、一味想探究人们的宗

---

① 吉安·卡罗·梅诺蒂(Gian-Carlo Menotti)：美国著名作曲家，词作家；理查德·伯顿(Richard Burton)：著名演员，导演，曾经七次获得奥斯卡奖提名。译者注。

教态度的人，我可以这么说：

1. 我信仰上帝，遵循基督教原则。
2. 我遵循《圣经》的教导，但我绝不是原教旨主义者。
3. 无论是否为基督教，我对除我信仰之外的其他任何宗教派别都没有偏见。

我的种族起源是另外一个引起诸多猜测的问题，产生过很多令人难以置信的不准确的说法。我的父辈祖先来自北爱尔兰的伦敦德里郡，母亲的家庭祖籍在苏格兰。但双方家庭早在18世纪便远涉重洋来到了美国，更确切地说，来到了北美殖民地。

因此，我没有法国血统，有些人看到我的名字吉恩·保罗·盖蒂①，就可能产生错误的认识。我的祖系和德国也无关联，一些人产生这样的想法，可能是因为我的第三任妻子艾道芬·海姆尔是德国人。

正如我在不同场合反复陈述的那样，我是一位土生土长的美国公民，法定的永久居住地在加州。我持有普通的美国公民护照，而不像有些渠道宣称的那样，持有"特殊"护照或者外交护照。每当护照到期时，我都要去最近的美国领事馆，严格按照每一位公民必须遵循的手续，申请并领取我的新护照。

和每位旅居海外的美国公民(和加利福尼亚人)一样，我也要精确地填写联邦和加州所得税表格。我的个人所得税申报单，要比许多人更为仔细，更为严格，要精确到每一分钱。他们必须这样做，因为我的收入申报单要经过美国税务局的一丝不苟的严格审计。

我的健康状况似乎也经常引起人们的诸多猜测和评论。不久前，《时代》杂志屏气凝息地向其读者透漏，我患上了帕金森症。很明显，这个出版帝国的记者认为自己被上天赋予了一种诊断医师的独特才能。感谢上天，他们很明显患上了希波克拉底前期妄想症。

幸运的是，我能享受到当今最好的医疗，经常进行体检，要记住，我已经83岁了。最为博学的医学专家和顾问给出了一致的意见，我并没有患上帕金森病、麻疹、腮腺炎，也没有患上周期性偏头痛。根据最新的体检报告，我也没有表现出任何怀孕迹象。

---

① 吉恩·保罗·盖蒂(Jean Paul Getty)：Jean在法语中是一个常见名，中文常译为"让"。译者注。

但是，正如我前面所说，我已是耄耋之年，在寒冷、潮湿的冬季，我有时会患上支气管炎(我在前面已经提到)，我不能提举重物，也不能长达数小时地进行游泳，或者像我十年前那样，轻松地走上 15 公里。然而，1975 年 9 月 20 日，我的日记中这么记载(《时代》杂志，请记住以下记录)：

与马里恩·安德森(Marion Anderson)打了一会儿网球。

克莱夫·麦肯齐(Clive Mackenzie)博士做我私人医生已经十多年了。在很多时候，他只是给我进行阶段性体检，他总是抱怨这对他，以及我的时间都是一种浪费。当感冒流行季到来的时候，我有时也可能会患上感冒，他便过来诊治。作为我的亲密好友，麦肯齐博士并不介意也不害怕告诉我一个严峻、令人沮丧的事实：我有一点慢性抑郁症的迹象。

关于保罗·盖蒂的流言真是太多了，其中有一条是关系到霍华德·休斯[①]的。说我们是好朋友，共同投资参与了无数商业活动。当休斯(据我所知，只是据说)访问伦敦时，我与他在宾馆的套房里进行了秘密会谈。更有甚者，煞有介事地编造说休斯一直为我提供财政支持，而另有一些人则认为我才是休斯"背后"的支持者。

实际情况是，当年我和休斯的父亲非常熟悉，而霍华德本人，我只是见过有限的几次面，我们只有一次在一起待了一晚上。那是在 20 世纪 20 年代，在同一时期内，我们参加了同一个派对。但我们的交流不会超过十个词，都是"我很好，你呢"诸如此类的问候语。

当然，我们有很多共同的朋友和熟人，但我们个人之间直接的交往几乎为零。

还有一个传言说，我曾经把杰克·邓普西[②]击倒在地，根据最流行的版本，起因是我们俩同时追求一位女士。我真希望自己能有如此伟大的成就，但我没有，而在这个故事背后，其实有那么一点点真实的痕迹。

早在 20 世纪 20 年代早期，杰克·邓普西便和我成为很好的朋友。我是一个体育发烧友，喜欢拳击。1923 年，杰克来到美国东部疗养胜地萨拉托加斯普林斯，为拳王争霸赛进行备战，他的对手是路易斯·菲尔波(Luis Firpo)。

[①] 霍华德·休斯(Howard Hughes)：美国航空工程师、企业家、电影导演、花花公子，是个将神话与怪异集结一身的天才人物，也是美国当代历史上最富传奇色彩的亿万富翁。译者注。
[②] 杰克·邓普西(Jack Dempsey)：世界重量级拳王。译者注。

我们需要把时间调至 1973 年，那一年，杰克来萨顿宫来看我。50 年过去，我们的很多回忆都已变得模糊不清。当记者询问我们每个人如何看待当年那次事件时，我们开始回忆。当年我到萨拉托加斯普林斯去拜访杰克，并主动提出要做一次他的拳击搭档。我们俩对此态度一致，并无二致。

但以后的事情，我们俩有了分歧。杰克给了我很高的赞誉，他告诉媒体：

"保罗拳击打得很好。我们体重相同，唯一的不同就是我的拳头更有力些。我把他当做拳王卫冕战中的对手来对待，他告诉我不要收回我的拳头，尽最大努力打好拳。我也是这么做的。"

邓普西接着补充道，第一轮我并没有被打倒，这就暗含着在第一轮的较量中，我没有被他击败。

我的记忆却与此不尽相同。我记得，我登上了拳台，打了没多大会儿，我发现邓普西总是有意收他的拳头。我的男子汉气概在作怪，因为在拳台旁边有两三位年轻迷人的女士在观战。

我不仅要测试一下我的拳击能力，我还要证明我自己！我对邓普西说道："该死！杰克，像对待其他任何一位职业拳击陪练一样，向我出拳！"

邓普西还有些犹豫。第二轮的时候，我鲁莽起来，想刺激邓普西采取行动。我尽最大的力量左右挥舞拳头，杰克打了几拳，避开了我的拳头，并后退了一两步。

"好吧，保罗，"他说道，"如果你坚持这样……"

杰克的第一拳就让我有些难以招架，接着他挥出了第二拳，两拳连发。事情就是这样，几秒钟后，我从帆布地面上站了起来，我全面深刻地认识到，以后我还是专注于我的石油产业吧。

从那以后的几十载，杰克·邓普西一直是我的好朋友。1969 年，杰克访问欧洲时，我很高兴地为他举办了一个派对来庆祝他的 74 岁生日。四年后，也就是 1973 年，杰克访问萨顿宫时，为了媒体的摄影师们，我们摆了一个假装格斗状的姿势，我很高兴杰克这次没有挥拳。尽管已过去了 50 年，但我敢保证，这位马纳沙大槌子（拳王杰克·邓普西的绰号）只需简单的一拳便可以轻而易举地将我击倒在地。

还有其他一些传闻。

外界传言，在 20 世纪 30 年代后期，我走进了纽约城的皮埃尔宾馆，并在那儿用了午餐，但我对餐厅的服务极不满意，于是乎我当即买下了整个宾馆，这样我就可以炒饭店员工的鱿鱼。很显然，这种行为荒谬至极，我一直纳闷这种故事怎么可能有人相信。

一个人不可能大踏步地走进别人的办公室，签署支票，然后当场就买了一座42层的高级宾馆。这种级别的收购一般需要长达数月的谈判，需要由代理人、律师、银行家、会计师以及其他专业人才组成的团队共同协作才能达成。我的确收购了皮埃尔宾馆，那是作为盖蒂公司的一笔投资，并且这笔交易也是经过旷日持久的谈判之后才得以促成。补充一点，在谈判开始前的几个月间，我没有到该宾馆的任何一家餐厅用过餐。另外，除了对金融一无所知的人，任何人都会明白，商人购买资产看重的是能赚取利润，并不是出于一时怒气。

在有关盖蒂的种种流言中，还有一些传言是有关我的饮食习惯和口味喜好的。根据不同的版本，我是一位健康食物的狂热追求者、素食主义者、无鉴别能力的美食家，一个宣称只食用最独特菜肴的坏脾气的美食家。

如果允许我陈述的话，我将对此一一回应。

在某种程度上，我的确是一个健康饮食的"狂热追求者"，多年来，我一直认为小麦胚芽是一种健康的食物保健品，在家吃麦片粥和葡萄柚的时候，我总是喜欢放一些。当然，当我在饭店或在朋友家用餐的时候，我不会要求或者期望有小麦胚芽放在我的面前。

我喜欢吃新鲜水果，很多人都知道我能吃下很多的水果。我还相信，时常进行一次一天的斋戒，或者在24小时内只吃一些新鲜水果对身体有益。但我绝称不上是一个素食主义者。

我的早餐量很少，由布里莫送至我的卧室，它通常包括新鲜水果或一杯果汁、麦片和脱脂牛奶。午饭和晚饭，我会吃一些肉类、禽肉、蔬菜和其他食物。我热衷于吃，但我会用常识来告诉自己不要吃过量。有时，我也会大快朵颐，会吃过头，尤其是看到有我喜欢吃的食物的时候，像烤鸭、煮玉米棒，我的牙几乎没有掉，我可以整齐地吃掉玉米棒上的玉米粒，还有草莓酥饼叶总让我欲罢不能。在午餐和晚餐之前，我通常都会先喝点什么，饭后会喝上一杯波特葡萄酒。

举两个有代表性的例子吧，以下是萨顿宫的日常菜单。

1975年11月21日，星期四，晚餐：

龙虾汤、烤鸡、新鲜蔬菜、枫糖核桃冰淇淋、鲜芹奶酪拼盘、新鲜水果、咖啡(为客人准备的，我不喝咖啡)、波特葡萄酒和一点儿别的酒

1975年11月12日，星期五，午餐：

鳄梨、烤杂排、新鲜蔬菜、奶油土豆、萨赫蛋糕，配有大量新鲜奶油、鲜芹奶酪拼盘、新鲜水果、咖啡、波特葡萄酒和一点儿别的酒

当然，有时我也喜欢享有一些具有异国风味的佳肴，像鱼子酱和龙虾，但我依然是一个美国食物的坚定支持者，烤饼、汉堡包等普通美国食物我都很喜欢，这可能源于一种根深蒂固的习惯。在萨顿宫，紧挨着我的卧室有一间私人厨房，有时我自己也会做一团面糊饼，或者从冰箱里取一些牛肉碎末，自己动手做成美味的肉馅烤饼，我还会抹上枫糖酱或黑胡桃酱，或者做汉堡包。所有的这些，都是秘密进行的。有时侯，我会工作或者看书到很晚，直至凌晨，在那个时辰五位常驻萨顿宫的家庭雇员早已进入了香甜的梦乡。除了这五位住家员工，白天还有四位雇员过来，加起来共九位员工，这不包括安保人员、园艺工人以及其他不宜归入"家务员工"的人。

总之，我尽力遵循很多年前我的表弟告诉我的一条原则："吃二分之一饱，喝四分之一量，笑要加倍地笑！"

这又使我想起有关保罗·盖蒂的另一个流言：我总是拉长着脸，面部僵硬，不苟言笑。

这毫无根据！

我喜欢笑。每当我发现可笑之事或者有笑的理由时我多半会笑出来，有时我都会为我做的一些事感到可笑。诚然，比起在公众面前，和朋友在一起时，我笑得更随意更开心。我从来不会在镜头前强作笑颜，那样只能向记者或者摄影师证明我有矫揉造作的能力。

以往的经历使我做事总是小心谨慎。当我不了解和我在一起的人或和他们在一起感觉不自在时，我就不大情愿让我的保镖离开。这就经常使得我在镜头前或面对摄影记者时，表情僵硬。我心里明白，若我遵守记者们的命令"笑一下，盖蒂先生"，强挤出笑容，那我永远确定不了关于这幅图片的说明记者会怎么写。图片说明有可能是这样(以前就这么做过)：

"偷拍图片，亿万富翁面对他的巨额宝藏禁不住哈哈大笑。"

或者：

"保罗·盖蒂究竟又达成了什么秘密交易，让他丝毫掩饰不住他内心的沾沾自喜呢？"

和朋友在一起，我可以微笑，可以放纵地哈哈大笑，亦可以捧腹大笑。在这个世界上，我可能是劳莱与哈代[①]最忠实的粉丝。我的很多好友都很会逗乐，他们幽默机智，常常使我迸发大笑。专栏作家阿特·布什伍德(Art Buchwald)毫无疑问是其中的一个典型代表，当他还在巴黎的《国际先驱论坛报》工作时，我们就已相识。无论是和他交谈，还是看他的文章，阿特总是能使我捧腹大笑。

在我亲密的朋友圈内，同样有很多人，他们的幽默感经常使我禁不住大笑。我的表弟哈尔·西摩(Hal Seymour)讲的那些令人捧腹的故事，常常使我笑得肚子疼，杰克·弗洛斯特也具备这样的能力。努巴尔·古尔班基安(Nubar Gulbenkian)对我的言行举止进行的夸张模仿，常逗得我和那些了解我的朋友们哈哈大笑。

马里恩·安德森(Marion Anderson)，我们在圣塔莫尼卡海滩俱乐部时结为朋友，她讲的那些有关她的奇闻囧事，常带给我长长的大笑。我的另一位好友厄休拉·安博女士(Ursula d'Abo)，对如何使我发笑摸得一清二楚，即使在我满腹抱怨、大发脾气的时候，她也能给我带来阵阵笑声。我的好友兰辛·海斯是一位出类拔萃的律师，他那诙谐机智、有时带些冷嘲热讽的话语，常使得我即使在沉闷乏味的商业会议之后，也禁不住笑起来。这些人的名单，我可以列得很长很长，我的笑商（RQ.）的提高，没有什么特殊秘密，正是因为他们。没有什么能比笑一笑更享受的了，即使有时候是我为此买单。

关于我还有很多的传闻，我要在下一个章节用一个不同的视角来对其进行解答。现在，我只想让最近的一个流言终止。

我没有和杰奎琳·肯尼迪·奥纳西斯(Jacqueline Kennedy Onassis)结婚的意愿。

如果杰奎琳向你求婚呢？1976年可是一个闰年[②]。你可能会问。

嗯……这我的确需要好好考虑一下。我心里很明白，我这样说，肯定又会引起潮水般荒唐可笑的流言。

[①] 劳莱与哈代(laurel and hardy)：美国早期戏剧节目名，也指该节目的两位滑稽演员斯坦·劳莱和奥立佛·哈代，两人一瘦一胖，是美国早期影片中最受欢迎的一对搭档演员。译者注。
[②] 闰年的2月29日，在欧洲是传统的"妇女求爱日"，女人可以向男人求婚。译者注。

37 第六次婚姻和其他绯闻。

有充分的证据证明，在全世界最称心如意、最受青睐、最吃香的单身汉名单中，我身居前列。

还有多少经历过五次婚姻的耄耋老人能自豪地说出上述言论？

答案是很多人都可以做到，这样说倒不会伤害到我的自尊。因为这份名单的门槛很低，入选者只需两个条件：一是，这位耄耋之人必须坐拥很多财富，拥有的财富越多，在名单中就越靠前；二是，单身。

我在前文已经提到我通过邮局收到的那些愚蠢的"现付自运"式的求婚。如果有一天，我收到一封信，里面这样写道："只须剪下下面的优惠券，附上支票和汇票，你就会收到一位妻子。不能使用货到付款和信用卡哦。"对此，我也已经见怪不怪了。

但与那些八卦的专栏记者或者一些流言蜚语相比，那些来自性感的妙龄笔友的情真意切的恳求则只能屈居二流了。这些记者们穷尽其力，甘愿冒着严重视觉疲劳的危险，也要瞪大眼睛，想透过命运的魔法球，为我寻找我的第六位妻子。他们预言即将和我结婚的女人，无一例外，全部与事实不相符合。即使我希望其中能有一个能成为现实、和我结婚，我也不会付诸行动的。

尽管如此，每每想到"可靠消息来源"报道我"马上"要和一位魅力十足、可爱美丽的女士结婚，我作为男人的自豪感便有些膨胀。这些要和我"结婚"的女士包括阿盖尔公爵夫人玛格利特、佩内洛普•基特森夫人、莎莎•嘉宝女士，还有最近流传的厄休拉•安博女士以及罗萨贝拉•伯奇女士(Rosabella Burch)。

这五位靓丽迷人、充满魅力的女子均是和我交往多年的密友，有些我们已相识数十载。我经常到她们家去做客，她们也经常到我这儿来。她们中的每一个人，都和我一起参加过舞会、派对和许多社交活动。然而，我可以公开说明，我和另外的几位女士也做过同样的事情，我们也是交往多年的好友。我这么说，丝毫不会减少我对上述五位女士的喜爱和尊重。

对于所有那些等待盖蒂结婚的人，无论是媒体的记者还是普通大众，在此我要明确说明，我没有任何结婚计划或意愿，至少此时没有。但就如前一章所说，可能性总是存在的。闰年就要来了，杰奎琳有可能向我求婚，假使真的那样，我也可能陷入左右为难的境地，我不知我是否能够配得上。我有一点怀疑自己是否有充足的财力，来支付盖蒂博物馆的费用，以及克里斯蒂娜号豪华游艇一半的维护费用。

我再重申一次，无论有多少流言、报道，无论那些八卦专栏怎么描述，目前我确定没有再婚的意愿。就如先前我无数次向媒体重申的那样，对于一个经历过五次婚姻"空难"的人来说，绝不会再有重新起航的意愿。

但即使做出这样的申明，同样会引起流言。某些记者又据此做起了文章。当我读报纸或杂志时，我总是时不时地看到下面的话：

"保罗·盖蒂，这位石油巨头说不会开始他的第六次婚姻，这起因于一位占卜先生的预言。多年前，这位预言家曾告诉他，他可能会有第六位妻子，但在第六次婚姻后他很快就会死去。"

礼貌点说，这简直是胡扯！

我提醒一下读者，1975年12月25日是我的83岁生日。我并不认为自己会永垂不朽。可以问一下我的律师，他们知道早在20世纪20年代初期，我便立好了遗嘱，并定期更新。马克·吐温说过，人生有两件事不可避免，一是纳税，一是死亡。我按时缴税，而且很清醒地认识到，总有一天我要死去，或者使用我更喜欢的一种表达方式，"跻身于多数之列"①。

针对我的第六次婚姻屡屡出现的各种流言，以上就是我想澄清的，希望流言到此为止。这个愿望很可能要落空。基于过去媒体的表现，出现下面的情况我一点也不感到稀奇：在某一天的清晨，当我拿起报纸，又是最后一个发现自己已经做好准备和葛

---

① 英语中"死亡"的另一种表达方式，和"加入先人行列"意思一致。译者注。

罗莉亚•斯坦能(Gloria Steinem)、菲利斯•狄勒(Phyllis Diller)或者安•兰德丝(Ann Landers)私奔了！

　　罗斯林•塔尔戈夫人(Roslyn Targ)是一位活跃的著作权代理人，做事效率非常高。关于本书，正是她与世界上多个国家的出版商进行协调沟通工作。她从纽约远道而来，到萨顿宫和我讨论这个问题。

　　"在书中，你会谈到你和你的女性朋友之间的关系吗？"罗斯林问道。

　　作为一个理性的在商海鏖战多年、和不同的人打过交道的人，我意识到在她犀利的眼光和敏捷的思维背后，她更关心潜在的销售数字。但是，我还是摇了摇头。

　　"恐怕不会，"我回答道，"我从来就不是那种靠吹嘘性生活或利用性，来实现自我满足的人。"

　　罗斯林•塔尔戈女士是一位迷人的女士，比我小很多岁，我觉得我应该说得更为详细点。

　　"你是一个生活在70年代的人，"我说道，"而我，却非常落伍了，我不会用曝光隐私来获取利益，尽管我知道这类事情在当今不仅是一种潮流，而且很多时候更是必须的。"

　　罗斯林尝试了另外一种策略。

　　"你不想提一下你的任何一位女性朋友吗？"

　　我向她保证道，在合适的背景下，我会尽可能地多提一下我的朋友，无论是男性还是女性，前提是我不能侵犯任何人的隐私。

　　"但是你必须认识到，对于任何一位成功的男人，人们总是很关心他身边的女人。"罗斯林坚持道。

　　我假装做了一下沉思，有那么几秒钟。

　　"好吧，"我最后说道，"有我五年级时地理课的老师金凯德女士(Kincaid)，还有马奇老师(Mudge)，她总是尽最大努力帮我提高书写……"

　　塔尔戈笑了起来。她领会了我的意图，并同意我最好还是以我的方式行事。我就是这么做的，并且在书的后续章节中亦是如此——在我认为合适的时间和地点，提及我的朋友，不论是女性还是男性，详细叙述那些趣闻轶事，描写我的经历，分享我的印象和想法。正如我向罗斯林•塔尔戈女士传达的那样，我不是一个偷窥狂，亦无心窥探别人卧室中的那些事。当然我也不希望有人会到我的卧室。

一次，有位美国记者（现在已去世，在世时因厚颜无耻而臭名昭著）问我：“你的哪位妻子床上功夫最为了得？”当时我真想把他痛击一顿，那是我离动手最近的一次。庆幸的是，我控制住了自己，把握紧的拳头放入了口袋，转身走开了。

我得承认，对于那些不论出于何种原因被认为是"良好样本"的男人，人们对他生活中的女人总是有强烈到近乎病态的好奇心。对于敢于刺杀总统的刺客、攀登珠穆朗玛峰的人，或者被冠以"最富有的美国人"标签的人，这就更不用提了。于是乎，人们又调用了那句经典的"找寻到那位女人"[①]原则，穷尽各种侦探手段，来"找寻到那位女人"。

在过去的 60 年间，我的名字被"浪漫地"与大量的女性名字联系在一起，这些"联系"给我带来了很多尴尬和苦楚。前面章节我也谈及过，我和已故的查尔斯·卓别林在与琼·巴里小姐的关系上产生的问题。另外还有一位女士，我宁愿不讲出她的名字，在纽约的一家俱乐部里，她自己坐在了我的大腿上，在闪光灯闪烁之时对我来了一个深情之吻。后来，她把这幅照片"安插"在一份小报上，并四处散播她是我的未婚妻，并据此进行了大量的赊账购物。

对于这样的事，我可以列出一大堆，但我又何必要费那劲儿呢？

在我的一生中，我发现，女性和男性一样地唯利是图，贪图金钱，一样地喜欢投机取巧。一些女性总是在寻找、捕获合适的男人，并把此作为她们一生中最大的机会。这是一条亘古不变的真理！这是我通过自身的凄凉痛苦、压抑沮丧的经历而得出的一个生活事实，无数其他的所谓的男性富人也有过类似的经历。

不少年轻的女士向我表白过，说她们对我爱得如此深沉，爱得几乎绝望，她们急切地想和我结婚，除此之外什么都不要！当她们得知在结婚之前我的律师总要起草一份白纸黑字的财务和房产协议，这种狂热的结婚欲望立刻降至冰点以下。这种经历留下的伤疤，不仅不能为我的将来提供一些保护，还有可能造成过敏反应。

我清晰地记得两次世界大战期间的那段经历，那时我也正处于两段婚姻之间的空当。我决定用化名进行一次欧洲大陆之旅，对外宣称我是一位度假的保险经纪人。我想，这样就不会有人认出我是一个富翁，"如果有一个女孩对我有意思"，我自己在心里分析，"我就不用担心她是贪图我的财富"。

---

① "找寻到那位女人"（cherchez la femme）：法语，原意是形容男子利用各种手段尽力讨好女人，获得女人的青睐，盖蒂先生在此做了活用。译者注。

事情还真就发生了。在罗马我邂逅了一位非常可爱的年轻女性，我们暂且就叫她露西娅·安东内利(Lucia Antonelli)。我对她绝对是一见钟情，而且我发现她对我也有意思。露西娅——我再次重申，这个名字是虚构的——具备了男人心中完美女人的一切潜质，聪明、迷人、善解人意、受过良好教育，与她相处总让人感觉很愉快，最重要的是，她看上去是那么纤美漂亮。她穿衣简单而优雅，她拥有的那个小公寓，也是陈设雅致，一点也不张扬做作。她告诉我，她是一个孤儿，靠一笔不大不小的遗产所产生的收益生活。如果我心目中真存在一位梦中女孩的话，毫无疑问，这个人便是露西娅。

我们的关系进展顺利，我开始认为，这可能就是我理想中的完美妻子。很多人都在贪恋我的钱财，而她不是，她好像对此毫不在意。

有一天晚上，我们在奥斯蒂亚(Ostia)靠近海边的一家餐厅用餐。吃晚饭后，露西娅用一种心照不宣的眼神长久地望着我。

"你不是一个保险经纪人，"她说，"你的名字是保罗·盖蒂，从事石油生意。"

我心中的那扇坚固的钢铁之门立刻关上了。当我叫服务员结账的时候，我心里默念道："故事又一次重演。"我的希望再一次被撕得粉碎，我把露西娅送回了家，回到了宾馆，感到希望破灭，我第二天便离开了罗马，去了巴黎。金钱再一次残酷地扼杀了浪漫。

两年后，我了解到事情的真相，有点令人目瞪口呆。事实是，露西娅·安东内利对我就像我对她一样认真。她是一个孤儿也只是她的托词，她的父亲在当时的欧洲富甲一方，当她把我们俩之间的事告诉她父亲时，父亲曾问了她有关我的一些情况，他不想自己的女儿嫁给一个想通过婚姻而致富的男人。这也是为何露西娅了解到了我的名字和我的真实背景！

我的保护性计谋就这样悲剧地结束了。露西娅并不是太关心我的财富，因为在当时她家庭的财富可能比我的还要多。总之，我的担心、恐惧、疑惑使我生活中的非常重要的一段浪漫(极有可能是婚姻)戛然而止。

之后，在我最终知道事情真相的时候，一切都晚了。露西娅已经嫁给了一位富有的意大利贵族，并且他们的婚姻一直持续到现在！

如果爱可以再来一次……

但是，这个插曲，已成为遥远的过去。

在我牵涉在内的诸多罗曼蒂克的"结合"中，有一些可谓滑稽至极。

我记得有一次，我带我的一个侄女去纽约大都会歌剧院看歌剧《阿依达》(Aida)。长久以来，我一直非常享受那种不被人认出的无名状态，可能是我刚刚收购皮埃尔宾馆的缘故，一位观看演出的《纽约镜报》(New York Mirror)专栏记者认出了我。第二天早晨，一篇热情洋溢的报道便出现在他的专栏里：

约翰•保罗•盖蒂[1]，这位德克萨斯州(原文如此)石油商人，成了皮埃尔宾馆的新主人，这也为他赢得了新的名望。在幕间休息间隙，他和她简直是一道难得的风景，他们远远地站着，头贴着头，旁若无人……

这很自然。我和我的侄女多年未见，当时我们正投入地谈话，迫不及待地把最近的情况告诉对方。

更可笑的一件事发生在阿盖尔公爵夫人玛格利特为我举办的80岁生日派对上。派对在伦敦的都彻斯特饭店举行，对我来说那是一场终生难忘的派对。玛格利特对朋友表现出的那种慷慨、那份热情，让我深为感动。她邀请了我的100位朋友参加派对，其中就有理查德•尼克松(Richard Nixon)的女儿特里西娅(Tricia)及她的丈夫爱德华•考克斯(Edward Cox)。

一座摇曳着80根生日蜡烛的巨大蛋糕被推了上来，吹灭蜡烛后，我邀请特里西娅帮忙来一起切蛋糕。想想那些蜡烛的数量，把它们吹灭可不是一件容易事。现场有几位媒体和报纸的摄影师，其中的一位显然没有注意到特里西娅•尼克松•考克斯的身份，我听到他对一位同事窃窃私语：

"与盖蒂在一起的真是位活色生香的小鸟儿，这个老头显然还是喜欢嫩草，不是吗？"

玛格利特•阿盖尔和爱德华•考克斯就站在一旁，他们也听到了这位摄影师的话，他们，还有特里西娅和我，不禁捧腹大笑起来。

既然谈到了派对，我必须还得提一下玛格利特•阿盖尔送给我的特殊的礼物。她不仅雇了一支跳舞乐队为晚会助兴，还专门为我创作了一首"生日之歌"。这首歌是根据科尔•波特(Cole Porter)那首歌改编的。

---

[1] 原文如此，盖蒂名字的首字母 J 代表吉恩(Jean)，而不是约翰(John)，作者在此用的是一种讽刺。译者注。

你高高居上\你是保罗·盖蒂\你高高居上\你的财富富甲一方\我有一张普通支票\我想让它变成钞票啪啪作响\如果你能签上你的大名在那底梁\你就高高居上

很久以前的三件事,能够说明为什么我认为自己在面对流言蜚语、冷嘲热讽时是一个坚强的经验丰富的老手。

1959年11月,伦敦《标准晚报》(Evening Standard)刊登了一则报道,大意如下:

旅居海外的美国石油亿万富翁保罗·盖蒂去看马戏,同去的有佩内洛普·基特森夫人、罗宾娜·伦德小姐、玛吉·诺兰小姐,还有一位时髦的金发碧眼美女,操德国口音,穿一件白狐皮披肩。每个人都玩得很尽兴,尤其是盖蒂先生,一直在笑……

至少,媒体承认了我确实能笑。

除了那位金发碧眼的可爱美女,她看上去有点郁郁寡欢,可能是由于盖蒂先生的另外三位漂亮女性朋友的出现。

这是一段颇具挑逗意味的解释,离"准确"相差十万八千里。这位"时髦的金发碧眼美女"是玛丽安·凡·阿尔凡斯勒本伯爵(Marianne von Alvensleben),也是我的一位亲密好友。起初正是她的提议,我们才去看了马戏表演。玛丽安并没有"郁郁寡欢",可能是坐在后几排的有些白痴只顾忘情地挥舞着手中的冰淇淋,滴在了她的披肩上,而这可能正好被记者捕捉到。另外,她的披肩不是狐皮的,那是一件裘皮披肩。

这就是某些记者的观察能力,以及他们报道的准确程度。

1963年,我的老朋友沃里克伯爵(Warwick)问我是否可以将萨顿宫租给他用一下,他想为他的义女乔治亚娜(Georgiana)举办一个"亮相派对"(少女初进社交界),派对计划在阿斯科特赛马周的星期四举行。萨顿宫的所有方——萨顿宫资产有限公司的董事已经批准了他的请求。

我在日记中这样写道:

萨顿宫资产有限公司并不从事房屋租赁业务,但我对这个决定感到满意,预祝这个派对能圆满成功。

事实确实如此。

我对媒体这样说道:"我很高兴沃里克伯爵能在萨顿宫举办这个派对。我们是多年的好友,我也曾作为客人去过他的沃里克城堡(Warwick Castle)。我也只能尽我的绵薄之力,全力支持赞成董事会的决定。"

结果你也肯定猜到了。在派对结束后的几天内,流言充斥着伦敦的各个角落,他们把对象指向了沃里克伯爵的义女乔治亚娜,说她是我的"新女朋友"。

一年以后,贝德福德公爵和公爵夫人举办了一个保龄球派对,我在受邀者之列。

1964年11月8日,我在日记中这样记载:

阔别23年后,今天又去打了保龄球。我从来就不是一个好球手,我以前知道的似乎已经忘得一干二净。前面的三步助跑真的很难掌握,但还好,在第三局的时候,我来了一个二击全倒。

在打完保龄球后,伊恩和尼科尔·贝德福德在沃本庄园的私人居所里开了另外一个派对,用来招待40位世界小姐参赛者和包括我在内的其他一些客人。

40位年轻女性都非常靓丽,充满魅力。

能与这么多青春靓丽、活力四射的女性在一起,我确实玩得也很开心。抛却年龄限制,哪个男人不会如此呢?

但有一件事却与事实毫不相符。事后又有各色流言和各种报道,说奥地利小姐或者比利时小姐或者加拿大小姐或者按照名单索引上任意国家的小姐成了我的女朋友!

说了这么多,关于种种盖蒂传闻的事实真相,我不妨走得更深、更远一些。

38 我，是一名隐士？

报纸和杂志的记者好像达成了一种共识——我，是一名隐士。

基于同样的共识——我，很孤独。

如果有人相信这些随意写的东西，就会认为我在萨顿宫过着一种隐士般的生活。我们先看一下从近期杂志上节选的一段话：

总有一种忧伤的光环笼罩着保罗·盖蒂。根据估计，这位石油巨头坐拥的财富已经超过5亿英镑。

他孑然一身……他的垂暮之年充斥着悲伤和孤独。他的财富带给他的只有孤独。

这真有意思。

有趣得令人发狂。

我不会做什么评论。我从1975年不同阶段的预约簿和日记中，随意摘取一些内容，供读者观看。这还是有一些代表性的。

首先来看预约簿：

6月23日：

上午——同诺里斯·布拉姆莱特开会。

下午——同执行副总裁、首席执行官哈罗德·伯格以及负责炼油、运输和财务的集团副总裁西德尼·彼得森(Sidney R. Peterson)开会(他们两人都属于盖蒂石油公司)。

6月24日：

上午——会见切姆普莱克斯公司总裁杰克·丹顿(Jack Denton)。

下午——继续与杰克·丹顿会谈，一直持续到4点。

晚上6：30——去伦敦参加日本大使馆举办的招待会。

6月25日：

上午——同大卫·里尼(David Rinne)商讨博物馆事宜。

下午——去了伦敦；商务事宜。

6月26日：

同弗雷泽·麦克奴(Fraser McKno)开会；回复盖蒂石油公司商业信函。

同保罗·路易斯·威勒开会；回复商业信函。

晚上8：00——在萨顿宫举办晚宴，招待到圣詹姆士宫[①]的美国大使埃利奥特·理查森(Elliott Richardson)。

6月27日（周六）：

在萨顿宫一起用茶，招待法赫德·哈亚尔酋长(Sheikh Fahd Al-Khayyal)、卡德尔·赫扎拉酋长(Sheikh Khadr Herzallah)、扎亚德先生(Zayyed)和夫人，以及其他一些客人。

7月1日：

会见中立区执行委员会。

在萨顿宫举办晚宴，招待沙特阿拉伯大使阁下及其夫人，以及执行委员会。客人总人数：18人。

7月2日：

会见《远景之旅》(*Journey for Perspective*)成员(共20位客人)并一起用茶；举办鸡尾酒会招待世界野生动物基金会的代表。

---

① 英国本土最高规格的王宫，按礼节和传统，外国大使和专员呈递国书时都在此处。译者注。

这些琐碎的条目记录的并不是故事的全部。在以上列举的每一天，我都要接听和拨打无数的电话，大部分是长途和越洋电话。我要阅读并回复大量的电报和信函，要同那些常驻在萨顿宫的助手们不停地开会协商，此外，我还要同我的好友们问候、聊天；还要挤出时间进行一些社交活动。

现在我们再来看一下我的日记，记录的同样也是 1975 年的经历。

9 月 10 日：厄休拉·安博开车把我送到了能源部，去参加政府召开的一个有关参与北海项目的事宜。会议在下午 2:30 开始，政府代表是克拉伦斯·塔克(Clarence Tuck)，他有三位助手和一位速记员，总共有十余人参加会议。麦凯布和伍德森[1]也来了，麦凯布就坐在我身边。会议很有建设性，到下午 4 点才结束，厄休拉又开车把我送回萨顿宫。昨天和今天都没有散步，今天太忙了，昨天麦凯布和麦克奴过来，我们一直讨论到深夜。我的宠物狮子特蕾莎(Teresa)今早诞下了四只小狮子。[2]

9 月 11 日：麦凯布告辞了，他乘坐环球航空公司航班返回了洛杉矶。之后厄休拉开车把我送到了克拉瑞芝酒店，我们在下午 1 点准时到达，然后被引领至伯恩哈特王子(Bernhardt，荷兰)的套房。我们共进午餐，期间谈论了世界野生动物基金会以及其他一些保护议题，他告诉我许多他生活中的趣事。在王子和我同意后,《每日电讯报》(Daily Telegraph)的记者和摄影师对我们进行了简短的采访。王子和我一起走到了车旁，我把厄休拉向他作了介绍，厄休拉又开车把我送回了萨顿宫。我处理了邮件。麦肯齐博士来了，他给我检查身体，说我的健康状况非常好。

9 月 12 日：盖尔·盖蒂(Gail Getty，小保罗的前妻)和三个孩子艾琳(Aileen)、阿丽雅德妮(Ariadne)和马克(Mark)来了，见到我的孙子、孙女总是令人愉悦。玛丽·泰希也来了。

10 月 8 日：上午 8:00 坐车去伦敦，参加在卡尔顿城堡酒店(Carlton Tower Hotel)举行的北海运营会议。杰里·威廉姆斯(Jerry Williams)介绍了有关北海项目的最新进展，然后我们对预算进行讨论，由于通货膨胀预算增加了不少。在下午 4 点离开……

10 月 9 日：去了伦敦，参加北海项目的政府会议。我 10:50 第一个到达，还没有坐下，政府的首席代表塔克先生也到了。在等待其他人到来的间隙，我们讨论了一下

---

[1] 约翰·麦凯布(John P. McCabe)：盖蒂石油公司副总裁和总经理，负责国际勘探和生产部门；伍德森(W. K. Woodson)：盖蒂石油公司企业税经理。编辑注。
[2] 盖蒂先生在萨顿宫有一只公狮尼禄和一只母狮特蕾莎，饲养在一个巨大的带护栏的铁笼子里。编辑注。

北海事项。他们在 11：00 到达。我方总共有 9 人，政府方有 4 人。塔克先生是一位非常有能力的谈判专家，他在谈判的过程中让人感觉很公平。会议在 12:30 结束，我认为进展良好。随后去了大卫·卡里特(David Carritt)的办公室，海彻(Herzer)先生正在那里等着。我们一起去了附近的一家绘画经销商处，那里有一尊铜像，用黑布覆盖着。

他揭开了黑布，我饶有兴趣地盯着这尊铜像看，我可是听了很多有关它的故事……它真是一件精美的艺术品，厄休拉非常喜欢。随后她开车把我送到丽兹酒店，我们接上了瓦尔德内尔伯爵夫人(Countess Waldner)，一起去肯恩广场(Ken Square)共进午餐。当我返回萨顿宫的时候，我收到了联合化学公司总裁杰克·康纳(Jack Connor)发来的一封机密信函……

10 月 10 日：同汤姆·史密斯(Tom Smith)聊天。上午 10:00，琼·雷吉尔(Joan St. Leger)打电话过来，我邀请她明天来萨顿宫共享午餐。同麦凯布和阿尔·华莱士(Al Wallace)商讨了公司的勘探事宜。麦凯布回洛杉矶了，10 天后回来，我建议他申请一个飞行员执照，这样就能免费旅行了。午饭后，尼尔·塞林(Neil Sellin)和另外一个人前来拜访。沙特阿拉伯大使打来电话，他说，穆罕默德王子正在伦敦。同佩内洛普散步，一起去看狮子和玫瑰花园。接着又和佩妮、厄休拉还有四条狗去了桦树林，又一起回来。

10 月 11 日：同杰基(Jackie)、厄休拉、艾琳及她的意大利女朋友、奥布莱恩小姐(她和杰基一起来的)、琼·雷吉尔、马里恩(Marion)还有汤姆·史密斯共进午餐。处理邮件。佩内洛普来了，一起喝茶并共进晚餐。晚上 7:30~10:00，国际英语联合会会议在大礼堂和长廊举行，总共有大约 160 人。

10 月 23 日：在屋里用过午餐。午餐后，麦凯布直接从机场赶了过来，他从洛杉矶来，我们讨论了各项商务事宜。8：00，我带着厄休拉·安博和汤姆·史密斯(Tom Smith)一起去了沙特阿拉伯大使馆，参加招待韦奇伍德·本(Wedgewood Benn)的晚宴，见到了本先生。和壳牌公司总裁麦克法登(McFadzean)进行了会谈，他有意出卖一些大的储油罐。我坐在特雷普斯(Trapps)夫人旁边，她是一位保守党国会议员的妻子；另一边坐的是麦克法登的女儿，一位非常可爱的女孩。到 11:30，每个人都很兴奋，我们回到了肯恩广场(Ken Square)。一个非常美好的夜晚。

10 月 24 日：同弗朗西丝·斯卡尔(Frances Scarr)通了电话。她将在明天晚上和另外一位女性朋友过来共进晚餐。弗朗西丝是我的一位好友，很期待见到她。同汤姆·史密斯讨论了一下商务问题。玛丽·马吉尼斯(Mary Maginnis)过来吃午餐。她为人亲和，待人热忱，和厄休拉相处得非常融洽。亨利•安博(Henry d'Abo)过来拜访。

10月25日：玛丽•马吉尼斯(Mary Maginnis)不得不离开了，她要返回马里布。看到她离去，有些悲伤。汤姆离开去了伦敦。处理各种报告和信函直到深夜。

10月27日：同墨西哥大使马基恩大使阁下及大使夫人共进午餐；参加用餐的人员还有达文波特(Davenport)先生、斯科特(Scott)先生、卡尔顿•史密斯(Carleton Smith)和他的儿子。我们共有九个人用餐，其中只有三位女性。与罗萨贝拉•伯奇(Rosabella Burch)一同散步。同弗朗西丝•斯卡尔(Frances Scarr)和她的朋友共进晚餐。观看关于北海石油项目的电视节目。

10月30日：麦凯布和威廉姆斯因为要参加一个会议，一大早就离开了。同厄休拉、罗萨贝拉•伯奇和诺里斯共进午餐。接着就忙于处理商业信函，没有去散步。

11月1日：李(我的司机)开车送我去位于摄政公园的美国大使官邸，与理查德森(Richardson)、卡尔顿•史密斯(Carleton Smith)和一位大使的朋友共进午餐。

11月2日(星期日)：与佩内洛普和她的女儿朱丽叶(Juliet)、亨利、罗萨贝拉、厄休拉、诺里斯、卡尔顿•史密斯和他的儿子、艾琳及一位朋友共进午餐。唐(C. Y. Tung)一行15人过来用茶。7:55观看电视剧《楼上楼下》，影片讲述了1926年的大罢工。很早就上床了，在9:30左右，但在床上读书一直到凌晨1点。

11月4日：同诺里斯进行了长时间的业务讨论。向琼•则特卡(Joan Zetka)口述了书稿的另外一个章节，并对前面她根据我的口述打印出来的一些章节进行了修改更正。回复芭芭拉•华莱士以及伊莱恩•麦利士的信件。玛丽安•凡•阿尔凡斯勒本从德国杜塞尔多夫赶了过来……

我并不认为我需要举什么例子来为自己辩护，我也不需要辩护。

直言不讳地讲，假使我真如媒体说的那样是一个隐士，那毫无疑问我参加的社交活动将比历史上任何一位"隐士"都要多。如果我很"孤独"，那我将是世界上最幸运的孤独之人，因为我身边总是有一群亲爱的好友，以及守信的商业伙伴。如果说我"孑然一身"，那么那些经常来萨顿宫做客且常常聊住数周的人则是我臆想出来的，或者更为精确的讲法是，那些说他们不存在的种种猜测臆想，应是极端扭曲的性格或想象力的产物。

但是，那些传说中的富人一定生活得很悲惨这种想法好像使无数的心灵得到慰藉。在某些作家和编辑的眼里,那些正在因按揭贷款或处理与丈母娘的关系而忙得焦头烂额的千千万万个读者,如果他们读到"亿万富翁保罗·盖蒂是一位凄惨悲凉、孤独寂寞的隐士"时,一定会高兴得心花怒放。

纽约的广告执行总监罗伯特·宾宁(Robert C.Binnig)对此的评价可谓一针见血:

很多普通人可能会对富人心生嫉妒,但他们一般不会对富人心存憎恨。原因就在于很多普通人希望有朝一日自己也能成为富人。他们应该缓和一下他们的嫉妒之心。他们习惯地认为富人应该过得不幸福、不快乐,他们应该对他们的财富怀有愧疚。这其实是一种自我宽慰:如果我有那么多钱,我会做得更好,从中,我会获得更多的乐趣和幸福。

如果广告人宾宁的话是正确的,人们想当然地认为我是一个孤独的、不幸福的隐士,而从中获得快感,我对此也没什么意见。但我仍然觉得把我刻画成这么一个形象确实是一件极度搞笑的事情。

39 节俭？吝啬？①

如果我听从他人的劝告，为本书的每一章都加上标题的话①，那么我极有可能把此章节命名为：

唯利是图者的变奏曲

上帝和公众对这样的曲子显然已经烂熟于心，他们听得太多了。就我个人而言，大部分记忆却早已无迹可寻，但还是有一些已经深深地扎根于我的脑海，这主要应归功于某一群人，他们仔细地珍藏着与此相关的每一件事，并不辞辛劳地对此不停地复述、传播。

有些传闻确实堪称经典，而且具有很高的娱乐性。但在我看来，我丝毫看不出这些故事以及对其添油加醋的传播有何消遣性可言。

在诸多故事中，最为大家所熟悉的莫过于那次十先令的环楼旅行了。在不同的版本中，至少有六位朋友和伙伴充当了故事中的另一位主人公，这样随意安插的很多事都是无稽之谈。

时间、地点、环境以及其他细节根据不同的版本都有所不同，但我们仍可以得出故事大概：

我邀请一位朋友，去参加一个狗狗秀，或是艺术品展览，或是善本书展览，或是

---

① 本书的章标题为编者所加。编辑注。

切尔西花卉展——随你怎么想都可以。我们在下午 5:50 到达。在售票窗口的一个显眼位置立着一个标识，上面写着在下午 6:00 入场费会半价优惠，即每张票五先令。换句话说，等上十分钟，两个人(我的客人和我)的入场费就可以节省十先令。

不论是哪位口述人在讲述接下来的故事时，故事的效果大致都会是这样：

"保罗立马从售票窗前转过身。他告诉我，我们不妨绕着这栋楼转一圈，直到入场费降下来。我们真就这么做了，走了十分钟，只为节省十先令！"

当然，这段话的真实意图是为了证实我的简朴，或者如某些评论家说的那样，这证明了我人性中吝啬的一面。

在此我也大声承认，这则轶闻的的确确真实存在，我也不会因此而心生歉意。如果我有充足的时间，天气又温和怡人，十分钟的散步就能节省十先令，那我又何乐而不为呢？

你不会这么想、这么做吗？

让我们从另一个视角来审视这个命题的关键要素。比方说，你花 50 英镑购买了一套家用电器，两天后你却发现同样的商品被贴上了"减价销售"的标签，只售 29.95 英镑，你的一生中会有多少次面临这样的情况？

我敢打赌每一位读者都有过类似的经历，而我更敢打赌，有此经历的人至少都会感觉自己当初的决定有些愚蠢。十先令和这 20.05 英镑之间又有什么大的区别呢？二者在本质上是一样的。思维正常的人都不想多付一分钱，尤其是在被清楚地预先告知的情况下，我在售票窗口看到的提示又何尝不是如此呢？

排在我的这些"永恒的经典"故事第二位的，当属轰动一时的萨顿宫投币式电话机事件，或者称之为"丑闻"。媒体不厌其烦地进行狂轰滥炸："石油大亨保罗·盖蒂是如此吝啬，他在他那金碧辉煌如宫殿般的豪宅里竟然安装了投币电话。"每每想到此，我心中总会隐隐升起一股超越现实的感觉。

现在，那些总把富人描绘成冷漠、缺乏教养的吝啬鬼的人终于找到了一个绝好的故事材料，他们深感慰藉，心灵得到了无限满足。我不能对他们从中得到快感抱怨什么，但我只希望(在一定程度上是热切地希望)某些人，在某些时间，能够了解一些基本的事实，用合理、合适的方式弄清事情的来龙去脉，并用正常的视角来看待这件事情。

是的，在萨顿宫的确有一部投币电话，安装在一层的一个房间的墙上。房间很小，却很容易找到。一个大大的上过釉的金属牌子裱在房间门上，上面写着"公用电话"

几个大字。那个牌子在我看来有些过于鲜艳,不是那么雅观和赏心悦目。

另外一个事实是,分布在萨顿宫内的半打或更多的常规电话机上都安装了特殊的拨号锁定装置,我想很多媒体都没有注意到这一点。只有一些雇员和家务人员才拥有这些锁定装置的钥匙,当然我也有一把。这些锁定装置还有投币电话在一段时间内成为萨顿宫的一景,它存在了不到 18 个月,后来都被永久地拆除了。

这就是事实。至于由此产生的种种猜测,宽容点讲,并不是那么准确。

我首先认为整个付费电话风波是一件根本微不足道、十分可笑的事情。但它确实提供了一个缩影,为我们展示了那些身披"富人"标签的人的动机和言行是如何快速地被一些早有准备的人曲解的。那些宣传、传播消息的人并未向萨顿宫的任何人征询过此事的缘由,包括我在内的萨顿宫的所有人都很乐意提供一些事实原因。

1. 我个人并非萨顿宫的所有者。萨顿宫被盖蒂石油公司的一家全资子公司拥有,因此它实际上属于盖蒂石油公司的全体股东。

2. 在萨顿宫被买下后的几个月,每天都有很多人进出其中。其中一些是来访的商务人士,另外一些则是对房屋进行修葺和装修的工匠,还有则是前来送货的商人。

3. 萨顿宫的电话账单突然急剧增加,原因很明显,庄园内的每部电话都能直接连到外线,也可以拨打长途甚至海外电话。各色人等都充分利用了这一难得的机会,他们拿起萨顿宫的电话,给远在日内瓦或格鲁吉亚的女友打电话,当然还有远在加拉加斯(委内瑞拉首都)和开普敦的阿姨、叔叔、远房表弟。他们进行友好的谈话,当然都由萨顿宫买单。例如,有一通电话的费用高达 101 英镑,更有大量的电话费用在 10~50 英镑。

阿尔伯特·瑟古德是这座庄园的管业经理,在其众多的职责之中,有一条便是要了解每一项开支的情况。他向我汇报了这个情况,并给我看了那令人瞠目的账单。这引起了我的注意,因为不可能雇用一些电话守护人对庄园内的每一部电话做 24 小时的监控,作为萨顿财产管理公司的主管,阿尔伯特和我都觉得只有一个解决办法,就是为每一部常规电话机安装锁定装置,只有那些经过授权的人才能使用。就这样,"全世界最著名的投币电话"产生并投入使用了。

后来,进出萨顿宫的人有所减少,对庄园的管理和运营也逐渐有合理的制度可循。在这种情况下,付费电话还有那个上釉的金属指示牌被拆除了,庄园内电话机上的锁定装置也被移除了。

但故事并没有平息。萨顿宫每年都有几次会对公众开放，一般是由慈善机构或类似的机构组织的，他们会收取一定的入场费用，用作他们的活动经费。每年都会有成千上万的人"穿过"萨顿宫，根据向导和值班安保人员的反馈，超过十分之一的参观者在走马观花般地匆匆看了那些精美的艺术品和古董之后，便要求看一下那个"投币电话"。"所有的富人都是极度吝啬的小气鬼，有些人甚至从不给小费"，这如同着了魔一样成了普遍共识。

这纯粹属于我的个人猜测，但我认为这种胡乱的无端猜测不断地泛化乃至逐渐成为一种共识，这种现象最早可以追溯到当年公共关系专家艾维•李[①]着手努力"提高"老约翰•洛克菲勒的公众形象那段岁月。李在偶然之间想到一个主意，他让老约翰无论走到哪儿，都随身携带几卷锃光闪亮的十美分硬币，对见到的所有人都分发硬币作为纪念品。

起初，这种方法很奏效。人们收下硬币，并作为他们和老约翰•洛克菲勒会面或偶遇的见证好好珍藏，但随后不久便产生了一种强烈反感，显然这是由于那些反洛克菲勒者或者对其心怀憎恨的人怂恿鼓动发起的。他们开始不把这视为善意的改善公共关系的策略，而是对老约翰分发硬币的行为进行狂轰滥炸，说这是富人为富不仁、贪婪吝啬的典型代表。

"他坐拥万贯家财，却企图用肮脏的硬币来收买朋友！"刻薄的批评家对洛克菲勒进行了厉声控诉。

根据传闻，艾维•李的一位年轻有为的助手曾信心满满地建议，老约翰应该分发十美元一张的纸币，来代替十美分的硬币。艾维•李立刻计算了一下洛克菲勒每月平均分发的硬币数量。

"桑尼，如果洛克菲勒以相同的速度分发十美元而不是十美分的硬币，他将在17个月内变得身无分文。"李告诉他的助手。

不管怎样，十美分的分发活动未能再进行下去，但这位亿万富翁企图用十美分来"收买朋友"的传闻却流传开来，并且长盛不衰。

[①] 艾维•李(Ivy Lee)：美国著名记者，被称为"现代公共关系之父"。艾维•李最广为人知的成就是：他改变了美国公众对企业巨子约翰•洛克菲勒父子的印象。洛克菲勒曾深受"血汗资本家""该死的垄断者"等舆论恶评困扰，艾维•李帮他进行危机形象管理，逐渐促使了人们对洛克菲勒有了重新的认识。译者注。

最近几年，有关亚里士多德·奥纳西斯的流言甚嚣尘上，他被传言是一个"从不给小费的吝啬鬼"。事实上，阿里给小费总是很大方，除非他认为服务很糟糕。当他决定不给小费时，他会很明确地说明原因。

关于我另外一个好朋友努巴尔·戈尔本基恩①的流言更是被人随意乱传，说他无论在宾馆、饭店或夜总会的消费是如何的高档、阔绰，但他留下的小费从来不会超过两先令。倘若这不考虑努巴尔那独特的幽默感，任何此类的流言都会成为对他人格的诋毁和诽谤。是否还记得，努巴尔曾经购买了一辆伦敦计程车，只为了在这个城市开车观光，而且他总是在他衣服的扣眼上别上一株巨大而鲜艳的兰花，派头十足。

这则两先令小费的故事是有关戈尔本基恩流传已久的笑话之一。作为一位宽容大度的主人，他邀请一群好友共享晚餐或去夜总会，而他经常要为晚上的活动支付几百英镑。在结完账后，他很招摇地拿出两先令，放在了桌子上。

"这都是给你的。"努巴尔对服务生说。

那些对戈尔本基恩不甚了解的人见此情景总是吃惊地张大了嘴巴，表情尴尬甚至流露出恐怖之色。他的朋友则哈哈大笑，他们知道努巴尔稍后在没人注意的时候肯定会留下真正的小费。然而，这个故事却流传开来，而且只要人们谈起努巴尔·戈尔本基恩，极有可能还要谈起他的这则轶事。

这使我想起我自己付小费的习惯，对此，已有非常多的传说和传闻。我付小费的模式是，不多不少，在平均水平左右。过去 25 年间，我光顾过的大多数饭店、宾馆和夜总会都会自动额外加收一项"服务费"，在账单总额的 10%~18%。

一般来说，我还会额外留下相当于服务费的一半或三分之二的数额。如果服务特别地好，或者我的客人和我对服务员或工作人员有了很多特别要求，自然我会留得更多一些。

1958 年，在一篇杂志文章中，我曾这样写道：

一位被贴上"亿万富翁"标签的人自然生活得很富足，他足够幸运，能够享受无数的特权，享受舒适的生活——但他实际上称不上是一位赢家。如果他花钱很随意，他就会被说是败家子，给人留下大手大脚、挥霍无度的印象。如果他生活得很低调、很平静，不炫耀卖弄，他又会被人批评太小气吝啬，是个"守财奴"。

---

① 努巴尔·戈尔本基恩(Nubar Gulbenkian)：美国石油巨头，社会名流。译者注。

即使是一件简单到像小费这类的日常小事也会变成一个大问题。如果小费付得多，那么肯定有人说我在炫耀。如果小费付得少，同样立马会有人跳出来对我冷嘲热讽，说我是守财奴。

所有的这些都会让一个人变得极度小心谨慎，疑虑重重。钱是个神奇的商品，你拥有得越多，你在处理与其他人之间的关系时就显得愈发棘手复杂，愈发微妙。

几年前，一位美国作家朋友要采访我，我们便在伦敦一家高级酒店里边采访边共享晚餐。当服务员拿来账单时，我的朋友坚持要买单。我怀疑，这件事可能是服务员告诉媒体，他也极有可能会因此收到一小笔赏钱。《新闻周刊》可把这当成了大事儿，特意指派了一名首席记者前去采访和我共同进餐的那个作家，当他被问到我处理账单的事是否令他感到"震惊"时，他做了如此回答：

"当然不会！"他回答道，"我夺过了账单。能从世界上最富有的人手中夺过账单，想想都令人异常兴奋。"

《新闻周刊》准确地报道了他的回答，我读到这则报道时，也禁不住笑了起来。若干年过去了，关于这件事情的陈述显然经过了曲解镜头的过滤，偶然间我读到过这样的消息：

"在一家金碧辉煌的高级酒店，亿万富翁保罗·盖蒂让采访他的记者为他的用餐买单……"

然而，我的确对处理钱财非常小心。我成长的年代，勤俭还被视为一种美德，什么百分之十的首期付款、什么信用卡、什么花将来的钱购现在的物，等等，人们对这些还一无所知。人们都在自己力所能及的范围内量力而为，人们会储蓄，以备不时之需。那时的人们也不用服用镇定剂，因此很少人会得溃疡病。

我必须承认，在我的人生中我确实也经历了一段恣意挥霍的时光，花钱大手大脚，套用现在流行的一种说法，叫金钱很快就会过时，要抓紧消费。比如，想拥有一艘游艇的想法就像一只小虫一直在我的内心深处爬动。20世纪20年代，我购买了一艘30米长的乘风破浪号，后来又升级了，先是购买了一艘50米长的贞洁号后来又买了80米长、吨位1500的勇士号。

我认为，游艇除了是显赫地位的象征外，他还像个俱乐部一般为各色人等提供一个绝佳的社交、运动和饮酒服务功能的场所。过来的人中一些是朋友，另一些则是过来白吃白喝的。我可以轻松地通过邀请或其他方式使一些客人来游艇游玩，在这方面我从来没有遇到任何困难。

一天早上，我醒来后突然意识到，由于事业的关系，我不可能经常进行悠闲的游艇长途之旅，而勇士号每天的平均开支达几千美元，勇士号有 40 位全职员工。正如我的会计师告诉我的，即使我包租一艘远洋游船，花的费用也比这少。1936 年，我把勇士号出售给一位法国报纸出版商。从此，在我的生命里再也没有游艇一说了。

在年少时代，汽车是我的另一嗜好。在我赚了第一个百万美元之后，我买的车通常都很奢侈昂贵。曾经有一段时期，不管原来的车有多新，只要有新的型号出来，我都必须要抵换成新款。那个阶段，也早已成为往日云烟了。

如今，我拥有两辆凯迪拉克。一辆是 1967 年的，另一辆则是 1960 年的。后者我已用了 15 年，里程表显示它跑了还不到 5 万公里。两辆车看上去都很新，运行性能良好。假如我把它们置换掉，我又能获得什么好处呢？

早前我已经说过，我喜欢舒适和奢华，且对此非常享受。但是——这也是我在这点上的最后论述——我不需要过度花费，亦不需要仅仅是为了满足一下自我的过度奢华，更不需要向外界证明什么。比起漂浮的精美的豪华游艇，我更愿意把 1700 万美元投入到一个公共博物馆；一辆崭新的配备齐全的凯迪拉克价值 1 万美元，考虑到抵换价值，假使在过去 15 年间我还像以前一样每年换新车，毫无疑问我会多花 10 万美元。

这 10 万美元现在有了更好的用途。它是我向世界野生动物基金会设立的两个 5 万美元奖项的总和。基金的评审团由荷兰王子殿下领导，每年把奖金颁发给那些为野生动物保护事业作出突出贡献的个人。1974 年，5 万的奖金颁给了秘鲁世界野生动物基金会、自然保护协会(PRODENA)主席菲利普•贝纳维德斯(Felipe Benavides)先生。贝纳维德斯先生对这个奖项当之无愧，他应该得到的远远要超过我对 5 辆新凯迪拉克的需求价值。

不论是认为我节俭，还是把我叫做吝啬鬼甚至守财奴，我都悉听尊便。任何言论都改变不了我个人的消费模式。我早已穿不下那身华光溢彩的华服，而现在很多人还在穿着它，他们觉得他们有资格好好地炫耀，他们挥金如土，恣意挥霍，这样做的原因，没有别的，只能证明他们有能力成为一个挥霍无度的败家子弟。

1. 尼克松总统签赠的照片
2. 1971年，盖蒂和阿盖尔公爵夫人玛利特在伦敦一场电影首映式后
3. 在萨顿宫，盖蒂和玛丽·泰希以及其一些不知名的客人
4. 萨顿宫为孩子举办的派对，盖蒂很受和孩子们一起的时光
5. 1969年，盖蒂在萨顿宫的音乐会上待伊丽莎白王太后。王太后身后肖像是萨顿宫的女主人多萝西·顿，1575年由祝卡洛（Zuccaro）所

40 一个人的感恩节。

现在是 1975 年 11 月 27 日，星期四，上午 10 点半。

1975 年，感恩节。

关上门，我独自一人待在我的书房里。布里摩已经在壁炉里为我燃起一团热火，他知道我将要在壁炉前待上一两个小时，为明天的口述章节做些准备。

但是我把笔记推向了一边。今天是感恩节，我的脑海中充满了沉思和回忆。

如果我打断故事的叙述模式，任由我的思路信马由缰地自由驰骋，我只是做一下简单记录，那又会怎样？

读者能接受吗？

我想，这值得一试。

我翻开日记，选择了一些早年的记录，那是 1904 年的日记，那年我还不到 12 岁。传统上人们都在 11 月的第四个星期四庆祝感恩节。1904 年，感恩节这一天是 11 月 24 日。我发现了那天的日记：

今天是感恩节，天气很好。我告诉你，我吃了一顿大餐……

日记有一种神奇的魔力，能把种种往事带到现在、带到眼前。尽管我写下的这些文字距今已有 71 年，我依然清晰地记得在明尼阿波利斯市的那顿晚餐，就像我在数小时前刚享用过一样。

烤火鸡、火鸡填料、土豆泥、奶油洋葱、蔓越莓沙司、南瓜派……

我嘴里流起了口水。

我宛若又看到了母亲的音容笑貌。父亲坐在桌子的一头，当我向他要第三份火鸡时，他笑了起来，母亲也笑了，提醒我待会还有苹果派……

我接着往下读。

11月25日：天气不错。上午和妈妈一起去开车。下午玩了一会儿，便开始读书。晚上和妈妈玩了一会儿，又读了阿尔伯特(Jacob Abbott)的《查理一世》(Richard I)。这是一个好故事。

11月26日：天气不错。上午和妈妈一起去了市中心。我得到一套新衣服。晚上和妈妈一起去了大都会剧院，上演的话剧叫《亿万富翁》(The Billionaire)。

真奇怪，凝视着炉火我这样想到，这个话剧没给我留下任何印象。更奇怪的是，七十余载后的今天，我自己也被人称为亿万富翁，对此我同样也没多大印象。我又翻到了最近的日记，有一篇写于昨天——1975年11月26日：

去汤姆森勋爵的官邸与首相共进午餐。我和哈罗德·威尔逊(英国首相)打了招呼，他坐在罗伊·汤姆森勋爵(Roy Thomson)的右侧，吉布森勋爵(Gibson)坐在他的左侧，我挨着吉布森勋爵入座。一起用餐的共22人，他们代表了英国工业的高级管理层。午餐临近结束时，威尔逊先生在座位上进行了一次非正式讲话，谈话持续了约20分钟，解释了他的政策及对形势的见解。在我看来多数客人都是坚定的保守主义者，抛开客人和威尔逊政治观点的不同，整个过程都进行得非常友好。我认为威尔逊先生拿捏得很好。

关于今天，也就是1975年11月27日——感恩节，我还没有写下任何内容。我应该写些什么呢？现在，离明尼苏达州的明尼阿波利斯市，无论是从时间上还是距离上，都非常非常遥远了。我现在身处英国，英国人并不过感恩节。也许是出于一种无意识的目的，我忘记告诉管家今天是个节日。结果，没有火鸡和配菜，手艺高超的萨顿宫大厨凯西·爱普利(Kathy Aipli)为我奉上了一道超级烤牛肉。

一些居住在伦敦的朋友邀请我和他们一起去吃"真正的"感恩节晚餐。尽管有些不忍，但就如我的生命中无数次做出类似的决定一样，我还是强迫自己拒绝了他们善意的邀请，原因只有一个，由于业务的需要，今天我必须留在萨顿宫。

尽管如此，我的心灵还是获得了一些补偿。一些亲爱的好友如贝弗利·斯杜普(Beverley Stoop)、珍妮特·康斯特勃-麦斯威尔都给我打来了电话。下午诺里斯·布拉姆莱特和我还有机会共同谈论了一下逝去的旧时光。然而，我突然感觉良心上有一种阵痛感，诺里斯的家远在加利福尼亚，那里有他挚爱的、富有耐心的妻子。由于盖蒂石油业务上的需要，诺里斯究竟在外度过了多少个节假日？

今晚，1904年的日记对于我好像有着非比寻常的吸引力。我又读了11月26日的日记，它记录了妈妈和我一起去看一出叫做《亿万富翁》的话剧。

亿万富翁。

每当我说我从未对赚取巨额财富有过兴趣，我注意到人们轻蔑地发出哼声或者嗤之以鼻，我对此都以一种开放的心态来对待。在我人生的任何时候，我都没有要成为世界首富的欲望。

我应该将此作为我明天口述内容的开场白吗？

不，就让它待在目前的位置吧。我正在膝盖的笔记本上随意涂写，思绪也随心所欲地自由驰骋。

这样的记录方式应该持续下去吗？我问我自己，脑海中得到了一个肯定的答案。既然在这条偏径上走了这么远，我没有理由不继续走下去，去探一探它到底引向哪里，我完全有可能从中收获一些什么。

我的第一个100万来得非常快，现在追溯起来感觉几乎是在一夜之间，这在前面已经提到。当我意识到自己有这么多钱时，我自己都惊呆了。我相信这对我来说已经足够，于是我完全停止了工作。

在这样一个感恩节的深夜，独自一人待在书房里，我能更加客观诚实地面对自己。可以说，促使我在26岁时结束退休生活再一次投入到工作中的不是贪欲亦不是赚取更多的钱的欲望。多年来，我一直在回顾，并在记忆抑或是意识中苦苦寻找激发我重新工作的真正原因。我能清晰地记得当年的每一个细节，一如我对1904年的感恩节晚餐始终记忆犹新一样。除了享乐就是享乐，我已对整天的无所事事心生厌倦；探寻石油的过程所固有的刺激和挑战是另外一个重要原因；最后一个重要的原因是，我对父亲以及他一手创办的事业怀有深深的责任感。

接下来的事情对我来说则是一个接一个的震惊。日复一日，年复一年，无论我获得了多少经验，无论我作为一个商人变得多么老练，我发现我的财富总在不断地增加，这有时都令人难以置信。对于这个现象只有一个解释能让我接受,这就是比弗布鲁克勋爵马克斯·艾特肯对于他自己的成功给予的诠释——我也一样,在生命中为自己预留了一席之地。

尽管如此,单凭我一己之力,很难达到这些"成就"。若非像费罗·威廉姆斯(Fero Williams)、哈罗德·罗兰(Harold Rowland)、埃米尔·克卢兹(Emil Kluth)、格林姆(H. P. Grimm)、大卫·赫克特、戴维·斯台普斯(David Staples)、麦康伯(H. M. Macomber)、汤米·米尔本(Tommy Milburn)、史蒂芬·卡瓦诺(Steven Cavanaugh)等其他许多人的忠诚和付出,我不大可能为自己"预留"出一个位子。

如果我因整合利用自己的优势而享受到推崇赞扬的话,我更愿意把自己比作一个网球手。一旦投入比赛,我总是尽最大的努力保持最大的竞争力。无论球从哪个方向飞来,无论它以多大的速率到达我的半场,我总是全力把球挡回去。

……

怀旧总会使人陷入漫无目的沉思。

假使我不是家中唯一的儿子,我怀疑自己是否还会投身商界。如果我有一个或几个兄弟的话,即使在今天,我都坚信自己会避开,由他(或他们)来接手父亲的石油事业。而我则会义无反顾地努力去实现我年少时代的梦想——进入美国外交部成为一名外交官,或成为作家,或者去安纳波利斯的美国海军学院,成为海军军官。

假使我选择上述三种人生之一的话,我会获得多大程度的成功呢?

这个问题并没有实际意义,无法回答。对我而言,有一种说法比较公平,那就是对任何一种生涯,我都会像对待商业一样地投入,一样地专注。我很愉悦地、不揣冒昧地说一句,我相信努力工作、集中精力和坚强的意志使我在上述任何一种领域都能获得一定的成就。

明天我将主要从这些笔记着手。至于起初打算口述的章节,可以改天再做。我发现自己背离了原来的思路,但并非真正的离题。

我想告诉自己以及整个世界,此生中能收到如此多的恩典和祝福,我的内心是如此感激。没有比在感恩节更合适的时间来表达我无尽的感激之情了。

当然,财富是我收到的诸多恩典之一,但并非财富本身。

我永远不可能忘记父亲曾经说过的话:"一个人拥有多少财富并不重要,重要的是如何使用它。"

老乔治·盖蒂的信条就是钱要尽其所用，要把钱投入到商业经营中，创造出产品和服务，为他人提供有实质报酬的工作，为社会的进步和福祉作出贡献。他坚守了这个信条，并为之不懈努力。而我也已进入了耄耋之年，只希望自己没有辜负他树立起来的榜样。为此，我也一直在努力。

1975年5月30日，我获悉标准普尔已经将盖蒂石油公司的信用评级调高至AAA。这家享有盛誉的金融服务机构发布了一个声明，宣称之所以这么做，是因为盖蒂石油公司"势不可挡的财务实力、专业的管理团队、国内原油强劲的领先位置以及相对保守的理念"。

盖蒂石油公司的每一位管理人员及每一位员工都发挥了重要作用，他们的努力使得盖蒂石油无愧于这样的高度评价。我显然不可能一一列举出1.2万名员工的名字。正是他们的过去以及现在一如既往的无私付出，确保了公司的实力和成功。

但是，在今天的感恩节，我还是要像公司的主管以及董事会的成员表达我的感激之情。通过他们这些人的名字，我要向为盖蒂石油公司工作的全体员工表达我的敬意。

主管执行官有：

哈罗德·伯格(Harold E. Berg)，执行副总裁兼首席执行官

艾尔·格雷(J. Earle Gray)，集团副总裁，主管自然资源

西德尼·彼得森(Sidney R. Peterson)，集团副总裁，主管精炼、销售和财务

保罗·卡尔顿(Paul E. Carlton)，副总裁，主管勘探与生产，企业自然资源

小拉尔夫·科普利(Ralph D. Copley Jr.)，副总裁，首席法律顾问兼公司秘书

斯图尔特·埃维(Stuart W. Evey)，副总裁，主管企业行政管理

杰克·琼斯(Jack D. Jones)，副总裁，主管制造和营销

约翰·麦凯布(John P. McCabe)，副总裁和总经理，主管国际勘探和生产部

爱德华·舒勒(Edward H. Shuler)，副总裁和总经理，主管加州勘探和生产部

乔治·图兰(George H. Turran)，副总裁和总经理，主管中部大陆勘探与生产部

比尔·威廉姆斯(Bill E. Williams)，副总裁和总经理，主管国际供应和交通运输部

杜安·布兰德(Duane A. Bland)，审计主管

休·劳森(Hugh M. Slawson)，财务主管

关于这些人，《福布斯》曾给出这样的评价：

盖蒂的管理者们是一群由长期雇员组成的坚定而又实干的团体，他们艰苦地工作着，默默无闻而又精力充沛。他们有很强的忠诚度，和一种内在的团队信念，那就是"盖蒂正在向石油巨头发起冲锋"。

董事会的成员列举如下，我省去了那些同时是公司管理人员的职位。

哈罗德•伯格(Harold E. Berg)

小威拉德•布思比(Willard S. Boothby Jr.)，公司董事会主席及行政总裁，布莱斯伊士曼狄龙有限责任公司，投资银行家

艾尔•格雷(J. Earle Gray)

小兰辛•海斯(C. Lansing Hays Jr.)，合伙人，海斯兰兹曼和海德公司，律师

小弗雷德里克•拉金(Frederick G. Larkin Jr)，董事会主席兼首席执行官，安全太平洋公司和安全太平洋国家银行，商业银行

昌西•麦德佰利三世(Chauncey J. Medberry III)董事会主席，美国银行公司和美国银行NT&SA，商业银行

悉尼•彼得森(Sidney R. Peterson)

约翰•希夫(John M. Schiff)，普通合伙人，库恩勒布公司，投资银行家

约瑟夫•托马斯(Joseph A. Thomas)，雷曼兄弟公司董事总经理，投资银行家

诺曼•托平博士(Norman Topping)，校长，南加州大学，南大学校长，教育机构

当然还有我，盖蒂石油公司总裁，同时也是公司董事会成员之一。有这样一批高水准、实力超群的执行管理团队和董事会，我想我大可把"去钓鱼"的告示高高挂起，从此可以高枕无忧了。

在生活中有时我还真有这样的想法：挂起通告，把一切商务活动抛至九霄云外，从此便可以云游四方了。

为何我没有这么做呢？

这极有可能源于一种责任感，或者是一种想通过个人努力确保父亲开创的事业继续维持下去的愿望。或者，就如我曾经在日记中记录的那样，我始终保持着忘我的工作状态，一切已经习惯成自然？

无论答案是哪一种，我从未对自己的选择和决定感到后悔。我对自己是一个现实主义者引以为豪。如果我所做的一切都无足轻重毫无价值，那么任何遗憾对我来说都

太晚了。

有时我禁不住想，尽管有些人坐拥巨额钱财，可以随心所欲地花费或者能实现很多事情，但若想每一个愿望和要求都梦想成真，你拥有再多的钱财也未必能实现。

虽然我这么说丝毫不能减弱对给我带来财富的命运的感激之情，但我意识到，在我的一生中，依然有许多未竟之事，有些事情则是我无法去做或许永远不会有能力去做的事情。

在我的一生中，我经历了大量的旅行，但这依然无法满足我亲自去看、去观察、去经历的热切愿望。我很遗憾从来没有去过印度，无法领略它那久负盛名的寺庙和平原。长久以来，我还热切盼望能参观一下伊朗、曾经的波斯帝国，对这个国家，我只是在伊拉克的巴士拉，穿过幼发拉底河的河口，遥望着对其有短暂的一瞥。我的另一个未能实现的愿望便是对非洲进行一次摄像之旅。在这里我强调"摄像"，因为我自己从来不会去打猎，不会去滥杀任何动物。

尽管我是一名如饥似渴的读书者，但仍然有上百册甚至上千册的书，我一直想读，但苦于没有阅读时间。

有无数的人，和他们的交往使我深受启发和鼓励，但我却没有时间对这份友谊进行精雕细琢、好好培养，未能把这份友谊维持到我心目中的理想状态。

长久以来，我一直希望……

就此打住吧。

壁炉的木材已经燃烧殆尽，现在已是1975年感恩节的午夜时分。这不是一个表达愿望或以假设为前提畅想过去的时刻，这是一个感恩的时刻。对于我，我应向无数的人和事情表达我的谢意。

我用温和的梅耶朗姆酒和可口可乐为自己调制了一杯睡前酒，轻轻地啜饮。

我独自一人，但我惊讶于自己会大声说出来。不知何故，那熟悉的黑色朗姆酒和可乐的味道片刻间变成了烤火鸡，还有蔓越梅沙司的味道。我又轻啜了一口，一切又回到了现实。我的味蕾，还有我，战胜了那浓重的怀旧之情。当我上楼回到我的卧室时，我的思绪已经回到明日的工作上来。

41 我眼中的洛克菲勒帝国和意大利经济。

副总统纳尔逊·洛克菲勒拿我在石油领域的成功和他的祖父老约翰·洛克菲勒 (John D. Rockefeller Sr.) 相提并论，这真是给了我莫大的荣幸。

我的意见是，拿我和老约翰·洛克菲勒相比，就好比是燕雀对比雄鹰。这并非谦虚之辞，而是对事实的客观陈述。

约翰·洛克菲勒出身贫寒，他从一个收入微薄的簿记员开始做起，通过自身的努力和奋斗在人生的阶梯上不断攀登。而我出生于一个富裕的家庭，能够享受到各种有利条件，当我开创自己事业的时候，也能得到父亲的资助。后来我真正能够独立赚钱时，我就想倘若当年父亲去世后我没有接手父亲创办的蒸蒸日上的石油事业，我怀疑是否还会有今天所谓的"盖蒂帝国"。

如果真要拿我和洛克菲勒家族成员做一些比较的话，和纳尔逊或他的兄弟们相比则要更合理、更精确。尽管他们是洛克菲勒王朝创始人的孙辈而非子辈，但他们和我一样，在先人业已建立并传承的坚固的基础之上，开始了自己的职业生涯。

有趣的一点是，老约翰的孙辈们都选择了不同的发展道路。纳尔逊进入政界，尽管经常被人误解和诽谤，他仍然是一位具有超强能力的实干、稳健的保守主义者。在写这本书的时候，美国的政治方向正在发生变化，令人眩晕、琢磨不透。没有人能够预见在1976年11月美国将要选择什么样的模式和方向，但纳尔逊成为下一位美国的掌舵人也并非没有可能。

我先前已经提过，我和大卫·洛克菲勒有过大量的业务往来。大卫进取心强，富有想象力，他显然继承了祖父的创业基因。和大卫打交道总让人感觉是一件令人愉悦的事，但我绝对不会成为试图欺骗他的人。

我和温思罗普(Winthrop)有过多次照面，但我始终对他不甚了解。然而，他的妻子波波(Bobo)和我却是很好的朋友，其中也发生过一些有趣的故事。几年前，波波和我都在罗马，我邀请她共进晚餐。

波波、我还有一位十二三岁的小男孩在威尼托大街的一家饭店用餐，我的一位朋友在旁边走过，他在我的餐桌旁停了下来。他并不认识波波和那个小男孩，我便做了一下介绍："洛克菲勒夫人和科尼利厄斯·范德比尔德·惠特尼[①]。"

听完介绍后，我的朋友——为避免尴尬我再次隐去他的名字——用一种鄙夷的眼神看了我一眼便离开了。几天后，一个偶然的机会我在威尼托又碰见了他。这次，他的态度充满了敌对情绪。

"拿我当乳臭小儿是吧？"他质问道，"什么时候开始装腔作势，给人安上了一个那么高贵崇高的名字？"

当我向他确认，他确实见到了波波·洛克菲勒(Bobo Rockefeller)和年轻的科尼利厄斯·范德比尔德·惠特尼时，我的朋友惊呆地张大了嘴巴，我都怀疑他的下巴都有可能脱臼。

约翰·洛克菲勒三世(John D. Rockefeller III)和他魅力四射的妻子布兰切特(Blanchette)是我的好朋友，他们是萨顿宫的常客。他们是一对热情、忠诚的夫妇，洛克菲勒三世是洛克菲勒兄弟几个中年龄最大的，在我看来，他继承了洛克菲勒令人高度称赞的家族传统。有很多传闻说他有点"超然脱群"，实际情况是，他有点害羞腼腆，但他只要和感觉是朋友的人在一起时，那些害羞之色便会一扫而光。

任何人企图拿"洛克菲勒帝国"和"盖蒂帝国"作比较都是荒谬可笑的。老约翰在美国石油产业一片混沌之时开始涉足此领域。无论批评者对其做出如何评价，他确实给混乱的石油产业带来了秩序。传统的历史观谴责"标准石油托拉斯"，说其是一个邪恶的阴谋集团。不论这种说法的错误在哪儿，老约翰·洛克菲勒的所谓的"垄断专营"很有可能拯救了美国的石油产业，避免其完全地分崩离析。

洛克菲勒和盖蒂两个"帝国"不能比较，它们只能在一些数据上互相作一些参照。

---

① 科尼利厄斯·范德比尔德·惠特尼(Cornelius Vanderbilt Whitney)：美国商界名人，电影制片人，作家，政府官员。父母均来自美国地位显赫的富有家族，继承了巨额财富。译者注。

例如，埃克森石油公司(前新泽西标准石油公司)仅仅是洛克菲勒控制的"标准石油垄断托拉斯"的组成部分，而后者在 20 世纪根据反托拉斯法被责令分散。今天的埃克森石油公司从销售和收入额来看是美国的第二大公司，仅次于美国通用公司。其在 1973 年的净利润几乎是盖蒂石油公司总销售额的两倍(分别是 24 亿美元、14 亿美元)。

然而，我对把盖蒂石油公司比作一个帝国、把我比作"凯撒"并没有感觉有什么有愧或勉强之处。

事实上，我甚至认为，比起埃克森和其他许多比盖蒂石油大得多的公司，盖蒂石油公司更称得上是一个"帝国"，这都是因为"盖蒂"二字。盖蒂石油公司的每一位员工，这个"帝国"的每一位成员都对这个事实了然于胸。每一位盖蒂石油公司员工都知道他可以向"凯撒"做直接的、最终的陈述。这个叫盖蒂的人不仅是公司的总裁，同时拥有并控制着公司的大部分股份。

我想清晰地声明并着重强调的是，盖蒂石油公司并非是一个默默无闻、不尽人情的公司。它的所有权并没有被宽泛地摊薄、分散。公司也不是被一个永久不变的管理层操作运营着、管理层的成员只拥有仅仅一点股份的公司。

我向那些致力于管理学指南的作家和商学院博学的教授们保证，这种方式比世界上的任何鼓舞士气的讲话和"奖励"策略更能提高生产力，更能激发士气，且使劳工问题和人员的流动性大为降低。

为了强调我的观点，我使用了"盖蒂帝国"这个词。在日常的运营中，我说的所有有关"盖蒂石油"的话语其实前面都有"盖蒂"二字，它使得公司的管理层和员工明白，他们是这个庞大的、紧密团结在一起的家庭的组成部分。

他们是盖蒂家族的一分子。

不幸的是，甚至让人感觉有点悲剧的是，不仅仅是商业，甚至对于我们整个社会而言，那个员工都把自己当做公司大家庭中的一员的年代正在快速地离去。的确，那个年代正在离我们渐行渐远。

我们正在进入一个特大企业时代。在这样一个年代，公司结构庞大、组织明晰，办公电脑化，由委员会控制整个公司，员工对他们而言只是一组社会保险号码而不是一个个鲜活的个体。在很多国家，这种情况变得愈发严重。社会化使得特大企业夹在了官僚结构和自身的超级机构之间，深受挤压。由此产生的压力使得生产力就如蜗牛一样缓步爬行，更糟糕的是，这还抽干了每一个人的个性，使得他们成为千人一面的平庸之辈。

下面谈一下意大利。

在我开始阐述意大利这个主题之前,我必须先做一下声明。就像你见到一位亲爱的老朋友,在一个挚爱的老朋友面前,你不可能二话不说便对其展开攻击。

意大利一直是我深爱的国家,至今不变。在那里,我度过了很多时光,包括人生中最愉快的一些时光。罗马、弗洛伦萨、威尼斯和其他一些美丽的城市,还有那雄伟壮丽的乡村风光,或者令人敬畏,或者令人眼花缭乱,或者放射出无穷魅力,都使人流连忘返。我前面说过,有那么几年,盖蒂石油集团曾在意大利拥有一家石油公司和一家炼油厂。

另外,由于我对意大利深深的爱恋,我个人在那里买了两座房子,直到现在还拥有着。我简单地说说这两座房子,可能会使这种感觉表现得更强烈些。

在20世纪60年代中期,我从拉迪斯劳·澳德斯科奇王子(Ladislao Odescalchi)那里购买了一座几近荒废的包含55间房屋的别墅。这座建筑一般被称为普斯塔维奇亚(Posta Vecchia),位于拉迪斯波利市海边,离罗马不远。这座别墅有着悠久而又多彩的历史。记录显示,它始建于16世纪,一代大师拉斐尔亲自审定了建筑平面图。

对别墅进行修葺装修估计要花费五年时间,事实证明确实是这样。初步的工作包括移除隐藏的艺术珍品,包括保存几近完美的公元4世纪的镶嵌地板。恢复一个古代别墅、重新安装一些现代设施,还有一些装修、家居布置,我无须再赘述其昂贵的花费。但我认为这些钱虽然完全由我个人支付,但还算合理。每当我想起我保护并重新修复了意大利的一座雄伟壮观的历史遗迹,都会为我带来莫大的安慰。

盖蒂石油集团拥有的油轮和超级油轮的船长会不时地到别墅入住,还有那些到意大利度假的盖蒂石油公司的管理人员。我的很多个人好友在意大利度假时也会入住这座别墅。

几乎是在我买下这座别墅的同时,我又从我的朋友吉安尼·阿涅利那里购买了一座位于盖奥拉的规模稍小但同样风景如画的别墅。别墅建在距离海边不远的一座小岛上,距离加埃塔不远,而加埃塔正是盖蒂石油集团拥有的炼油厂的所在地。

然而,意大利的石油公司和炼油厂被盖蒂利益集团出售了,并获得了可观的利润。在此之前,我还在佩罗和盖奥拉四处走动,努力寻找在意大利的居住和商业用地。第二座别墅一直无人居住,有时我会租给朋友,以供他们在意大利参观或度假使用。

就这样，我在意大利已没有什么商业利益可言，但我依然在那里拥有两套房产。我不得不说，我对在意大利没有任何生意经营深感欣慰。事实上，当盖蒂利益集团出售了在意大利的石油公司时，这对我来说是一个巨大的解脱。

这是为何？

因为意大利为许多西方国家的未来提供了一个残酷的反面教材。

意大利的经济和商业体系正在步入一个黑暗的无主之地，它正处于特大企业的去人性化和荒唐的乌托邦社会主义的双重理念的尴尬境界。在意大利依然存在私人企业，但它们正在经历一场永远也打不赢的战争。在意大利的经济体制下，也有以前所未有的速度快速增长的国有垄断公司和特大企业。这些国有组织部分归国家所有，部分由私人所有。它们是畸形的怪胎。

如今，在所有的欧洲国家中，意大利的经济条件最为糟糕，前景也最为黯淡。除去英国这个例外，意大利的通货膨胀率在所有的西方民主国家中最高，其失业率在持续增长。潜在的国民生产力和实际产出之间的差距原来越大，已经超过10%。

"意大利的经济已经瘫痪，毫无前景可言，"一位以冷静客观著称的著名国际银行专家最近评论道，"现在是这个病人还能坚持多久的问题。"

在50年代早期，我还把意大利排在德国之后，作为在欧洲进行商业和投资活动的最佳选择之一！

从过去到现在，究竟发生了什么？

意大利经济起起落落的过程值得商人、劳工领导、经济学家、政治家和每一个普通公民好好研究，尤其是在那些自由企业制度尚留一丝气息的国家。

起初，意大利兑现了自己的承诺，对工业进行扩展，呈现出一片繁荣之景。国家及其公民变得富裕起来，随着富裕而生的，还有机构的臃肿、松散和骄傲自满的情绪。

意大利商人获得了巨额利润，但没有把足够的钱重新投入到商业活动中。

意大利工人对他们明显改善的生活标准显然很享受。自行车换成了黄蜂摩托车，之后不久，黄蜂又换成了菲亚特小汽车。尽管如此，意大利工会觉得他们获得的披萨派还不是足够大，他们开始要求得到更多。

意大利政府一方面答应工人提出的所有要求，另一方面开始推广乌托邦式的社会福利方案，希望以此来收买选票。而他们支付的钱，或者通过借贷，或者通过印钞机源源不断地印出来。与此同时，也加大了对私营企业的限制，加强了对大型国有企业里官僚主义基础和超级结构的控制。

政府赤字急剧上升，而消费用品和服务的价格更是以极快的速度一路飙升。充满了战斗力的工会要求提高公司福利和其他福利，以盖过物价的上升。如若要求未得到满足，顷刻间便会爆发一场全方位的罢工和怠工抗议，这使得这个国家每天都要损失数以百万计的工作日产出，反过来又进一步提高了生产成本，降低了出口，也就增加了政府赤字，政府只能开动印钞机，加班加点，源源不断地增加纸币的供应。

商人也并非没有一点过错，他们也只会考虑自己的利益，不仅没把利润重新投入到商业经营中，而且还开始将钱转移出意大利，这对在风雨中摇摆不定的意大利经济无疑是雪上加霜。

物价仍在上涨。

官僚主义还在变本加厉地强加干预，他们只能使事情变得更糟。

企业的破产率直线上升。

罢工和怠工抗议的数量有增无减。

直到今天，我依然不想在意大利开展业务，那里的经济格局依然一片萧条。

那些国有的特大企业由各色官僚主义者和政客们控制，而非商人，他们对企业的控制达到一种令人瞠目结舌的程度。某种意义上讲，意大利的政府是由商人而非政治领导人控制，这同样达到了令人恐惧的程度。他们为了选票而做各种交易，而不是站在重塑国家经济的立场上去管理这个国家。

那些遵纪守法、富于进取的商人在面对各种经常相互冲突的法律、法规和准则条例以及其他官僚行政上的种种障碍时，常常感到困难重重、无力施展。

那些激进的、寻求权力的左翼煽动者们瞪大了眼睛大声疾呼，很显然他们想不顾一切地摧毁整个经济。他们期望把所有的碎石瓦砾都堆放在社会主义者的伊甸园里，在那里，每一位公民都被授予平等的权力——统一地维持贫穷状态的权力。而头脑清晰的工会领导听到这些呼喊，已不可能让大家安静下来保持理性。

那些认真尽责的政治家们早已丧失所有的权力，他们的同事则勾心斗角、玩弄权术，全为满足一己私利。

整个意大利，尤其是普通的意大利公民和工人，都成了输家。那些官僚、玩弄政治的工人运动煽动者以及操纵工人的政客们，不论其是左翼还是右翼，他们都没有把公民和工人当做一个个体、一个本身就值得认真考虑的人类来看待。他或者她只是编入程序中的一个符号、一个密码或者充其量只是一个机器人，充当为某一方、某一团体、某一派系或某一政党输送利益或提供有利条件的工具。

我长久热爱的、至今依旧热爱的意大利，成了一个实实在在的教训。

我真诚地希望意大利的经济在全面崩溃之前能被拯救过来。

但是，那些密切关注意大利局势的悲观的观察员和评论员不应该由于对意大利经济持全面崩溃的观点而备受指责。人们只能祈祷，假如那一天真的来临，它不会引起连锁反应。

42 悲观不是天生的。

詹姆斯·布朗奇·卡贝尔(James Branch Cabell)曾这样写道："乐观主义者宣称，我们生活在最美好的世界里，而悲观主义者则害怕这是真的。"

如果我是贝多芬(Beethoven)或者霍基·卡麦可(Hoagy Carmichael)，我一定会为这些语句谱上美妙的曲子，并作为我的人生主题曲。

我拥有诸多有利条件和优势，并深陷其中。

我能说出我想说的话，并能为此承担任何后果。

这些稀少珍贵的优势或利益得之于我，并非是因为我的财富，而是达到一定的年龄后自然产生的。我再也不用担心他人对我说的话的反应，再也不用计较这些反应给我个人可能带来的后果。八十又三个春秋并不会自动赋予人以智慧，但这个年龄的人必然被赠予了一种独立感和自由感。

时间是考验友谊的试金石，这也是真正的唯一的标准。我的一生中有过足够的机会来探知谁是我真正的朋友。对于真正的朋友，他们了解我，了解我的意见和见解，同时还了解我的弱点和短处。对于我可能做出的任何言论，他们都不会感到生气。

对我那些尚未经过考验的朋友，我不知他们和我是否还有机会，来进行一场20年的考验。如果他们对我的话语不甚喜欢，那么，只能说对不起了。听或不听，谴责或嘲笑，那是他们的自由。

这就是我的内心。我坚决地否认我生来就是一个愤世嫉俗者或者悲观主义者。事实上，无数无可指责的事实表明（这听起来就像华盛顿在播报一条新闻）：婴儿时的我，生性活泼；孩提时代的我，总是带着一副满怀希望、乐观、红润的脸庞；而年少时的我，轻松愉悦，乐观向上，相信千禧年说①。

现在，夜幕已经落下，向人展示着时间的流逝；而温度也随之降低，这象征着一个相信未来完美的黄金时代终究要来临的乐观主义者炽热的信仰正在遭受着阵阵寒意。

在此我要声明，在这个世界上我是乔治•阿尔弗雷德•亨提(George Alfred Henty)最忠实的读者之一。

亨提，生于1832年，卒于1902年，他一生中为青少年写了30多本书，其中有《印第安人和牛仔》(Redskin and Cowboy)、《和腓特烈大帝在一起》(With Frederick the Great)以及《和罗伯茨一起到比勒陀利亚》(With Roberts to Pretoria)，等等。我觉得我应该有亨提所写的全部书籍，我还是孩子的时候我就开始看他的书了。他的书我都读过很多遍，我相信单凭记忆我就能把它们一本本地复述出来。

在萨顿宫，亨提的书被放到一个书架里，每天晚上我从书房或客厅上楼回卧室时，我都会经过那个书架。偶尔，可能一个月有那么一两次，我会停下来选上一册带走，又去重温一遍。

怪癖？或许吧。逃避现实？如果逃避现实可以理解为：我在努力从精神上寻求过去并希望重新生活在那个年代，那时候支配社会的正是我所推崇的价值和标准，那么答案毫不含糊的是Yes。

我愿做把亨提称为文学天才或巨匠的最后一个人。他笔下的人物非黑即白，有好人，有坏人，有英雄，有懦夫，有认真严谨诚实坦率之人，也有完全不知道德廉耻之辈。

亨提笔下的英雄都生活在严格的戒律之中。他们高贵、忠诚、正直，不为任何腐败或诱惑所动。自然，他们最终都战胜了邪恶，情形大都是在面对危险时保持勇敢，克服貌似不可战胜的艰难险阻，以及英雄们常常要经历的诸多磨难。亨提描绘的正面人物通常会使用计谋策略来战胜邪恶，但他们从来没有做过卑劣、渺小之事。

当然，这些人物是被夸大的理想化角色。

当然，在年少时代，我的世界里也不会全都是亨提英雄式的人物。

---

① 根据《圣经启示录》，世界末日来临前耶稣将再来统治人间一千年。译者注。

当然，在七十几年之前，当我初次成为亨提粉丝的时候，好人并不是总能战胜坏人，而坏人也不是总会受到应有的惩罚。

但是，相比今天，在20世纪初期确实有更多的人在坚守着亨提式的戒律。这是我观察到的一个悲惨的事实，在过去的几十年间，荣誉感、礼节感以及对人类尊严的自我意识正在逐渐消失。社会学家认为这种人性的下滑是战争、革命和萧条的结果，或者是源于禁令、繁荣、原子弹或者是富足社会。

一味地寻求这种现象的原因和解释，就同如一味地哀悼逝去的年代和被人废弃的道德一样，都无甚益处。然而，在读过每天的报纸、看过每晚的新闻后，时不时地"逃离"现实，投入到亨提的书中世界，就如同在炎热的夏季喝了一杯冰水，总给人一种提神静气、耳目一新的感觉。另外，对我来说，这是一副支撑我在接下来的几周内阅读报纸和看电视新闻的滋补良药。

我确实需要这样一副良药。这曾经是一个美好的世界，本可以变得更好，但是越来越多的美好事物被人们放弃、拒绝。据我悲观的预测，这还没有到最坏的时候。

卢·莱尔（Lew Lehr）曾经用这样的台词取悦他的观众："猴子是最疯狂的人类。"

人们经常说，越是富有的人在交朋友或与人交往时越显得机警谨慎。问题就来了："为什么呢？"

答案就在于对卢·莱尔这句话的一种绕弯式的解读。

很多人都在做出疯狂的努力，想把任何他们认为富有的人都变成猴子。

建筑师简·布莱宁-弗莱基恩（Jan Brenning-Frankian）最近曾这么说："政府对富人课以重税，想把富人剥个精光。所有的输家和不劳而获之人穷尽了他们所有的时间，苦苦思考着如何强奸富人的法子。难怪富人总是怀疑投向他们的每一个微笑都是笑里藏刀。"

她的比喻非常形象。这些有野心的掠夺者是一个个学识渊博的多面手，他们有着无限的想象力和独创性。

自从人们得知我收藏艺术品开始，一些衣着光鲜之人总是找上门来，拿着一打提香（Titian）和伦勃朗（Rembrandt）的绘画赝品。曾经有一个小伙子径直走进我秘书的办公室，当被告知我正在外进行长途旅行时，他禁不住哭了起来。

"但是我画的这些雷诺阿①的作品,就是为了卖给他!"他未加思索地脱口而出。

我选择个人购物的地点总是极度小心,之后我便会成为一个稳定的顾客。我有太多次这样的经历,当我走进一家商店去购买一套衣服或一支铅笔时,一些工作人员认出了我是"保罗·盖蒂,那个亿万富翁"。这时,店员简直都不知道该向我兜售什么东西才好了。

"但我实在不想要一个纯金的喷壶,或者一双貂皮内衬的卧室拖鞋,或者白金的雪茄剪。"在这种情况下,我总是这样托辞。售货员无一例外地都会用一种异样的眼神盯着我,在他们的眼里,我不仅像个疯子,而且好像侵犯了他们的家族荣誉。

我经常碰到这样的情况,有些点头之交甚至是一些初次见面的人,请求我借给他们一大笔钱,或者,给他们"必然成功"的商业提案投资一笔更大的资金。有些人则想为自己、为其刚毕业的儿子或者为厌倦了自己谋生的妹夫谋得一份差事,当然报酬相当高昂。还有另外一类人,这类人也经常出现,他们向我讨教股市的"秘籍",或者想通过我的介绍结识一些富有的知名人士。

另一类人也很常见,他们抓住成功的商人不放,非要得到获得马上就能成功的具体建议。对于这样的人,告诉他们成功没有什么秘诀,或者没有什么能在一夜之间发生奇迹的神秘咒语,他们是根本听不进去的。

"你们这些亿万富翁都一个德行!"曾经有人对我怒吼道,"你们有秘密诀窍却从来不会给人分享!你们等着,总有一天我会得到你们的一切!"

我很遗憾不能给他一个神奇的秘方。我倒真心希望这个有着特别性格的人能够赚得巨额财富,这样他就能成为第一个"获得秘诀"的人。

有一则关于阿莫德·哈默②博士有趣的故事。我高度珍惜和阿莫德·哈默先生的友谊,对于他本人,无论是作为一位商人还是作为一个普通人,我对他都非常尊重。有一次,有人追着他问"成为百万富翁的秘诀",阿莫德被逼得有点走投无路了。

我听人说,阿莫德皱起了眉头,说道:"其实,这一点儿都不费劲。你只需耐心等待俄国的一次革命。然后你就带上你所有暖和的衣服赶赴俄国。到达后,你就去那些主管贸易或者涉及购买、销售的政府部门去谋差事,这样的部门总数不会超过两三百个……"

---

① 雷诺阿(Renoir):法国印象派画家。译者注。
② 阿莫德·哈默(Armand Hammer):美国著名工业家、西方石油公司创始人。译者注。

这时，这位提问者充满愤怒和怨恨地低声咕哝了些什么，跺了一下脚便离开了。

我向你保证，把那些理性的成功商人当猴看，试图使他们脱离"富裕"，这绝非易事。他们在很久之前便已经经历了各种欺骗伎俩，最终锻炼了他们高度敏感的触觉神经，能识别出任何你能想象得到的经过精心策划的策略。

政府当然可以对富人课以重税。但是，用布莱宁-弗莱基恩女士的话说，那些总是怀着强奸妄想的输家和不劳而获之人，最好还是把他们那些贪婪、掠夺的本性释放到别处。富人——进一步使用她的性比喻法——一般都穿着镀金的贞操带。在遭受了几十次甚至上百次的迫害企图之后，他们被迫穿上了它。

一段时间之后，那些传说中的富人都长出了一层坚硬的、密不透风的皮肤。这是一层保护性的铠甲，对于生存至关重要。

富人并不是生来多疑或者愤世嫉俗。他们之所以如此，是由于各种事件、环境造就的，尤其是由无数笑容可掬而居心叵测的人造成的。

后　记

　　写这本书时，我已度过人生83个春秋，纵横商海60余载，此书的目的也是与读者分享我的所见所想、所学所获。在本书中，我回顾往昔，思考当下，努力追寻它们之间的联系，并透过我的视角，对将来做一些斗胆、希望还算客观的预测。

　　可能现在你已经得出定论，对于将来我并不是一个过度的乐观主义者。在人类社会的方方面面，无论是在基本理念还是在实际运转方面，除非经历一场彻彻底底、脱胎换骨的变革，我们的社会、我们的人类文明才能避免走向恶化，乃至没落的命运。它将经受比以往历史记载更为激烈、更为跌宕起伏的剧变的冲击，这种冲击并不是轻微的，而是彻底地摧毁。

　　我是一个悲观主义者，但这并不意味着我对一切都丧失了希望。即使我已至耄耋之年，我仍然可以继续我的事业，依然可以用我的余生去展望未来；把悲观主义抛至一边，我依然可以引领我的企业，努力使其不断地发展壮大。

　　就如此书的开头部分，在此我要再一次引用亚伯拉罕·林肯的话：

　　"欲谋繁荣，不可废弃俭德；扶助小民，不可打倒伟人；激励弱者，不可削弱壮士；优惠工人，不可奚落雇主；救济贫民，不可消灭富人；祛除烦恼，不可借着挥霍；增进同胞之爱，不可煽动阶级仇恨；欲谋安居乐业，不可专靠借债度日；进德励志，不可消除独立创造之心。"

　　这是亚伯拉罕·林肯眼中的世界。这也是我眼中的世界。

　　我希望我们芸芸众生都能拥有类似的观点。如果我们都这样做，那么我们人类社会将能够生存下来，我们拥有和平、繁荣的未来的机会也将大大增加。这取决于每一个人的决定，以及每一个人的行动。无论你的决定如何，无论你打算怎样做，我都衷心地祝福你和你的家人：好运、健康、幸福！

保罗·盖蒂

译后记

《财富的尽头：黑金之王保罗·盖蒂眼中的世界》将要付梓之际，刘爽编辑突然通知说：写篇译后记吧。我想，也好，算是给我们半年多的翻译工作打个完美的结吧，于是欣欣然地补上了这篇译后记。

保罗·盖蒂出生于 19 世纪末，凭借着自己在石油领域的杰出天赋和高超、大胆的经商技巧，在 20 世纪 50 年代被《财富》杂志评为世界首富，并蝉联 20 年之久。

这本书是保罗·盖蒂在其晚年岁月完成的唯一的一本自传。在自传即将出版之际，盖蒂先生溘然长逝。能把这位石油大亨在其生命的最后岁月里对其一生的回忆、思考呈现给读者，作为译者，内心备感荣幸。

在本书中，盖蒂先生除了谈到了自己的成长经历，还涉及财富、平等、民主、女权、两性、婚姻、收藏等很多方面。他既对自己与达官贵人、巨富商贾、演艺名流等的交往深以为豪，也能与普通工人"打成一片"；他曾经拿着美国总统的介绍信去上牛津大学，亦曾大谈与温莎公爵即英王爱德华八世的深厚交情；他在 24 岁时赚得了人生第一个百万美元后选择了急流勇退，打算从此恣意享受人生；对于自己的巨额财富，他并不会"怀有负罪感或良心不安"，并对财富带给自己的诸多有利条件和优势"深享其中"；盖蒂坚守他的父亲的信条"钱要尽其所用""一个人拥有多少财富并不重要，重要的是如何使用它"；在公司管理上，盖蒂选择的是相对保守的管理模式，自己持有大部分股份，并深信自己的公司可以称得上是一个"盖蒂帝国"，而公司的每一位员工都是这个"帝国"的成员、是盖蒂家族成员的一份子。

不论愿意与否，保罗盖蒂向来就是一个充满争议的人物，就如现在活跃在聚光灯下的社会名流一样。

在自己金碧辉煌恍若宫殿般的豪宅里，盖蒂为来访者和佣人安装了投币电话，目的就是为了节约开支；在自己的孙子遭遇意大利黑帮绑架时，盖蒂拒绝在第一时间支付赎金,直到若干个月后绑匪割掉了其孙子的一个右耳,他才支付了赎金;他的五次婚姻、与名媛佳丽的各色绯闻更是成为各种传媒大肆渲染的对象;在管理公司方面盖蒂显示了自己的精明与苛刻,但当建立博物馆、购买收藏品时却又表现得尤为慷慨大方。当然,期间的林林总总,盖蒂有着自己的理由,作为第一当事人他在书中都做出了回应。

盖蒂先生声称自己是一位现实主义者,愤世嫉俗者和悲观主义者,并称这并非与生俱来的。他反对对富人课以重税、反对大社会福利,那样只能滋生懒惰和效率低下。他认为,作为领导者,有些事是必须要自己亲力亲为……

盖蒂的回忆录,没有出于任何功利目的,没有言不由衷,完全是发自本心。比如,在第三章他讲到"平等并不存在",他说道:不知是否被一种力量,或者一种神秘因素掌控,抑或仅仅是各种环境结合的结果,一些人确实能在生活中占有自己的一席之地,而有些人则注定碌碌一生。在此之前,我一直生活在"人生而平等"的理念中,遇到世间不平等的事情会愤然,会心有千千结,明白了这个道理,让我学会了放下,学会了坦然面对。

在书中,为了寻找自己过去的踪迹,盖蒂先生摘录了大量自己的日记。在第40章"一个人的感恩节"中,盖蒂写道"日记有一种神奇的魔力,能把种种往事带到现在、带到眼前。尽管我写下的这些文字距今已有71年,我依然清晰地记得在明尼阿波利斯市的那顿晚餐,就像我在数小时前刚享用过一样。"这不禁唤起了我学生时代的记忆,整个高中和大学时代,我一直保持着写日记的习惯,里面锁着一个羞涩的女孩子所有的喜怒哀乐,所有青春期的是是与非非。如今,在这个泛微博化的今天,我早已不再写日记,偶尔会在微博里不痛不痒地说上几句。打个比方说,日记,你一见到她,就像看到亲人一样,触动着心底最柔软的弦。微博呢,则像在某个会场匆匆认识的朋友,彼此交换了电话号码,寒暄几句,就没了下文,无法深交下去,更不用说神交了。

在科技高度发达、新经济、网络经济等层出不穷、高潮迭起的今天,不妨读一下这本书。从中我们可以了解,在那个实业为王的年代当时的风流人物对经商、金钱、社会、收藏等全方位的看法,相信我们能从中得到某些启示。

翻译本身是一件语言的再造过程。在翻译的过程中,译者查询了大量的背景资料,力求在尊重原文的基础上,如实地向读者呈现一个真实、完整的保罗·

盖蒂。我最深的体会就是作为一个译者，一定要有追根究底的精神。翻译时，英文的字面意思是弄懂了，可是因为牵涉了很多背景知识，就不知所云了，这时候就需要到网上或图书馆去寻找背景资料。比如说，在第九章"旅行，大战前的欧洲"一章中，作者讲到德皇威廉二世时，说他"袖子底下藏着不可告人的野心"。后来查了资料才知道因为威廉二世的左臂萎缩，在照片中他喜欢用道具或动作来掩饰缺陷。类似的地方举不胜举，虽然查阅资料的过程很繁琐，可是通过查阅资料，弄明白了很多历史文化知识。有时候，看背景资料看得入迷，竟然忘记了翻译，半天就这么津津有味地过去了。

在翻译本书的过程中，我恰恰怀孕了。很多人不理解，你怀孕了，还不好好休息，翻译什么书啊？恰恰相反，我要好好感谢这本书，感谢她给我的孕期带来了平静的心灵。我没有了很多孕妇在怀孕的过程中出现的内心焦灼，患得患失，感受到的却是前所未有的充实。那些天，日子过得出奇的快，亦有种出奇的满足感。朋友们，如果您恰好怀孕了，请努力工作吧，无所事事的生活只能让您更加焦灼。写这篇译后记时，我们的宝宝已经两个月了，白白胖胖，活泼可爱。我想，这本书应该是我们送给刚出生的儿子最好的礼物吧。

翻译是份苦差事。在翻译过程中，需要不断地对语言精雕细琢，力求译文能把作者的意图、情感以一种"信、达、雅"的方式呈现给读者。在此我要感谢我爱人王永生所做的大量工作。他平时工作比较忙，大都是在晚上和周末的空余时间对本书进行翻译、校对等工作，为此他也度过了多个不眠之夜。

我在出版社一直从事外版书的版权工作，有时候也会给编辑们推荐一些书，可是效果总是不太理想。太专业的书往往受众面很小，在纸制书业越来越不景气的今天，销售数量很小，读者面很窄。亚马逊畅销榜的书倒是很吸引人，可早在英文版没有上市的时候，早有出版社捷足先登，把版权买走了,版税之高，令人望尘莫及。那么，有什么书没有在畅销书的排行榜上，却又是真正的好书呢？我想，《财富的尽头：黑金之王保罗·盖蒂眼中的世界》正是这样的书。她淹没在书海里，默默无闻，可是偶然之间，你于千万书本中遇到了她，如此地耐人寻味，发人深思，于是你不禁满心的欢喜，大有相见恨晚之意。

在这里我要感谢这本书的有缘人——刘淳先生，正是他慧眼识珠，引荐了该书。虽然只有一面之缘，可刘先生果断干练的做事方式以及和蔼的态度给我留下了深刻的印象。

最后，我要感谢知识产权出版社的欧剑总编辑给了我们这次宝贵的翻译的机会，感谢汤腊冬老师、段红梅老师、刘爽编辑、夏青编辑的辛勤的编辑出版工作，感谢刘淳先生为本书所做的辛苦校对和提出的中肯意见，感谢父母对我多年的言传身教，感谢我的爱人和我齐心协力，共同完成了这本书的翻译。呵，怎么感觉这么像获奖感言呢？

是为记。

殷亚敏

2012 年 9 月 17 日于北京

©2003 J. Paul Getty Trust
First published in the United States of America as As I See It by Getty Publications
[Getty Address]
Chinese translation © 2012 Intellectual Property Publishing House

责任编辑：段红梅　刘　爽　　　　责任校对：韩秀天
封面设计：王　鹏　王　倩　　　　责任出版：卢运霞

图书在版编目（CIP）数据

财富的尽头：黑金之王保罗·盖蒂眼中的世界/（美）盖蒂（Getty, J. P.）著；殷亚敏，王永生，刘淳译.—北京：知识产权出版社，2013.1
ISBN 978-7-5130-1474-8
Ⅰ.①财… Ⅱ.①盖… ②殷… ③王… ④刘… Ⅲ.①能源经济—经济发展—研究—世界 Ⅳ.①F416.2
中国版本图书馆CIP数据核字（2012）第201015号

财富的尽头：黑金之王保罗·盖蒂眼中的世界
CAIFU DE JINTOU: HEIJIN ZHI WANG BAOLUO GAIDI YANZHONG DE SHIJIE

[美]保罗·盖蒂　著

殷亚敏　王永生　刘　淳　译

出版发行	知识产权出版社			
社　　址	北京市海淀区马甸南村1号	邮　编	100088
网　　址	http://www.ipph.cn	邮　箱	bjb@cnipr.com
发行电话	010-82000860 转 8101/8102	传　真	010-82005070/82000893
责编电话	010-82000860 转 8125	责编邮箱	Liushuang@cnipr.com
印　　刷	北京雁林吉兆印刷有限公司	经　销	新华书店及相关销售网点
开　　本	787mm×1092mm　1/16	印　张	19.5
版　　次	2013年1月第一版	印　次	2013年1月第一次印刷
字　　数	335千字	定　价	39.00元
ISBN 978-7-5130-1474-8/F·580（4331）				
京权图字：01-2012-1879				

出版权专有　　侵权必究
如有印装质量问题，本社负责调换。